职业教育课程改革创新教材
会计(会计电算化)专业规划教材

小企业会计实务

第2版

主　编　张　卿　陈克文
副主编　赵密侠
参　编　闫雅雯　沈文全
王家申　李添龙

机 械 工 业 出 版 社

本书根据中职会计专业学生的培养目标和小企业会计实务的实际需要，按照2011年新颁布的《小企业会计准则》修订而成。本书内容简明易懂，精简了不必要的理论阐述和在小企业中不常发生的经济业务等内容，更贴近企业实际。体例按项目式教学编写，每项经济业务均给出了仿真的原始凭证，实现了教学与实际工作的零距离对接，做到了理论实践一体化。内容以工业会计为主，还包括了商业、服务业、运输业、建筑业、房地产开发业会计的内容，可满足学习各类企业会计核算方法的需要。

本书共分为16个项目，内容包括：资金筹集业务的核算，对外投资业务的核算，物资采购业务的核算，固定资产的核算，无形资产的核算，生产成本的核算，销售业务的核算，财产清查业务的核算，期间费用的核算，利润及其分配业务的核算，财务报表的编制，商业企业的会计核算，旅游、餐饮服务企业的会计核算，运输企业的会计核算，建筑施工企业的会计核算，房地产开发企业的会计核算。每个项目后均附有仿真式训练题。本书还有配套的《小企业会计实训》教材。

本书既可作为中职会计类专业教材，也可作为高职会计类专业教材以及会计从业人员的业务学习用书。

图书在版编目(CIP)数据

小企业会计实务/张卿，陈克文主编，—2版. —北京：机械工业出版社，2012.11(2019.1重印)

职业教育课程改革创新教材，会计(会计电算化)专业规划教材

ISBN 978-7-111-40508-5

Ⅰ.①小…　Ⅱ.①张…②陈…　Ⅲ.①中小企业—会计—中等专业学校—教材　Ⅳ.①F276.3

中国版本图书馆CIP数据核字(2012)第280845号

机械工业出版社(北京市百万庄大街22号　邮政编码100037)

策划编辑：宋　华　责任编辑：宋　华　马碧娟

版式设计：霍永明　责任校对：于新华

封面设计：路恩中　责任印制：常天培

北京铭成印刷有限公司印刷

2019年1月第2版第5次印刷

184mm×260mm · 15印张 · 396千字

9001—9800册

标准书号：ISBN 978-7-111-40508-5

定价：29.00元

凡购本书，如有缺页、倒页、脱页，由本社发行部调换

电话服务	网络服务
社服务中心：(010)88361066	教材网：http://www.cmpedu.com
销售一部：(010)68326294	机工官网：http://www.cmpbook.com
销售二部：(010)88379649	机工官博：http://weibo.com/cmp1952
读者购书热线：(010)88379203	**封面无防伪标均为盗版**

第 2 版前言

本书按照中职会计专业最新的教学要求，在第 1 版《会计员岗位实务》的基础上修订而成，是中等职业教育会计（会计电算化）专业系列规划教材之一，也是课程改革创新成果。中职会计专业的培养目标定位为会计员，就业单位为小企业。据国家有关资料统计，我国小企业占企业总数的 97% 以上，小企业一般不对外筹集资金，企业外部对其会计信息一般没有需求，小企业的会计信息主要提供给企业内部管理者和税务机关。因此，本书中的会计处理方法，按照税法的规定进行编写，避免因会计处理与税法规定不一致而导致复杂的纳税调整。本书以 2011 年新颁布的《小企业会计准则》为依据，同时根据小企业会计业务的实际需要编写，注重实用性。每项经济业务均提供或注明了原始凭证，实现了教学与实际工作的零距离对接，做到了理论实践一体化，使学生能学以致用。本书还包括了工业会计之外常用的商业、服务业、运输业、建筑业、房地产开发业会计的内容，使学生能够适应各类企业的会计工作。为加强技能训练，每个项目后均附有仿真式训练题。建议教学学时分配如下表所示。

教学学时分配表

项　目	参考学时	项　目	参考学时
项目一	4	项目九	4
项目二	4	项目十	8
项目三	10	项目十一	6
项目四	6	项目十二	8
项目五	4	项目十三	8
项目六	14	项目十四	6
项目七	14	项目十五	10
项目八	6	项目十六	8
学时合计	120		

本书由中国职业院校教学名师、中国会计学会高级会员、陕西省机电工程学校张卿和海南省机电工程学校陈克文任主编，陕西省机电工程学校赵密侠任副主编。参加编写的有：陕西省机电工程学校闫雅雯，北京市对外贸易学校沈文全、北京市商务科技学校王家申、北京市经济管理学校李添龙。

本书致力于中职会计课程教学改革，若有不妥之处，希望同行提出宝贵意见，以便不断完善。

编　者

第1版前言

本书按照中职会计专业的教学要求编写而成，是中等职业教育会计专业系列规划教材之一。中职会计专业的培养目标定位为会计员，就业单位为小企业。由于小企业一般不对外筹集资金，企业外部对其会计信息一般没有多少要求，故小企业的会计信息主要提供给管理者和税务机关。

基于上述情况，中职会计专业的专业课教材，应当以小企业的需要为目标，以中职学生的接受能力为依据，不应追求内容的大而全，而应以必需、够用为原则。本书就是根据这一指导思想编写，其中会计处理方法只涉及常用的和适合于小企业的方法，不涉及小企业不需用且难度较大的方法，以使中职学生学得懂、用得上。

由于小企业的会计信息主要提供给税务机关，因此，本书在进行会计处理时尽可能按照税法的要求进行编写，避免因会计处理与税法不一致而导致复杂的纳税调整。本书以2007年开始实施的新《企业会计准则》为基本依据，同时根据《小企业会计制度》和小企业会计业务的实际需要编写，注重实用性，尽可能提供或注明经济业务的原始凭证，讲述力求贴近实际，使学生能学以致用。此外，本书还增加了工业之外常用的商业、服务业、运输业会计的内容，增强了学生就业的适应能力。为方便教师教学、学生练习，每章后均附有仿真式训练题，以助于提高学生的综合运用能力。本书既可作为中职教材，也可作为小企业会计人员学习会计知识的“一本通”。

本书由陕西省机电工程学校张卿任主编，赵密侠、李添龙任副主编。具体分工如下：张卿编写第一章、第二章、第三章、第五章、第十章、第十二章，沈文全编写第四章，赵密侠编写第六章、第八章、第九章、第十一章，张梅爱编写第七章，李添龙编写第十三章。

本书致力于中职会计课程教学改革，若有不妥之处，希望同行提出宝贵意见，以便不断完善。

编　者

目　录

项目一

资金筹集业务的核算

企业筹集资金的形式，包括权益资金和负债资金两种。权益资金筹集就是资本金筹集；负债资金筹集主要是银行借款，另外还有民间借款。在本项目中将学习这三种资金筹集业务的账务处理方法。

任务一　资本金筹集业务的账务处理

任务目标

1. 懂得资本金的性质和管理要求。
2. 掌握企业设立时资本金筹集的账务处理方法。
3. 掌握资本金增加、减少和股份转让的账务处理方法。

知识储备

资本金即注册资本，就是企业的股东或投资人向企业投入的股金，是企业最初的资金来源。资本金是企业的永久性资金，在企业存续期间不必归还，股东一般不得要求企业退还其股金。只有在股东(大)会决议同意的条件下，股东才可以向其他股东转让其股份或从企业退股。

一、企业设立时的注册资本筹集

按照《中华人民共和国公司法》的规定，公司设立时，必须筹集法定最低要求的注册资本。有限责任公司的最低注册资本限额为3万元，一人(即只有一个股东)公司为10万元。注册资本由股东出资缴付，股东以出资比例分享股利和行使表决权。股东的出资形式，可以是货币，也可以是实物(如房屋、机器设备)和无形资产(如专利技术、土地)。

1. 接受股东货币出资

接受股东货币出资的账务处理方法为：

借：银行存款

　　贷：实收资本——股东名称

例 1-1：永兴机械有限责任公司设立时，股东李兴华出资 50 000 元，已交存开户银行。

原始凭证如图 1-1 和图 1-2 所示。

收款收据

2012年　8月　21　日　　　　编号：1

交款人（单位）	李兴华							第二联 记账联
摘　　要	股份出资							
金额（大写）	伍万元整	万	千	百	十	元	角	分
		5	0	0	0	0	0	0

主管　　会计　　出纳　赵利　　制票　张娟

图　1-1

中国工商银行现金存款凭条

2012年8月21日

存款人	全　称	永兴机械有限责任公司		
	账　号	1010147886809200111	款项来源	股款
	开户行	工行长安路支行	交款人	李兴华

金额（大写）伍万元整	千	百	十	万	千	百	十	元	角	分
			¥	5	0	0	0	0	0	0

票面	张数	十	万	千	百	十	元	票面	张数	千	百	十	元	角	分	备注
壹佰元	500							伍角								中国工商银行 长安路支行 转讫
伍拾元								贰角								
贰拾元								壹角								
拾元								伍分								
伍元								贰分								
贰元								壹分								
壹元								其他								

图　1-2

账务处理如下：

借：银行存款　　50 000

　　贷：实收资本——李兴华　　50 000

2. 接受股东实物出资

接受股东实物（通常为房屋、设备）出资，应按照出资协议确认的价值作为出资额，根据交付凭证，其账务处理方法为：

借：固定资产——名称

　　贷：实收资本——股东名称

例1-2：股东赵平以5台机床出资，公司出资协议确认5台机床的价值为60 000元，办理了机床的交付手续，书立了产权转移凭证。

原始凭证如图1-3和图1-4所示。

出资协议书

经协商一致，赵平以5台机床折价陆万元（60 000元）向永兴机械有限责任公司出资，从2012年9月1日起成为公司股东，占有公司股份陆万元，按《公司法》享有股东的一切权利和义务。

公司法人代表：王振华

出资人：赵平

2012年9月1日

图　1-3

出资财产交接清单

CA6140A 车床　3 台
TPX6111B 镗床　1 台
Z3025 钻床　　1 台

交付人：赵平
接收人：张成
交接日期：2012年9月1日

图　1-4

账务处理为：

借：固定资产——机床　　60 000

　　贷：实收资本——赵平　　60 000

3. 接受股东无形资产出资

股东以无形资产出资，一般为以专利技术或专有技术、土地作价入股，作价以出资协议确认的价值为准。根据出资协议及产权转移凭证，账务处理方法为：

借：无形资产——专利(专有)技术或土地使用权

　　贷：实收资本——股东名称

例 1-3：股东王荣以一项专利技术出资，公司出资协议确认的价值为 100 000 元。

原始凭证如图 1-5 所示。

出资协议书

经协商一致，王荣以（201012 号）新产品设计专利作价壹拾万元（100 000 元）向永兴机械有限责任公司出资，从 2012 年 5 月 1 日起成为公司股东，占有公司股份壹拾万元，按《中华人民共和国公司法》享有股东的一切权利和义务。

公司法人代表：王振华
出资人：王荣
2012 年 5 月 1 日

图　1-5

账务处理为：

借：无形资产——专利权　　100 000

　　贷：实收资本——王荣　　100 000

二、增加注册资本

公司设立后，随着规模不断地扩大，可能会增加注册资本，吸收新的股东出资。由于公司经过多年经营，积累了一定的盈余公积，新股东加入后要与老股东同股同权，必须出缴较多的股金，才能享受公司以前的积累。因此，新股东的出资额会大于其在公司享有的股份金额，两者差额记入资本公积。账务处理方法为：

借：银行存款或无形资产等

　　贷：实收资本——新股东名称

　　　　资本公积

例 1-4：公司因扩大经营规模，吸收新股东周明货币出资 150 000 元，按投资协议，周明享有公司的股份为 100 000 元，出资已存入本公司的开户银行，并办理了增资手续。

原始凭证如图 1-6 ~ 图 1-8 所示。

账务处理为：

借：银行存款　　150 000

　　贷：实收资本——周明　　100 000

　　　　资本公积　　50 000

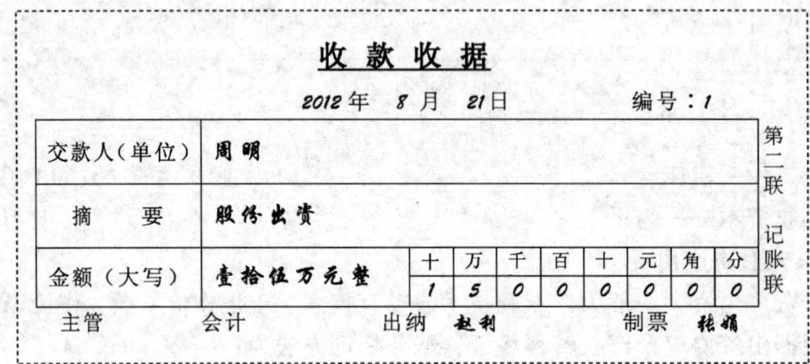

收款收据

2012 年　8 月　21 日　　　　编号：1

交款人(单位)	周明								
摘　　要	股份出资								
金额（大写）	壹拾伍万元整	十	万	千	百	十	元	角	分
		1	5	0	0	0	0	0	0

第二联　记账联

主管　　会计　　出纳 赵利　　制票 张娟

图　1-6

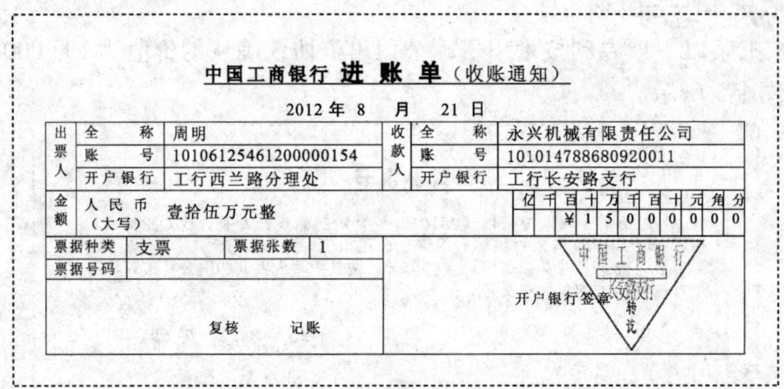

中国工商银行 **进 账 单**（收账通知）

2012 年 8 月 21 日

出票人	全称	周明	收款人	全称	永兴机械有限责任公司
	账号	10106125461200000154		账号	101014788680920011
	开户银行	工行西兰路分理处		开户银行	工行长安路支行
金额	人民币（大写）	壹拾伍万元整		亿千百十万千百十元角分	¥ 1 5 0 0 0 0 0 0
票据种类	支票	票据张数	1		
票据号码					
复核　记账				开户银行签章	

图　1-7

三、股份转让

这里所讲的股份转让是指有限责任公司的某一股东将其在该公司拥有的股份转让给公司内部其他股东或公司之外的人。股东向股东以外的人转让股份，应当经其他股东过半数同意。若股东的姓名或名称及其出资额发生变更的，还需要到工商行政管理局办理变更登记。股份转让不改变注册资本总额，只改变股东的出资额比例或股东名称，因此，会计处理只需进行实收资本明细账户调整。根据股份转让协议，账务处理方法为：

借：实收资本——转让股东名称

　　贷：实收资本——受让股东名称

例 1-5：经股东会同意，股东王伟将其股份 50 000 元转让给公司另一股东吴青。

原始凭证如图 1-9 所示。

出资协议

经股东会通过，接受周明向永兴机械有限责任公司出资壹拾伍万元(150 000 元)，从2012年12月1日起成为公司股东，占有公司股份壹拾万元（100 000 元），按《公司法》享有股东的一切权利和义务。

公司法人代表：王振华
出资人：周明
2012年8月20日

图　1-8

股份转让协议

经股东会通过，同意王伟将其在永兴机械有限责任公司的股份伍万元（50 000 元）转让给股东吴青，自2012 年10 月 1日起生效。

公司法人代表：王振华　　转让人：王伟
受让人：吴青
2012年10月1日

图　1-9

账务处理为：

借：实收资本——王伟　　50 000

　　贷：实收资本——吴青　　50 000

四、退股

股东退出公司要求退还股金时，需经股东会表决同意。因退股减少了注册资本，要到工商行政管理局办理变更登记。退股时，根据股东会决议和付款凭证，账务处理方法为：

借：实收资本——股东名称

　　贷：银行存款或库存现金

例 1-6：永兴机械有限责任公司股东会决议，同意股东黄志刚退出，退还股金 80 000 元，签发了一张转账支票，将 80 000 元转至黄志刚的银行存款账户。

原始凭证如图 1-10 和图 1-11 所示。

中国工商银行
转账支票存根
X Ⅵ00001253
附加信息

出票日期　2012 年 11 月 30 日

收款人：黄志刚
金　额：¥80 000.00
用　途：退股款

单位主管　　会计

图　1-10

股东会决议

经股东会通过，同意黄志刚退股，退还其股份捌万元整（80 000 元）。自 2012 年 12 月 1 日起注销其股东身份。

永兴机械有限责任公司股东会

董事长：王振华
2012年11月20日

图　1-11

账务处理为：

借：实收资本——黄志刚　　80 000

　　贷：银行存款　　80 000

任务二　银行借款业务的账务处理

任务目标

1. 正确区分短期借款和长期借款。
2. 掌握银行借款借入、支付利息、到期归还的账务处理方法。

知识储备

银行借款是企业筹集负债性资金的主要形式。银行借款按期限分为短期借款和长期借款两种。

一、短期借款

短期借款是指期限在一年(12个月)内的银行借款。短期借款的账务处理包括借入、支付利息和到期还本。

1. 借入

企业从银行借入短期借款时，贷款银行会将所借款项转入企业在贷款银行开立的账户中，企业收到收账通知后进行的账务处理为：

借：银行存款

　　贷：短期借款

例1-7：永兴机械有限责任公司向中国工商银行借入一年期借款200 000元，款已到账。

原始凭证如图1-12所示。

中国工商银行 借款凭证（回单）

2011年　7　月　1日

借款人	全　称	永兴机械有限责任公司	收款人	全　称	永兴机械有限责任公司
	账　号	101014788680920011		账　号	101014788680958432
	开户银行	工行长安路支行		开户银行	工行长安路支行
金额	人民币（大写）	贰拾万元整		亿千百十万千百十元角分	¥20000000
借款用途	生产周转		上述借款已转入你单位账户，借款到期时应按期归还　此致		长安路支行 转 银行签章
借款利息	6%				
借款期限	2012年6月30日				
复核	记账				

图　1-12

账务处理为：

借：银行存款　　　　　　　　200 000

　　贷：短期借款　　　　　　　　200 000

2. 支付利息

每月结算的借款利息，银行会主动从企业存款账户中扣回，企业根据银行转来的贷款利息通知单进行账务处理。短期借款利息为筹资费用，应计入财务费用账户。账务处理为：

借：财务费用

　　贷：银行存款

例1-8：月末，公司收到当月银行贷款利息通知单，利息金额为1 000元。

原始凭证如图1-13所示。

中国工商银行贷款利息通知单

户名：永兴机械有限责任公司

计　息　期		积　数	利息额
2011年7月1日—2011年7月31日		6 000 000.00	1 000.00
人民币（大写）	壹仟元整		

上列借款利息已如数从你单位账户转出

中国工商银行 长安路支行 转讫

2011年7月31日

图　1-13

账务处理为：

借：财务费用 1 000

贷：银行存款 1 000

如果利息是按季支付，则每月应按借款本金和月利率计提当月应付利息，季满后支付利息。

例 1-9：若上例公司的借款利息是按季支付，年利率为6%，则每月应付利息为：

月应付利息 = 200 000 元 × 6% ÷ 12 = 1 000 元

原始凭证如图 1-14 ~ 图 1-17 所示。

借款利息计提计算单

中国工商银行借款额：200 000 元
年利率：6%
7 月份应付利息：200 000 元×6%÷12=1 000 元

图 1-14

借款利息计提计算单

中国工商银行借款额：200 000 元
年利率：6%
8 月份应付利息：200 000 元×6%÷12=1 000 元

图 1-15

借款利息计提计算单

中国工商银行借款额：200 000 元
年利率：6%
9 月份应付利息：200 000 元×6%÷12=1 000 元

图 1-16

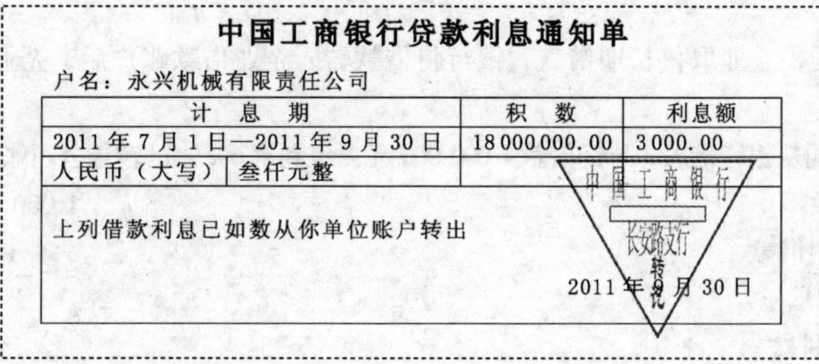

中国工商银行贷款利息通知单

户名：永兴机械有限责任公司

计息期	积数	利息额
2011 年 7 月 1 日—2011 年 9 月 30 日	18 000 000.00	3 000.00
人民币（大写） 叁仟元整		

上列借款利息已如数从你单位账户转出

中国工商银行 长安路支行 转讫

2011 年 9 月 30 日

图 1-17

每月计提利息时，账务处理为：

借：财务费用　　1 000

　　贷：应付利息　　1 000

季满支付利息时，账务处理为：

借：应付利息　　3 000

　　贷：银行存款　　3 000

3. 到期还本

借款到期后，根据银行转来的还款凭证，转销短期借款账户。账务处理方法为：

借：短期借款

　　贷：银行存款

例 1-10：依例 1-7，公司借款到期归还借款本金。

原始凭证如图 1-18 和图 1-19 所示。企业根据以下原始凭证及银行回单作账务处理。

中国工商银行
转账支票存根
XⅥ00001298
附加信息
由结算账户转入借款账户
出票日期　2012 年 6 月 30 日

收款人：永兴机械有限责任公司
金　额：¥200 000.00
用　途：还借款

单位主管　　会计

图　1-18

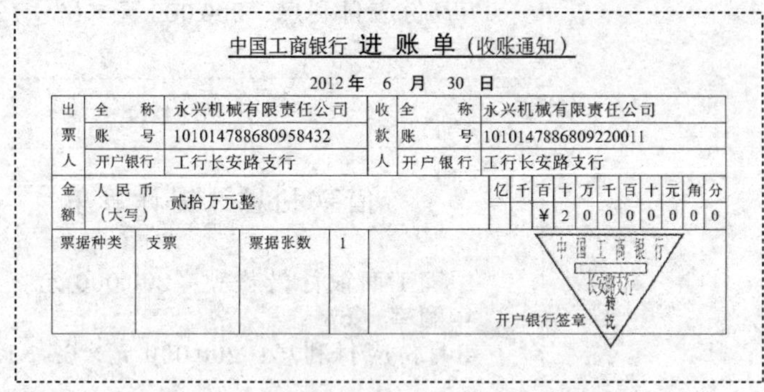

中国工商银行 进 账 单（收账通知）

2012 年　6　月　30　日

出票人	全　称	永兴机械有限责任公司	收款人	全　称	永兴机械有限责任公司
	账　号	101014788680958432		账　号	1010147886809220011
	开户银行	工行长安路支行		开户银行	工行长安路支行

金额	人民币（大写）	贰拾万元整	亿	千	百	十	万	千	百	十	元	角	分
					¥	2	0	0	0	0	0	0	0

票据种类	支票	票据张数	1	开户银行签章

图　1-19

账务处理为：

借：短期借款　　200 000

　　贷：银行存款　　200 000

二、长期借款

长期借款是指期限在一年(12 个月)以上的银行借款，按用途可分为一般借款和为购建、改扩建固定资产借入的专门借款(银行称固定资产贷款或项目贷款)。长期借款的账务处理包括借入、支付利息和到期还本。

长期借款借入、支付利息和到期还本的原始凭证与短期借款相同，这里不再介绍。

（一）借入

根据借款合同，企业取得长期借款，银行将借款转入企业借款账户后，企业根据借款凭证回单进行账务处理。

例 1-11：公司从银行借入 3 年期借款 1 000 000 元，年利率 6%，已转入公司账户。账务处理为：

借：银行存款　　1 000 000

　　贷：长期借款　　1 000 000

（二）支付利息

1. 一般借款利息

一般借款利息，计入财务费用。

依例 1-11，按月支付利息的，账务处理为：

借：财务费用　　5 000

　　贷：银行存款　　5 000

按季支付利息的，每月计提当月应付利息，季满一次支付。

每月计提利息时，账务处理为：

借：财务费用　　5 000

　　贷：应付利息　　5 000

季满支付利息时，账务处理为：

借：应付利息　　15 000

　　贷：银行存款　　15 000

2. 专门借款利息

为固定资产建造、改扩建而借入的专门借款，在工程竣工前产生的利息，计入固定资产成本，即计入在建工程账户；工程竣工后产生的利息，计入财务费用账户。

例 1-12：公司为建生产车间从银行借入 2 年期借款 5 000 000 元，年利率为 7.2%，利息按月支付。10 个月后竣工。每月利息为：

每月利息 = 5 000 000 元 × 7.2% ÷ 12 = 30 000 元

支付竣工前 10 个月每月利息，账务处理为：

借：在建工程　　30 000

　　贷：银行存款　　30 000

支付竣工后每月利息，账务处理为：

借：财务费用　　30 000

　　贷：银行存款　　30 000

若按季支付利息，每月计提利息和季满支付利息的账务处理与前述类似。

（三）到期还本

到期还本的账务处理和短期借款的类似。

依例 1-12，2 年期满后还本的账务处理为：

借：长期借款　　5 000 000

　　贷：银行存款　　5 000 000

任务三　民间借款业务的账务处理

任务目标

1. 明确民间借款与银行借款使用会计科目的区别。
2. 掌握民间借款借入、支付利息、偿还的账务处理方法。

知识储备

企业有时因资金周转困难，无力支付日常开支，又无法得到银行借款，在这种情况下，企业会向个人或别的企业暂时借款，这就是民间借款，这也是企业筹集资金的一种渠道。

一、借入款项

向个人或别的企业借款，在其他应付款账户核算。借入时根据现金收入凭证或银行收账通知，账务处理方法为：

借：库存现金或银行存款

　　贷：其他应付款——债权人姓名或企业名称

例 1-13：永兴机械有限责任公司因资金周转困难向钱江借入现金 10 000 元。

原始凭证如图 1-20 和图 1-21 所示。

收款收据

2011 年　10 月　21 日　　　　编号：2

交款人（单位）	钱江								
摘要	暂借款								
金额（大写）	壹万元整	十	万	千	百	十	元	角	分
		¥	1	0	0	0	0	0	0

第二联　记账联

主管　　会计　　出纳　赵利　　制票　张娟

图　1-20

现金收入凭证　　第二联　交会计

2011 年 10 月 21 日　　第 4 号

	备　注
收　　到　借钱江　款	
计人民币（大写）壹万元整	
交款人（签名）　钱江	10 000.00元

负责人　　会计　张娟　　出纳　赵利

图　1-21

账务处理为：

借：库存现金　　10 000

　　贷：其他应付款——钱江　　10 000

二、支付利息

支付利息的账务处理与银行借款相同。

依例 1-13，支付利息 1 000 元。

原始凭证如图 1-22 所示。

现金付出凭证　　第二联　交会计

2012 年 12 月 20 日　　第 3 号

	备　注
付　　给　借钱江款利息　款	
计人民币（大写）壹仟元整	
领款人（签名）　钱江	1 000.00 元

负责人　　会计　张娟　　出纳　赵利

图　1-22

账务处理为：

借：财务费用　　1 000

　　贷：库存现金　　1 000

三、偿还借款

偿还借款的账务处理方法为：

借：其他应付款——债权人姓名或企业名称

　　贷：库存现金或银行存款

依例 1-13，偿还借款。

原始凭证如图 1-23 所示。

现金付出凭证　　第二联　交会计

2012 年 12 月 27 日　　第 4 号

付　给 归还借钱江 款	备　注
计人民币（大写）壹万元整	
领款人（签名）钱江	10 000.00 元

负责人　　会计 张娟　　出纳 赵利

图　1-23

账务处理为：

借：其他应付款——钱江　　10 000

　　贷：库存现金　　10 000

项目训练

根据原始凭证信息，写出宏达实业有限责任公司下列经济业务的会计分录：

1. 出资协议：刘志出资 50 000 元，吴江出资 30 000 元，郑超出资 20 000 元。

银行存款凭条：股款 100 000 元。

三张收据：刘志出资 50 000 元，吴江出资 30 000 元，郑超出资 20 000 元。

2. 股份转让协议：郑超将其 20 000 元股份转让给吴江，已经股东会同意。

3. 银行借款凭证回单：日期为 2011 年 3 月 1 日，用途为生产周转，期限为 2011 年 8 月 31 日，借款金额 100 000 元。

4. 银行借款利息通知单：计息期为 2011 年 3 月 1 日至 31 日，利息 500 元。

5. 银行借款凭证回单：日期为 2011 年 7 月 1 日，用途为基本建设，期限为 2013 年 6 月 30 日，借款金额 500 000 元，年利率 6%（利息按季支付，借款到账后立即开工建设，工期为 1 年）。

6. 银行借款利息计算单：2011 年 7 月 1 日至 30 日，利息 2 500 元。

7. 银行借款利息通知单：计息期为 2011 年 7 月 1 日至 9 月 30 日，利息 7 500 元。

8. 银行借款利息计算单：2011 年 10 月 1 日至 30 日，利息 2 500 元。

9. 银行借款利息通知单：计息期为 2011 年 10 月 1 日至 12 月 31 日，利息 7 500 元。

10. 银行还款凭证：日期为 2013 年 6 月 30 日，金额 500 000 元。

11. 收款收据：借入李东现金 5 000 元。

现金收入凭证：收到李东借款 5 000 元。

12. 现金付出凭证：归还借李东款，现金 5 000 元。

项目二

对外投资业务的核算

对外投资，就是企业将资金投向外部，以获取投资收益的业务。对外投资按投资人的权利、义务不同分为债权投资和股权投资两种；按准备持有时间长短分为短期投资和长期投资（持有时间在12个月以上为长期投资，12个月以下为短期投资）。在本项目中将学习小企业常见的长期投资。

任务一　债权投资业务的账务处理

任务目标

1. 学会债券购入、利息收入、到期收回及转让的账务处理方法。
2. 理解每年付息债券和到期一次付息债券账务处理的不同。

知识储备

债权投资，通常就是指购买债券的投资，可购买的债券包括国债、公司债券和金融债券。债券是有期限的，投资人到期可以收回投资。债权投资的收益为利息收入，投资人可在持有债券期间获得利息，利息按债券面值和债券利率计算。购买债券有按面值购入、溢价购入、折价购入3种情况，这里只介绍按面值购入长期持有债券的账务处理。

一、购入债券

按面值购入债券，就是买价与债券的面值相等。核算长期持有债券投资的会计科目是“长期债券投资”，属于资产类科目，购入债券时记入其借方，到期收回或转让时记入其贷方，余额表示尚未到期的长期债券投资。

购入到期一次付息债券的账务处理为：

借：长期债券投资——成本

　　贷：银行存款

购入每年付息债券，则不需设置“成本”明细科目。

例2-1：永兴机械有限责任公司按面值购入5年期国债50 000元，准备持有至到期。国债年利率为5%，不计复利，到期一次付息。以银行存款购买。该债券于当年5月1日发行。

原始凭证如图2-1和图2-2所示。

中华人民共和国凭证式国债收款凭证

中国工商银行　　　　陕　IXIX 0058 660

购买日期	起息日期	印密	年度	期次	期限	年利率	到期日期	柜员号
20110515	20110501	密	2011	2	5年	5%	20160501	02

账号　337027527115091004　　户名　永兴机械有限责任公司

金额（大、小写）　RMB 伍万元整　　¥50 000.00

兑取日期	计息天数	年利率	利息	柜员号

兑取时：复核　出纳　记账　　购买时：复核　出纳　记账

图　2-1

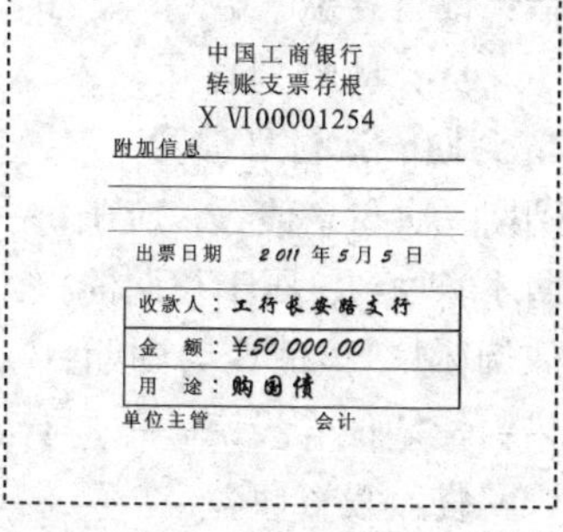
中国工商银行
转账支票存根
X VI00001254
附加信息

出票日期　2011 年 5 月 5 日

收款人：工行长安路支行
金　额：¥50 000.00
用　途：购国债
单位主管　　会计

图　2-2

账务处理为：

借：长期债券投资——成本　　50 000

　　贷：银行存款　　50 000

二、结算利息

债券利息支付有分期支付和到期一次支付两种，其账务处理有所不同。

1. 每年付息一次债券

每年付息一次债券，在债券付息日，应按面值乘以债券利率计算应收利息，确认为投资收益。

依例2-1，假如该债券为每年付息债券，在债券的5年期限中，每年5月1日结算应收利息为：

应收利息 =50 000 元 ×5% =2 500 元

原始凭证如图 2-3 所示。

应收国债利息计算单

国债总面值：50 000 元
年利率：5%
2012 年应收利息：50 000 元×5%=2 500 元

图　2-3

账务处理为：

借：应收利息　　2 500

　　贷：投资收益　　2 500

收到利息时，原始凭证如图 2-4 所示。

中国工商银行 进 账 单（收账通知）

2012 年 5 月 1 日

出票人	全称	咸阳国债服务部	收款人	全称	永兴机械有限责任公司
	账号	10106125461200000289		账号	101014788680920011
	开户银行	工行渭阳路分理处		开户银行	工行长安路支行
金额	人民币（大写）	贰仟伍佰元整		亿千百十万千百十元角分	¥250000
票据种类	支票	票据张数 1	国债利息		
票据号码					
	复核　记账		开户银行签章		

中国工商银行 长安路支行 转讫

图　2-4

13

收到利息的账务处理为：

借：银行存款　　2 500

　　贷：应收利息　　2 500

2. 到期一次付息债券

到期一次付息债券，应于每一债券年度年满时计提应收利息，确认投资收益。由于利息要到债券到期才能收到，属于长期债权，所以应计入“长期债券投资”账户的“应计利息”明细账户。

依例2-1，该债券为到期一次付息债券，则每年计提应收利息的账务处理为：

借：长期债券投资——应计利息　　2 500

　　贷：投资收益　　2 500

原始凭证为应收国债利息计算单(同前)。

三、债券到期

1. 每年付息一次债券

每年付息一次债券到期，收回债券本金(即面值)即可。

依例2-1，假如为每年付息一次债券，到期收回本金。

原始凭证如图2-5所示。

中国工商银行 进 账 单（收账通知）

2016年5月1日

出票人	全称	咸阳国债服务部	收款人	全称	永兴机械有限责任公司
	账号	1010612546120000289		账号	101014788680920011
	开户银行	工行渭阳路分理处		开户银行	工行长安路支行
金额	人民币（大写）	伍万元整		亿千百十万千百十元角分	¥5000000
票据种类	支票	票据张数 1	国债本金		
票据号码					
	复核　记账			开户银行签章	

图 2-5

账务处理为：

借：银行存款　　50 000

　　贷：长期债券投资　　50 000

2. 到期一次付息债券

到期一次付息债券到期时，不但要收回债券本金，还要收回整个债券期限内的累计应收利息。

依例2-1，到期收回本金和利息。

原始凭证如图2-6和图2-7所示。

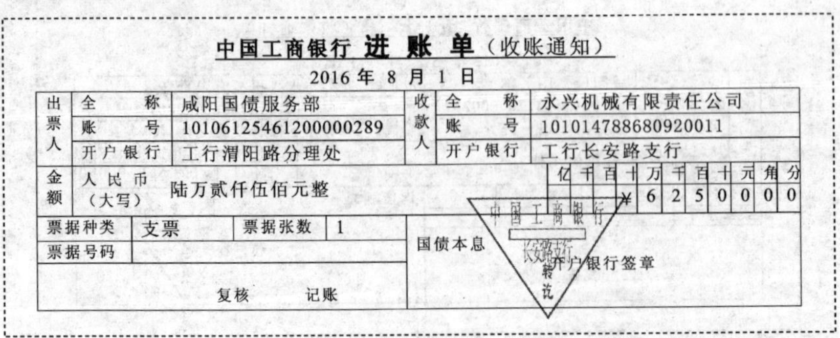

中国工商银行 进 账 单（收账通知）

2016年8月1日

出票人	全称	咸阳国债服务部	收款人	全称	永兴机械有限责任公司
	账号	1010612546120000289		账号	101014788680920011
	开户银行	工行渭阳路分理处		开户银行	工行长安路支行
金额	人民币（大写）	陆万贰仟伍佰元整		亿千百十万千百十元角分	¥6250000
票据种类	支票	票据张数 1	国债本息		
票据号码					
	复核　记账			开户银行签章	

图 2-6

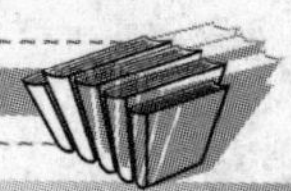

国债本息结算单

面值总额：50 000.00 元
年利率：5%
期限：5 年
年利息：2 500 元
利息总额：12 500 元
本息合计：62 500 元

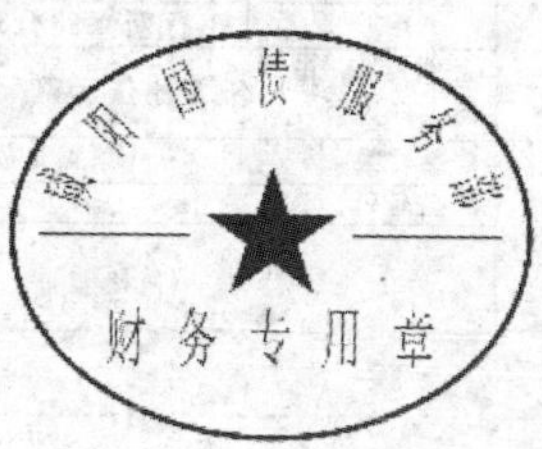

图　2-7

账务处理为：

借：银行存款　　62 500
　　贷：长期债券投资——成本　　50 000
　　　　　　　　　——应计利息　　(2 500 × 5) 12 500

四、转让债券

在债券未到期的情况下，企业如果急需资金，可以将债券转让。转让债券的价款收入与债券账面价值的差额，计入投资收益。

1. 每年付息债券转让

每年付息债券的账面价值一般(不考虑减值)即为面值，不会变化。依例 2-1，假如为每年付息一次债券，企业 3 年后以 51 000 元的价款将债券全部转让。原始凭证如图 2-8 所示。

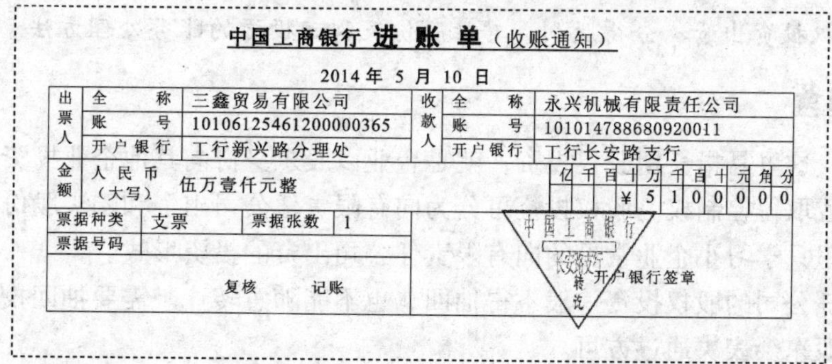

中国工商银行 **进 账 单**（收账通知）

2014 年 5 月 10 日

出票人	全　称	三鑫贸易有限公司	收款人	全　称	永兴机械有限责任公司
	账　号	1010612546120000365		账　号	101014788680920011
	开户银行	工行新兴路分理处		开户银行	工行长安路支行
金额	人民币（大写）	伍万壹仟元整		亿千百十万千百十元角分	¥ 5 1 0 0 0 0 0
票据种类	支票	票据张数	1		
票据号码					
	复核　记账			开户银行签章	

图　2-8

账务处理为：

借：银行存款　　51 000
　　贷：长期债券投资　　50 000
　　　　投资收益　　1 000

2. 到期一次付息债券转让

到期一次付息债券的账面价值为面值(成本)与应计利息之和。依例 2-1，企业 3 年后以 58 000 元的价款将债券全部转让。

原始凭证如图 2-9 所示。

中国工商银行 进 账 单（收账通知）

2014 年 5 月 10 日

出票人	全称	三鑫贸易有限公司	收款人	全称	永兴机械有限责任公司
	账号	10106125461200000365		账号	101014788680920011
	开户银行	工行新兴路分理处		开户银行	工行长安路支行
金额	人民币（大写）	伍万捌仟元整		亿千百十万千百十元角分	¥ 5 8 0 0 0 0 0
票据种类	支票	票据张数 1			
票据号码					
	复核　记账			开户银行签章	

中国工商银行 长安路支行 转讫

图 2-9

账务处理为：

借：银行存款　58 000

　　贷：长期债券投资——成本　50 000

　　　　　　　　　——应计利息　(2 500 × 3)7 500

　　　　投资收益　500

任务二　股权投资业务的账务处理

任务目标

1. 懂得股权投资的特点和管理要求。
2. 掌握股权投资出资、分得股利、转让股份及收回投资的账务处理方法。

知识储备

股权投资，这里是指长期股权投资，就是企业以股东身份向其他企业投资入股，目的是获得股利分配或取得控制权。股权投资可分为向有限责任公司出资和购买股份有限公司股票两种形式，这里只学习小企业常见的向有限责任公司出资的投资形式。

向有限责任公司的股权投资一般不得抽回，也不能随意转让。需要抽回投资时，必须提请被投资公司股东会表决通过方可。

股权投资的收益为分派的股利或红利，股利收益多少取决于被投资公司的盈利情况，因而收益不固定。

核算长期股权投资的会计科目为“长期股权投资”，属于资产类科目，投资时记入借方，收回时记入贷方，余额表示企业拥有的被投资公司的股权金额。长期股权投资的核算有成本法和权益法两种，这里只学习小企业会计准则和税法规定的成本法。长期股权投资的核算包括出资、分得股利、转让股份或退股和被投资公司清算等业务。

一、出资

向有限责任公司出资时，根据出资协议和银行转账付款凭证进行账务处理。

例 2-2：永兴机械有限责任公司向长城商贸有限责任公司出资 500 000 元，成为长城商贸有限责任公司的股东之一。出资已通过银行转账支付。

原始凭证如图 2-10 和图 2-11 所示。

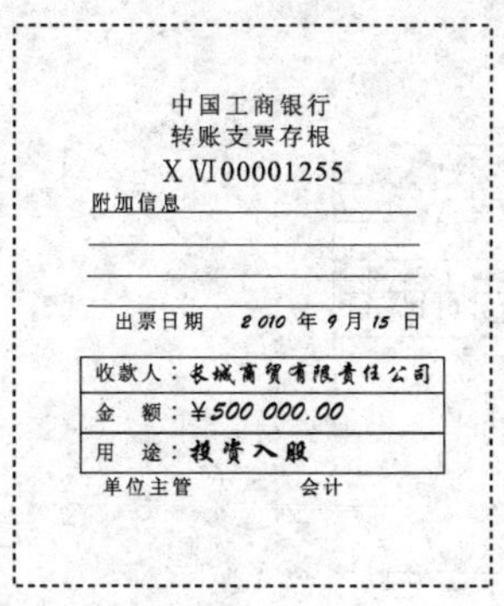

中国工商银行
转账支票存根
X Ⅵ00001255
附加信息

出票日期 2010 年 9 月 15 日

收款人：长城商贸有限责任公司
金 额：¥500 000.00
用 途：投资入股

单位主管 会计

图 2-10

收款收据

2010 年 9 月 21 日 编号：8

交款人（单位）	永兴机械有限责任公司								
摘 要	股份出资								
		十	万	千	百	十	元	角	分
金额（大写）	伍拾万元整	5	0	0	0	0	0	0	0

主管 会计 出纳 赵发 制票 李娟

第三联 报销联

长城商贸有限责任公司 财务专用章

图 2-11

账务处理为：

借：长期股权投资——长城商贸有限责任公司 500 000

　　贷：银行存款 500 000

二、分得股利

被投资公司分派股利时，企业按照分得的股利金额确认投资收益，根据银行转账凭证进行账务处理。

例 2-3：依例 2-2，长城商贸有限责任公司向永兴机械有限责任公司分派股利 100 000 元，永兴机械有限责任公司收到银行的收账通知。

原始凭证如图 2-12 所示。

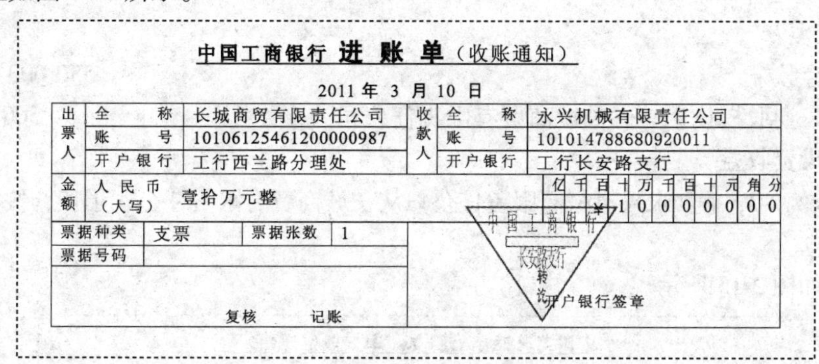

中国工商银行 进 账 单（收账通知）

2011 年 3 月 10 日

出票人	全称	长城商贸有限责任公司	收款人	全称	永兴机械有限责任公司
	账号	10106125461200000987		账号	101014788680920011
	开户银行	工行西兰路分理处		开户银行	工行长安路支行
金额	人民币（大写）	壹拾万元整		亿千百十万千百十元角分	¥ 1 0 0 0 0 0 0 0
票据种类	支票	票据张数 1			
票据号码					
	复核 记账			开户银行签章	

中国工商银行 长安路支行 转讫

图 2-12

账务处理为：

借：银行存款 100 000

　　贷：投资收益 100 000

三、转让股份或退股

经股东会决议同意，投资人转让股份或退股时，根据股份转让协议和银行转账收款凭证进行账务处理。转让股份或退股收回的金额与长期股权投资账户的账面价值之间如有差额，计入投资收益账户。

例 2-4：依例 2-2，永兴机械有限责任公司 1 年后将其在长城商贸有限责任公司的股份转让给其他股东，转让收入为 550 000 元，已收到银行收账通知。

原始凭证如图 2-13 和图 2-14 所示。

中国工商银行 进 账 单（收账通知）

2012 年 5 月 10 日

出票人	全　称	东升电子有限责任公司	收款人	全　称	永兴机械有限责任公司
	账　号	10106125461200000254		账　号	101014788680920011
	开户银行	建行仪风路分理处		开户银行	工行长安路支行
金额	人民币（大写）	伍拾伍万元整			¥550000000
票据种类	支票	票据张数 1			
票据号码					
	复核　记账			开户银行签章	

图　2-13

股份转让协议

经股东会通过，同意永兴机械有限责任公司将其在本公司的股份伍拾万元（500 000 元）以伍拾伍万元转让给股东东升电子有限责任公司，自 2012 年 5 月 1 日起生效。

长城商贸有限责任公司法人代表：郭永发

转让人：永兴机械有限责任公司　　受让人：东升电子有限责任公司

2012 年 5 月 1 日

图　2-14

账务处理为：

借：银行存款　　550 000

　　贷：长期股权投资——长城商贸有限责任公司　　500 000

　　　　投资收益　　50 000

例 2-5：依例 2-2，假如永兴机械有限责任公司从长城商贸有限责任公司退股，按原出资额收回投资。

原始凭证如图 2-15 所示。

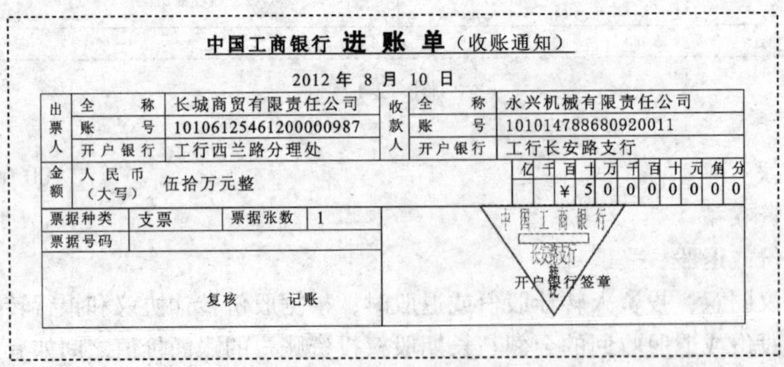

中国工商银行 进 账 单（收账通知）

2012 年 8 月 10 日

出票人	全　称	长城商贸有限责任公司	收款人	全　称	永兴机械有限责任公司
	账　号	10106125461200000987		账　号	101014788680920011
	开户银行	工行西兰路分理处		开户银行	工行长安路支行
金额	人民币（大写）	伍拾万元整			¥50000000
票据种类	支票	票据张数 1			
票据号码					
	复核　记账			开户银行签章	

图　2-15

账务处理为：

借：银行存款　　500 000

　　贷：长期股权投资——长城商贸有限责任公司　　500 000

四、被投资公司清算

被投资公司解散或破产清算时，投资方不能收回的投资或分得的剩余财产与原出资额的差额

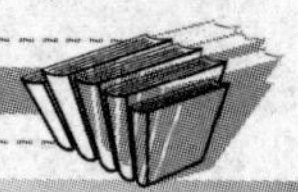

计入营业外支出。

例 2-6：依例 2-2，假如长城商贸有限责任公司因资不抵债而破产，永兴机械有限责任公司的投资无法收回，出资额全部转为投资损失。

原始凭证如图 2-16 所示。

破产通知书

因亏损严重，资不抵债，本公司已宣告破产，股东的股份不再退还。

特此通知。

长城商贸有限责任公司
2012年9月5日

图 2-16

账务处理为：

借：营业外支出　　500 000

　　贷：长期股权投资——长城商贸有限责任公司　　500 000

例 2-7：依例 2-2，假如长城商贸有限责任公司解散清算，永兴机械有限责任公司分得剩余财产 400 000 元，则损失为 100 000 元。

原始凭证如图 2-17 所示。

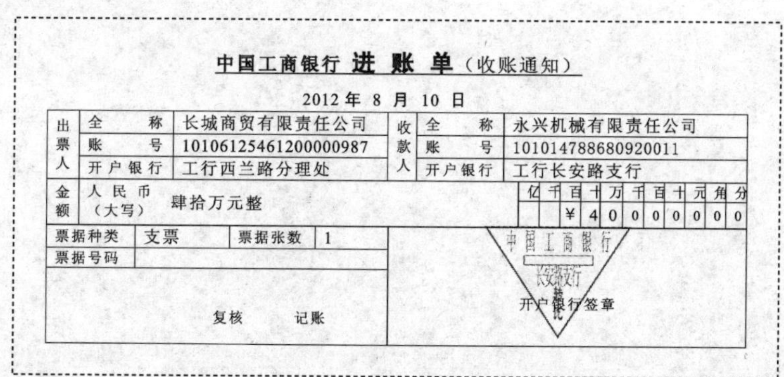

中国工商银行 进 账 单（收账通知）

2012 年 8 月 10 日

出票人	全称	长城商贸有限责任公司	收款人	全称	永兴机械有限责任公司
	账号	10106125461200000987		账号	101014788680920011
	开户银行	工行西兰路分理处		开户银行	工行长安路支行
金额	人民币（大写）	肆拾万元整		亿千百十万千百十元角分	¥40000000
票据种类	支票	票据张数 1			
票据号码					
	复核　　记账			开户银行签章	

图 2-17

账务处理为：

借：银行存款　　400 000

　　营业外支出　　100 000

　　贷：长期股权投资——长城商贸有限责任公司　　500 000

项目训练

根据原始凭证信息，写出东华公司下列经济业务的会计分录：

1. 转账支票存根：收款人志诚公司，金额 50 000 元，用途为购债券。

收款收据：交款人东华公司，购债券款，金额 50 000 元（债券利率为 10%，每年付息一次）。

2. 债券利息结算单：债券面值 50 000 元，利率 10%，应收利息 5 000 元。

3. 中国银行进账单(收账通知)：债券利息5 000元，出票人志诚公司，收款人东华公司。

4. 中国银行进账单(收账通知)：债券本金50 000元，出票人志诚公司，收款人东华公司。

5. 上述债券若为到期一次付息，则上述1、2项业务应如何处理？第4项业务的原始凭证变为：

中国银行进账单(收账通知)：债券本息65 000元，出票人志诚公司，收款人东华公司。

6. 收款收据：交款人东华公司，股份出资100 000元。

转账支票存根：收款人华盛公司，金额100 000元，用途为投资入股。

7. 中国银行进账单(收账通知)：股利20 000元，出票人华盛公司，收款人东华公司。

8. 中国银行进账单(收账通知)：转让股份款120 000元，出票人大唐公司，收款人东华公司。

股份转让协议：东华公司转让其在华盛公司的股份给大唐公司，转让价款120 000元。

项目三

物资采购业务的核算

工业企业的物资采购业务，包括原材料采购和低值易耗品采购两种情况，在本项目中将学习这两种采购业务的账务处理方法。物资采购业务有按实际价格核算和按计划价格核算两种方法，本项目中只学习适合小企业的较简单的实际价格核算方法。

任务一　原材料采购业务的账务处理

任务目标

1. 明确原材料的种类和内容。
2. 明确原材料的入账价值。
3. 掌握原材料采购的账务处理方法。
4. 理解和掌握增值税一般纳税人和小规模纳税人账务处理的区别。

知识储备

一、原材料的种类

工业企业生产使用的原材料包括以下几类。

（1）原材料及主要材料。原材料及主要材料是指构成产品实体的材料，如构成机械产品的金属材料，构成纺织品的棉花、羊毛和化纤等材料，构成服装的布料以及构成食品的粮食等。

（2）辅助材料。辅助材料是指直接用于产品生产但不构成产品实体的材料，如油漆、染料、催化剂、黏合剂、润滑油等。

（3）外购件。外购件是指从外部企业购入的直接用于产品装配的零件和部件等，也称外协件，如生产机器的外购电机、齿轮、轴承，生产车辆的外购轮胎、车灯等。

（4）修理备用件。修理备用件是指生产设备修理更换用的零配件，如轴承、螺栓和螺母等。

（5）包装材料及包装物。包装材料及包装物是指产品包装用的箱、袋、桶、瓶等及绳、铁丝等捆扎材料。

（6）燃料。燃料是指用来燃烧加热的各种材料，如煤、焦炭、油和罐装可燃气体等。

材料收发核算应设置原材料明细账，按品种或小类设立明细账户，采用数量金额式账页，记录材料的入库、出库、结存的数量和金额。

二、原材料的入账价值

原材料的入账价值也称采购成本，包括发票价款和采购过程中的运输费、装卸费、途中保险费等(简称运杂费)。

但运费(符合规定的运费发票)的7%可计入增值税进项税额，计入采购成本的为剩余93%的部分。

$$材料入账价值 = 发票价款 + 运杂费 - 运费 \times 7\%$$

$$材料入账单价 = \frac{材料入账价值}{入库数量}$$

若企业自备车辆运输或由供货方送货时，没有支付外部运杂费，则材料入账价值即为发票价款。

例3-1：某工业企业采购A材料，发票上写明的数量为1 000kg，单价为20元，金额为20 000元，增值税为3 400元。经验收，入库数量与发票数量相符。运费发票上写明的运费金额为200元。款项已转账支付。

$$A材料入账价值 = 20\ 000元 + 200元 \times 93\% = 20\ 186元$$

$$A材料入账价格 = \frac{20\ 186元}{1\ 000kg} = 20.186元/kg$$

则账务处理为：

借：原材料——A材料　　20 186

　　应交税费——应交增值税(进项税额)　　(3 400 + 14)3 414

　　贷：银行存款　　23 600

如运费金额较小，为了简化核算，也可不计入材料入账价值，直接计入管理费用。如上例，账务处理可为：

借：管理费用　　(200 × 93%)186

　　应交税费——应交增值税(进项税额)　　(200 × 7%)14

　　贷：银行存款　　200

对于原材料采购的账务处理，一般纳税人和小规模纳税人有所不同，下面分别学习。

三、增值税一般纳税人的账务处理

由于材料入库、收到发票、付款的时间先后不同，账务处理也不同，下面分别讲述不同情况下的账务处理方法。

1. 材料已入库，发票已收到，货款已付

凡在月内材料入库、收到发票、已付款的情况下，均属此类。

例3-2：永兴机械有限责任公司购入长河商贸股份有限公司钢板、圆钢两种材料，长河商贸股份有限公司开来的购货发票已收到，材料已验收入库，货款已用转账支票支付。无对外支付的运费。

原始凭证如图3-1～图3-3所示。

账务处理为：

借：原材料——钢板　　(2 000 × 10)20 000

　　　　　——圆钢　　(1 000 × 30)30 000

　　应交税费——应交增值税(进项税额)　　8 500

　　贷：银行存款　　58 500

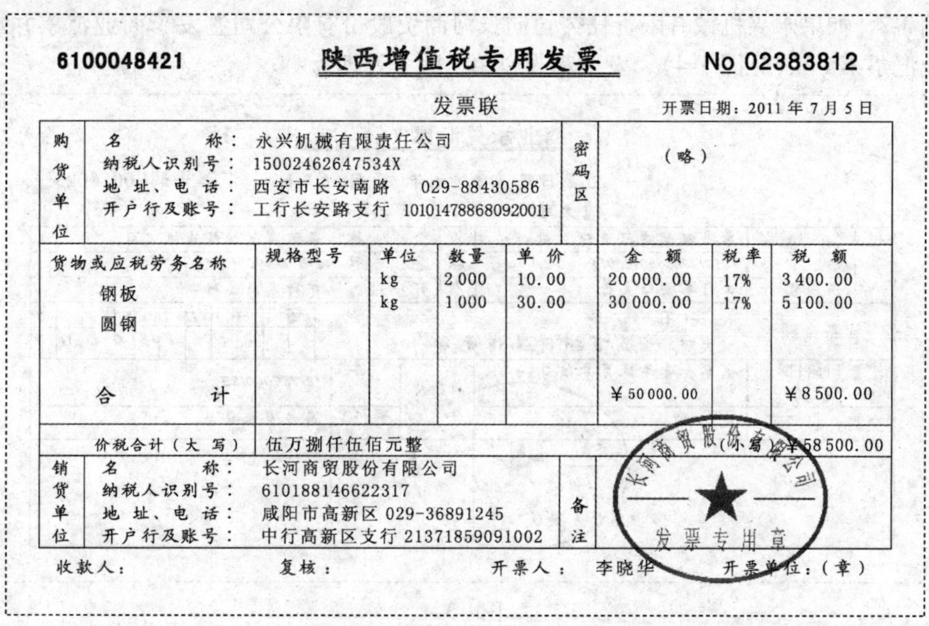

6100048421　　**陕西增值税专用发票**　　№ 02383812

发票联　　开票日期：2011 年 7 月 5 日

购货单位	名　　称：永兴机械有限责任公司 纳税人识别号：15002462647534X 地 址、电 话：西安市长安南路　029-88430586 开户行及账号：工行长安路支行　10101478868092001l	密码区	（略）			
货物或应税劳务名称	规格型号	单位	数量	单价	金额	税率	税额
钢板		kg	2 000	10.00	20 000.00	17%	3 400.00
圆钢		kg	1 000	30.00	30 000.00	17%	5 100.00
合　计					¥50 000.00		¥8 500.00
价税合计（大写）	伍万捌仟伍佰元整				（小写）¥58 500.00		
销货单位	名　　称：长河商贸股份有限公司 纳税人识别号：610188146622317 地 址、电 话：咸阳市高新区 029-36891245 开户行及账号：中行高新区支行 21371859091002	备注					

收款人：　　复核：　　开票人：李晓华　　开票单位：（章）

图　3-1

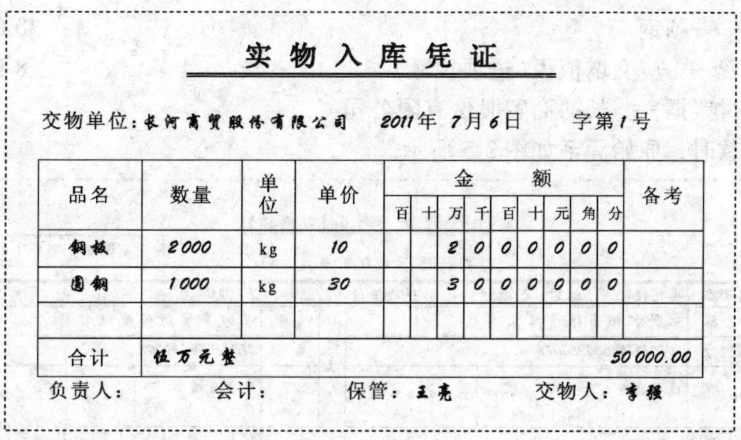

实 物 入 库 凭 证

交物单位：长河商贸股份有限公司　　2011年 7月6日　　字第1号

品名	数量	单位	单价	百	十	万	千	百	十	元	角	分	备考
				金额									
钢板	2000	kg	10			2	0	0	0	0	0	0	
圆钢	1000	kg	30			3	0	0	0	0	0	0	
合计	伍万元整											50 000.00	

负责人：　　会计：　　保管：王亮　　交物人：李强

图　3-2

2. 材料已入库，发票已收到，货款未付

依例 3-2，如果月内货款未支付，则根据发票和收料单，账务处理为：

借：原材料——钢板　　20 000

　　　　　——圆钢　　30 000

　　应交税费——应交增值税（进项税额）

　　　　　　　　　　　8 500

　　贷：应付账款——长河商贸股份有限公司

　　　　　　　　　　　58 500

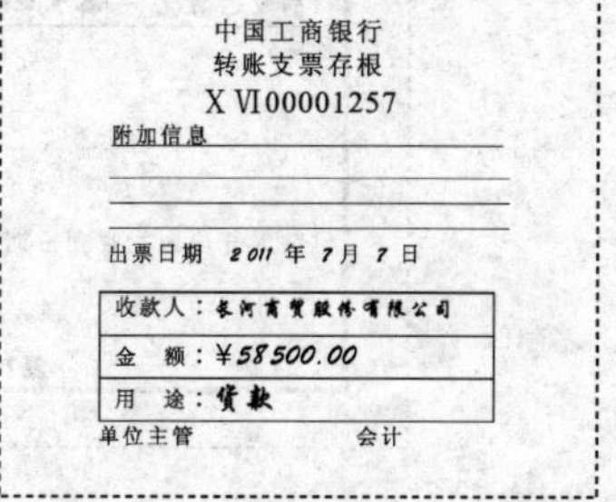

中国工商银行
转账支票存根
X Ⅵ00001257

附加信息

出票日期　2011 年 7 月 7 日

收款人：长河商贸股份有限公司
金　额：¥58 500.00
用　途：货款

单位主管　　会计

图　3-3

将来付款时，根据支票存根，账务处理为：

借：应付账款——长河商贸股份有限公司　　58 500

　　贷：银行存款　　58 500

依例3-2，如果永兴机械有限责任公司向长河商贸股份有限公司签发了商业汇票并承兑，则根据商业汇票第1联（见图3-4）、发票和收料单，账务处理为：

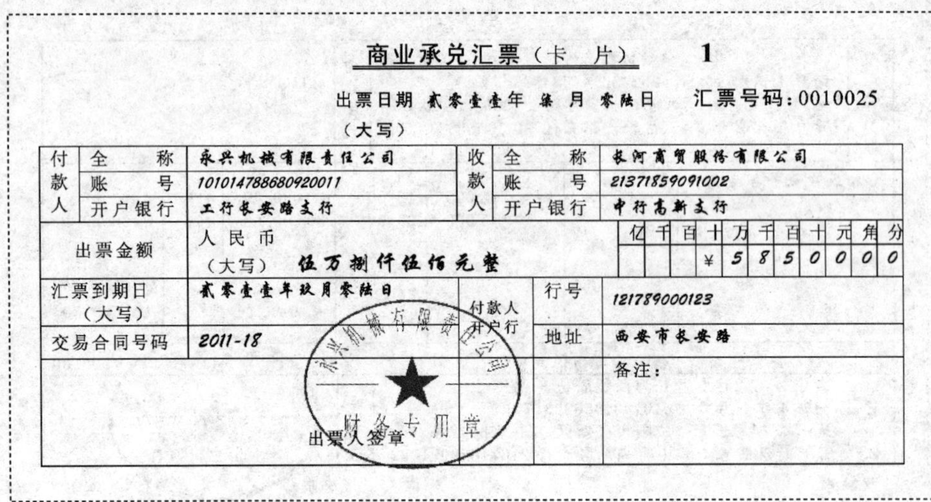

商业承兑汇票（卡　片）　1

出票日期（大写）贰零壹壹年 柒 月 零陆日　汇票号码：0010025

付款人	全称	永兴机械有限责任公司	收款人	全称	长河商贸股份有限公司
	账号	10101478868092011		账号	21371859091002
	开户银行	工行长安路支行		开户银行	中行高新支行
出票金额	人民币（大写）伍万捌仟伍佰元整			亿千百十万千百十元角分	¥58500000
汇票到期日（大写）	贰零壹壹年玖月零陆日		付款人开户行	行号	121789000123
交易合同号码	2011-18			地址	西安市长安路
出票人签章				备注：	

图　3-4

借：原材料——钢板　20 000

　　　　——圆钢　30 000

　　应交税费——应交增值税（进项税额）　8 500

　　贷：应付票据——长河商贸股份有限公司　58 500

票据到期付款时，原始凭证如图3-5所示。

托收凭证　（付款通知）　5

委托日期 2011年9月7日　　付款期限 2011年9月6日

业务类型	委托收款（□邮划、□电划）　托收承付（□邮划、☑电划）						
付款人	全称	永兴机械有限责任公司		收款人	全称	长河商贸股份有限公司	
	账号	10101478868092011			账号	21371859091002	
	地址	陕西省西安市/县	开户行 工行长安路支行		地址	陕西省西安市/县	开户行 中行高新支行
金额	人民币（大写）伍万捌仟伍佰元整				亿千百十万千百十元角分	¥58500000	
款项内容	购材料款	托收凭据名称	商业汇票		附寄单证张数	1	
商品发运情况	已发运				合同名称号码	钢材购销 2011-18	
备注： 付款人开户银行收到日期 2011年9月7日 复核　记账		付款人开户银行签章 年　月　日			付款人注意： 1. 根据支付结算办法，上列委托收款（托收承付）款项在付款期限内未提出拒付，即视为同意付款，以此代付款通知。 2. 如需提出全部或部分拒付，应在规定期限内，将拒付理由书并附债务证明退交开户银行。		

图　3-5

账务处理为：

借：应付票据——长河商贸股份有限公司　58 500

　　贷：银行存款　58 500

3. 材料已入库，发票未收到，货款未付

如果材料已验收入库，发票未到，在当月可等到销货方开来发票后，再按上述办法处理。若到月末仍未开来发票并未付款，则应按议定的价格暂且入账。

仍依例3-2，如果至月末仍未开来发票并未付款，则根据收料单，账务处理为：

借：原材料——钢板　　20 000

　　　　　——圆钢　　30 000

　贷：应付账款——暂估应付账款　　50 000

下月初用红字作相同的记账凭证，予以冲回。

下月收到发票并付款后，可以根据发票和支票存根，作账务处理为：

借：原材料——钢板　　20 000

　　　　　——圆钢　　30 000

　　应交税费——应交增值税（进项税额）　　8 500

　贷：银行存款　　58 500

如果材料价格已知，也可作如下简化处理：

借：原材料——钢板　　20 000

　　　　　——圆钢　　30 000

　贷：应付账款——长河商贸股份有限公司　　50 000

下月收到发票并付款后，可以根据发票和支票存根，作账务处理为：

借：应付账款——长河商贸股份有限公司　　50 000

　　应交税费——应交增值税（进项税额）　　8 500

　贷：银行存款　　58 500

4. 预付货款购买材料

（1）预付货款：预付货款时，记入预付账款账户的借方；预付货款的情况不多的企业，也可以不设预付账款账户，而记入应付账款账户的借方。根据转账支票存根或汇款回单等付款凭证，账务处理为：

借：预付账款（或应付账款）——供货商

　贷：银行存款

（2）收到材料：收到供货商发来的材料后，冲销预付账款，根据发票、收料单，账务处理为：

借：原材料——品名

　　应交税费——应交增值税（进项税额）

　贷：预付账款（或应付账款）——供货商

例 3-3：永兴机械有限责任公司欲向宏达实业有限责任公司采购轴承1 000件，单价10元，增值税为1 700元。预付宏达实业有限责任公司货款11 700元。15日后，收到宏达实业有限责任公司发来的轴承和发票。

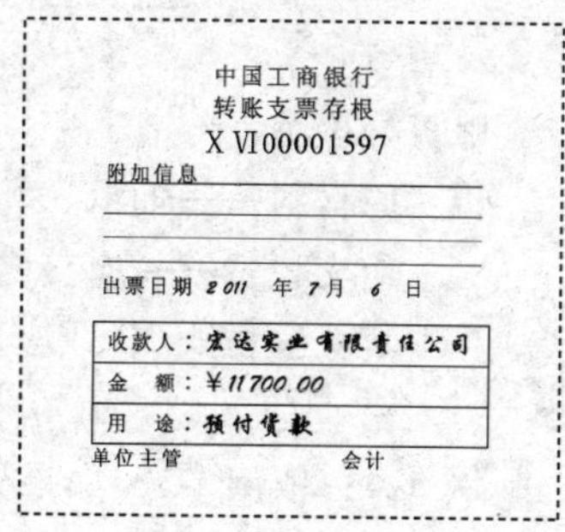
中国工商银行
转账支票存根
X Ⅵ00001597
附加信息
出票日期 2011 年 7月 6 日
收款人：宏达实业有限责任公司
金　额：¥11700.00
用　途：预付货款
单位主管　　会计

图　3-6

预付货款时，原始凭证如图3-6所示。

账务处理为：

借：预付账款（或应付账款）——宏达实业有限责任公司　　11 700

　贷：银行存款　　11 700

收到轴承和发票时，原始凭证如图3-7和图3-8所示。

6100087910 **陕西增值税专用发票** No 02383868

发票联 开票日期：2011年7月23日

购货单位	名 称：永兴机械有限责任公司 纳税人识别号：15002462647534X 地 址、电 话：西安市高长安南路 029-88430586 开户行及账号：工行长安路支行 10101478868092001l				密码区	（略）		
货物或应税劳务名称	规格型号	单位	数量	单价	金额	税率	税额	
轴承		件	1 000	10.00	10 000.00	17%	1 700.00	
合 计					¥10 000.00		¥1 700.00	
价税合计（大 写）	壹万壹仟柒佰元整					（小写）¥11 700.00		
销货单位	名 称：宏达实业有限责任公司 纳税人识别号：610188146622317 地 址、电 话：咸阳市东风路24号 029-36891259 开户行及账号：建行人民东路支行 21371859091236				备注	宏达实业有限责任公司 发票专用章		

收款人： 复核： 开票人：吴大维 开票单位：（章）

图 3-7

实 物 入 库 凭 证

交物单位：宏达实业有限责任公司 2011年7月21日 字第4号

品名	数量	单位	单价	金额									备考
				百	十	万	千	百	十	元	角	分	
轴承	1000	件	10			1	0	0	0	0	0	0	
合计	壹万元整			10 000.00									

负责人： 会计： 保管：王亮 交物人：李强

图 3-8

账务处理为：

借：原材料——轴承 10 000

应交税费——应交增值税（进项税额） 1 700

贷：预付账款（或应付账款）——宏达实业有限责任公司 11 700

例3-4：依例3-3，如果先预付了50%的价款5 000元，货到后再付余款。

预付货款时，原始凭证如图3-9所示。

中国工商银行
转账支票存根
X VI00001298

附加信息

出票日期 2011年7月6日

收款人：宏达实业有限责任公司

金 额：¥5000.00

用 途：预付货款

单位主管 会计

图 3-9

账务处理为：

借：预付账款（或应付账款）——宏达实业有限责任公司 5 000

贷：银行存款 5 000

收到材料和发票时，原始凭证如图 3-10 ~ 图 3-12 所示。

6100058706　　**陕西增值税专用发票**　　No 02383812

发票联　　开票日期：2011 年 7 月 23 日

购货单位	名　　称：永兴机械有限责任公司 纳税人识别号：15002462647534X 地 址、电 话：西安市高长安南路 029-88430586 开户行及账号：工行长安路支行 10101478868092011	密码区	（略）			
货物或应税劳务名称	规格型号	单位	数量	单价	金　额	税率	税　额
轴承		件	1 000	10.00	10 000.00	17%	1 700.00
合　计					¥10 000.00		¥1 700.00
价税合计（大 写）	壹万壹仟柒佰元整				（小写）¥11 700.00		
销货单位	名　　称：宏达实业有限责任公司 纳税人识别号：610188146622317 地 址 、电 话：咸阳市东风路 24 号 029-36891259 开户行及账号：建行人民东路支行 21371859091236	备注	宏达实业有限责任公司 发票专用章			

收款人：　　复核：　　开票人：　李兴　　开票单位：（章）

图　3-10

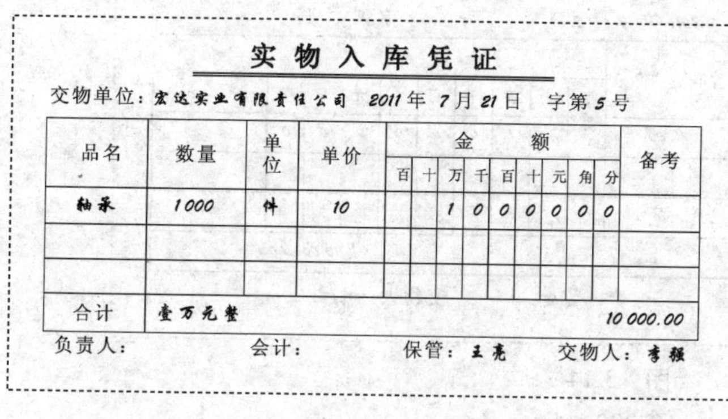

实 物 入 库 凭 证

交物单位：宏达实业有限责任公司　2011 年 7 月 21 日　字第 5 号

品名	数量	单位	单价	金额 百	十	万	千	百	十	元	角	分	备考
轴承	1000	件	10			1	0	0	0	0	0	0	
合计	壹万元整			10 000.00									

负责人：　　会计：　　保管：王亮　　交物人：李强

图　3-11

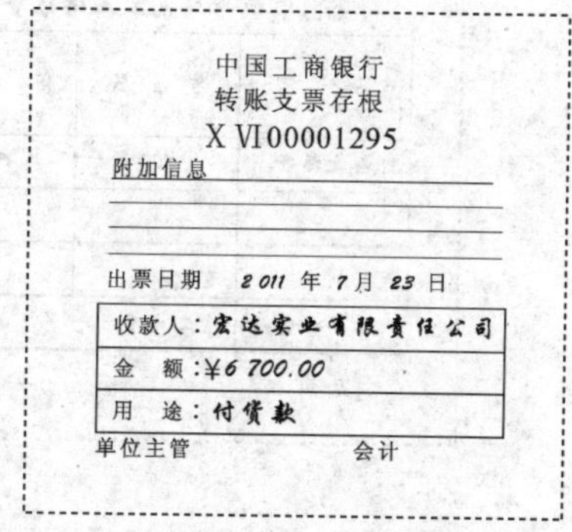

中国工商银行
转账支票存根
X VI00001295

附加信息

出票日期　2011 年 7 月 23 日

收款人：宏达实业有限责任公司
金　额：¥6 700.00
用　途：付货款

单位主管　　会计

图　3-12

账务处理为：

借：原材料——轴承　　10 000

　　应交税费——应交增值税（进项税额）　　1 700

　　贷：预付账款（或应付账款）——宏达公司　　5 000

　　　　银行存款　　6 700

四、增值税小规模纳税人的账务处理

小规模纳税人采购材料收到的是普通发票，没有增值税进项税额，因此，购进材料时按发票上的金额入账即可，不记应交税费账户，其余处理与一般纳税人相同。

例 3-5：庆兴电器厂为小规模纳税人工业企业，购入明远工业有限责任公司电连接器，取得普通发票，已验收入库，用转账支票付款。无外部运杂费。

原始凭证如图 3-13 ~ 图 3-15 所示。

账务处理为：

借：原材料——电连接器　　10 000

　　贷：银行存款　　10 000

如果货款未付，则根据发票和收料单，账务处理为：

咸阳市工商企业普通发票

610402104221　　发　票　联　　国税（02）工商二联

2011年7月9日　　No 0352634

购货单位（人）	名　称	庆兴电器厂	地　址	宝鸡市虹桥路68号　电话029-3233022						
品名规格	单位	数量	单价	金　额						
				万	千	百	十	元	角	分
电连接器	只	500	20.00	1	0	0	0	0	0	0
合计（大写）	壹万元整			1	0	0	0	0	0	0
销货单位 名称	明远工业有限责任公司		纳税人识别号	765567462531875						
销货单位 地址	咸阳市秦皇路16号		电　话	3269912						

开票人：刘芳　　明远工业有限责任公司 发票专用章　　销货单位（章）

图 3-13

实物入库凭证

交物单位：明远工业有限责任公司　2011年7月5日　　字第6号

品　名	数　量	单　位	单　价	金　额									备　考
				百	十	万	千	百	十	元	角	分	
电连接器	500	只	20.00			1	0	0	0	0	0	0	
合　计	壹万元整			10 000.00									

负责人：　　会计：　　保管：王宏　　交物人：李东

图 3-14

借：原材料——电连接器　　10 000

　　贷：应付账款——明远工业有限责任公司

　　　　10 000

日后付款时，根据付款支票存根，账务处理为：

借：应付账款——明远工业有限责任公司

　　10 000

　　贷：银行存款　　10 000

假如到月末明远工业有限责任公司未开来发票，则根据收料单和合同入账，账务处理为：

借：原材料——电连接器　　10 000

　　贷：应付账款——暂估应付账款　　10 000

中国工商银行
转账支票存根
X VI 00001204

附加信息

出票日期　2011年7月10日

收款人：明远工业有限责任公司
金　额：¥10 000.00
用　途：货款

单位主管　　会计

图 3-15

下月初用红字作相同的记账凭证，予以冲回。

下月收到发票并付款后，可以根据发票和支票存根，作账务处理为：

借：原材料——电连接器　　10 000

　　贷：银行存款　　10 000

如果材料价格已知，也可作如下简化处理：

借：原材料——电连接器　　10 000
　　贷：应付账款——明远工业有限责任公司　　10 000

下月开来发票并付款后，再根据发票和支票存根，账务处理为：

借：应付账款——明远工业有限责任公司　　10 000
　　贷：银行存款　　10 000

例 3-6：依例 3-5，假定企业先预付明远工业有限责任公司全部货款，10 日后收到材料和发票。

根据预付款支票存根，账务处理为：

借：预付账款（或应付账款）——明远工业有限责任公司　　10 000
　　贷：银行存款　　10 000

收到材料和发票后，根据发票和入库单，账务处理为：

借：原材料——电连接器　　10 000
　　贷：预付账款（或应付账款）——明远工业有限责任公司　　10 000

若预付部分货款时，收到材料后再补付余额。

依例 3-5，若企业先预付了 50% 的货款 5 000 元，货到后支付余款。

预付货款时，根据预付款支票存根，账务处理为：

借：预付账款（或应付账款）——明远工业有限责任公司　　5 000
　　贷：银行存款　　5 000

收到材料和发票后，根据发票、入库单和付余款支票存根，账务处理为：

借：原材料——电连接器　　10 000
　　贷：预付账款（或应付账款）——明远工业有限责任公司　　5 000
　　　　银行存款　　5 000

任务二　低值易耗品采购业务的账务处理

任务目标

1. 明确低值易耗品的内容。
2. 明确低值易耗品的入账价值。
3. 掌握低值易耗品采购各种情况下的账务处理方法。
4. 理解和掌握增值税一般纳税人和小规模纳税人账务处理的区别。

知识储备

一、低值易耗品的概念

低值易耗品是指价值较低、使用寿命较短、容易损坏、达不到固定资产标准的工具和用具，包括手工工具、机床刀具和价值小的办公家具等。

二、低值易耗品的入账价值

低值易耗品以发票买价加运杂费入账。若自备车辆运输或供货方送货，没有支付外部运杂费，即以发票买价作为入账价值。

低值易耗品采购的账务处理，与材料采购类似，增值税一般纳税人和小规模纳税人的处理有所不同。

三、一般纳税人的账务处理

1. 一次采购，分次领用

如果低值易耗品是一次批量采购分次领用的，应先作入库处理，记入“周转材料”账户，领用时再计入费用。

购买时取得增值税专用发票的，账务处理为：

借：周转材料——名称

　　应交税费——应交增值税（进项税额）

　　贷：银行存款

购买时未取得增值税专用发票而是普通发票的，账务处理为：

借：周转材料——名称

　　贷：银行存款

例 3-7：永兴机械有限责任公司购入一批刀具，取得的增值税专用发票上写明：数量 50 件，单价 100 元，金额 5 000 元，增值税 850 元。货款已转账支付，未发生运杂费，已验收入库。

原始凭证如图 3-16 ~ 图 3-18 所示。

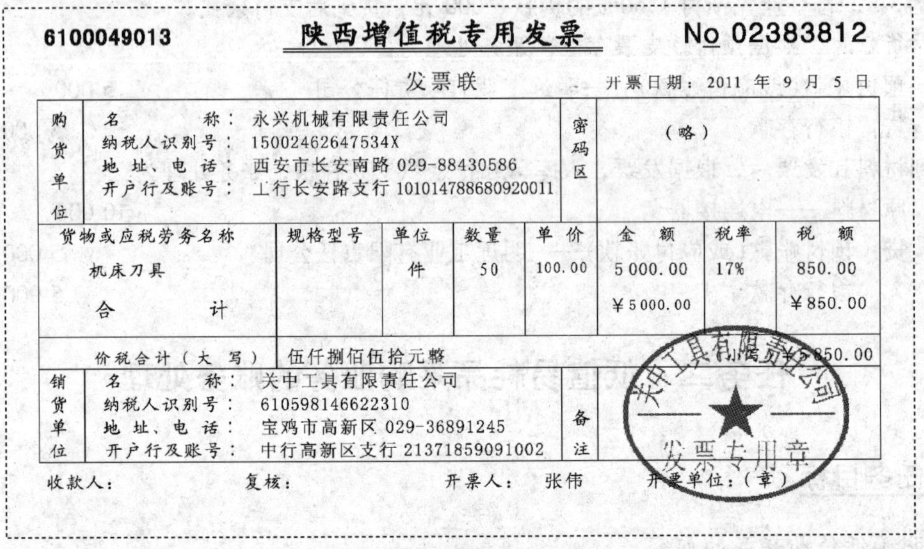

6100049013　　**陕西增值税专用发票**　　No 02383812

发票联　　开票日期：2011 年 9 月 5 日

购货单位	名称：永兴机械有限责任公司 纳税人识别号：15002462647534X 地址、电话：西安市长安南路 029-88430586 开户行及账号：工行长安路支行 10101478868092001l	密码区	（略）

货物或应税劳务名称	规格型号	单位	数量	单价	金额	税率	税额
机床刀具		件	50	100.00	5 000.00	17%	850.00
合　　计					¥5 000.00		¥850.00
价税合计（大写）	伍仟捌佰伍拾元整				（小写）¥5 850.00		

销货单位	名称：关中工具有限责任公司 纳税人识别号：610598146622310 地址、电话：宝鸡市高新区 029-36891245 开户行及账号：中行高新区支行 21371859091002	备注	

收款人：　　复核：　　开票人：张伟　　开票单位：（章）

图 3-16

实 物 入 库 凭 证

交物单位：关中工具有限责任公司　　2011 年 9 月 6 日　　字第 10 号

品名	数量	单位	单价	金额 百	十	万	千	百	十	元	角	分	备考
刀具	50	件	100.00				5	0	0	0	0	0	
合计	伍仟元整			5000.00									

负责人：　　会计：　　保管：王亮　　交物人：李强

图 3-17

根据发票、入库单、支票存根，账务处理为：

借：周转材料——刀具 5 000

应交税费——应交增值税(进项税额) 850

贷：银行存款 5 850

中国工商银行
转账支票存根
X Ⅵ00001591

附加信息

出票日期 2011 年 9 月 7 日

收款人：吴中工具有限责任公司

金 额：¥5 850.00

用 途：货款

单位主管 会计

图 3-18

例 3-8：依例 3-7，如果购入刀具取得的是普通发票，发票金额为 5 850 元，其余情况相同，则账务处理为：

借：周转材料——刀具 5 850

贷：银行存款 5 850

2. 购回后立即使用

例 3-9：永兴机械有限责任公司购入木制文件柜一个，取得的普通发票上写明价款为 150 元，以现金支付。金额较小，购回后直接交办公室使用。

原始凭证如图 3-19 和图 3-20 所示。

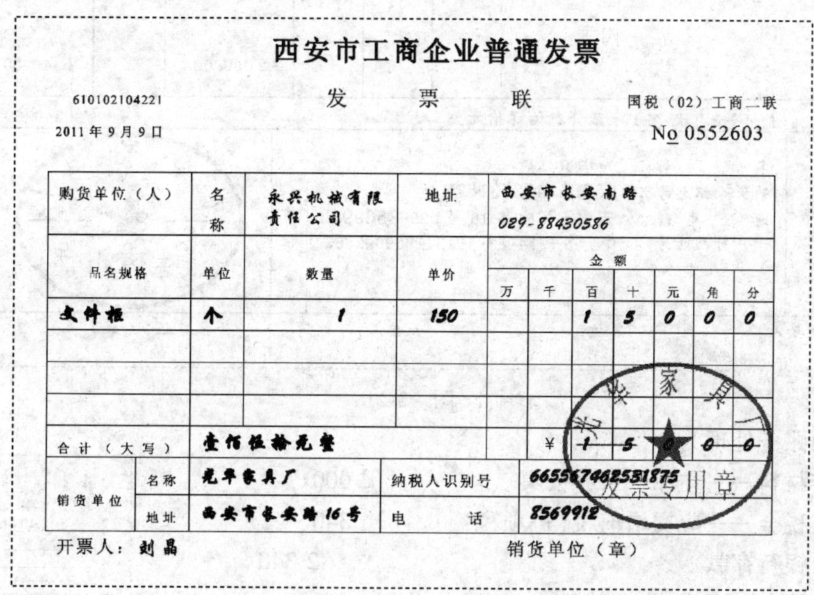

西安市工商企业普通发票

发 票 联

610102104221 国税（02）工商二联

2011 年 9 月 9 日 No 0552603

购货单位（人）	名称	永兴机械有限责任公司	地址	西安市长安南路 029-88430586						
品名规格	单位	数量	单价	金额 万	千	百	十	元	角	分
文件柜	个	1	150			1	5	0	0	0
合计（大写）	壹佰伍拾元整			¥		1	5	0	0	0
销货单位	名称	光华家具厂	纳税人识别号	665567462581875						
	地址	西安市长安路 16 号	电话	8569912						

开票人：刘晶 销货单位（章）

光华家具厂 发票专用章

图 3-19

购入时的账务处理为：

借：周转材料——文件柜 150

贷：库存现金 150

领用时的账务处理为：

借：管理费用 150

贷：周转材料——文件柜 150

现金付出凭证 第二联 交会计

2011 年 9 月 9 日 第 3 号

付给 购文件柜 款	备注
计人民币（大写）壹佰伍拾元整	
领款人（签名）刘兴华	150.00 元

负责人 会计 张娟 出纳 赵利

图 3-20

在小企业中，手工工具、办公家具等低值易耗品，一般都是随买随用，不入库。为了简化核算，一次购买金额较小时，也可以直接计入有关费用，生产用的计入制造费用，管理用的计入管理费用。

账务处理为：

借：管理费用 150

贷：库存现金 150

例 3-10：永兴机械有限责任公司购入 10 张办公桌，每张价格 200 元，取得的增值税专用发票上标明价款 2 000 元，增值税 340 元。货款转账支付，购回后直接交办公室使用。由于一次购买价值较大，决定在 3 年内摊销。

原始凭证如图 3-21 和图 3-22 所示。

6100051247　　**陕西增值税专用发票**　　No 02383812

发票联　　开票日期：2011 年 9 月 15 日

购货单位	名　　称：永兴机械有限责任公司 纳税人识别号：15002462647534X 地 址、电 话：西安市长安南路　029-88430586 开户行及账号：工行长安路支行 10101478868092001l				密码区	（略）	
货物或应税劳务名称	规格型号	单位	数量	单价	金额	税率	税额
办公桌		件	10	200.00	2 000.00	17%	340.00
合　　计					¥2 000.00		¥340.00
价税合计（大写）	贰仟叁佰肆拾元整					（小写）¥2 340.00	
销货单位	名　　称：光华家具厂 纳税人识别号：665567462531875 地 址、电 话：西安市长安路 16 号 029-8569912 开户行及账号：中行长安路支行 21371859092587				备注	光华家具厂 发票专用章	

收款人：　　复核：　　开票人：刘辉　　开票单位：（章）

图 3-21

购入时的账务处理为：

借：周转材料——在库——办公桌　　2 000

　　应交税金——应交增值税（进项税额）　　340

　　贷：银行存款　　2 340

领用时的账务处理为：

借：周转材料——在用——办公桌　　2 000

　　贷：周转材料——在库——办公桌　　2 000

按月摊销的账务处理为：

借：管理费用　　55.56

　　贷：周转材料——摊销——办公桌　　55.56

中国工商银行
转账支票存根
X VI00001278
附加信息

出票日期 2011 年 9 月 15 日

收款人：光华家具厂
金　额：¥2 340.00
用　途：货款

单位主管　　会计

图 3-22

在小企业中，为了简化核算，一次购买金额较大时，也可以记入“长期待摊费用”账户，然后在使用年限内分年摊销。办公桌作财产备查登记即可。

账务处理为：

借：长期待摊费用　　2 000

　　应交税金——应交增值税（进项税额）　　340

　　贷：银行存款　　2 340

分年摊销的财务处理为：

借：管理费用　　666.67

　　贷：长期待摊费用　　666.67

例3-11：假如例3-10购入办公桌取得的是普通发票，价款为2 340元，其余条件不变，则简化的账务处理为：

借：长期待摊费用　　2 340

　　贷：银行存款　　2 340

分年摊销的账务处理为：

借：管理费用　　780

　　贷：长期待摊费用　　780

四、小规模纳税人的账务处理

小规模纳税人购入低值易耗品取得的是普通发票，不记进项税额。

1. 一次采购，分次领用

例3-12：华明电子厂购入电烙铁20个，入库备用。

原始凭证如图3-23～图3-25所示。

西安市工商企业普通发票

发　票　联

610102104265　　国税（02）工商二联

2011年9月9日　　No 0552614

购货单位（人）	名称	华明电子厂		地址	西安市永松路　029-88431234						
品名规格	单位	数量	单价	金额 万	千	百	十	元	角	分	
电烙铁	个	20	100		2	0	0	0	0	0	
合计（大写）		贰仟元整		¥	2	0	0	0	0	0	
销货单位	名称	华盛电器经营部		纳税人识别号	765567462531818						
	地址	西安市文化路16号		电话	85621120						

开票人：李华　　销货单位（章）

图　3-23

实物入库凭证

交物单位：华盛电器经营部　　2011年9月9日　　字第2号

品名	数量	单位	单价	金额 百	十	万	千	百	十	元	角	分	备考
电烙铁	20	个	100.00				2	0	0	0	0	0	
合计	贰仟元整			¥2 000.00									

负责人：　　会计：　　保管：王亮　　交物人：李强

图　3-24

中国工商银行
转账支票存根
X VI00001354
附加信息
出票日期　2011年　9月9日
收款人：华盛电器经营部
金　额：¥2 000.00
用　途：货款
单位主管　　会计

图　3-25

账务处理为：

借：周转材料——名称 2 000

　　贷：银行存款 2 000

2. 购回后立即使用

一次购买金额较小的，直接计入费用，账务处理为：

借：管理费用或制造费用

　　贷：库存现金

举例同例 3-9。

一次购买金额较大的，计入长期待摊费用，分年摊销。

例 3-13：华明电子厂购入货柜 5 000 元，金额较大，准备按 3 年摊销。

原始凭证如图 3-26 和图 3-27 所示。

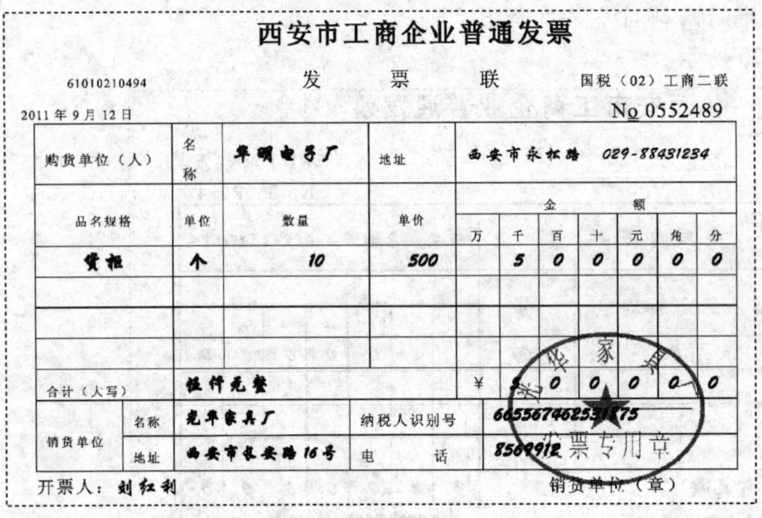

西安市工商企业普通发票

61010210494　　发　票　联　　国税（02）工商二联

2011 年 9 月 12 日　　No 0552489

购货单位（人）	名称	华明电子厂	地址	西安市永松路 029-88431234						
品名规格	单位	数量	单价	金额						
				万	千	百	十	元	角	分
货柜	个	10	500		5	0	0	0	0	0
合计（大写）	伍仟元整			¥	5	0	0	0	0	0
销货单位 名称	光华家具厂		纳税人识别号	66556746253[illegible]75						
销货单位 地址	西安市长安路16号		电话	8569912						

开票人：刘红利　　销货单位（章）

图 3-26

中国工商银行
转账支票存根
X VI00001356

附加信息

出票日期 2011 年 9 月 12 日

收款人：光华家具厂
金　额：¥5 000.00
用　途：货款

单位主管　　会计

图 3-27

账务处理为：

借：长期待摊费用 5 000

　　贷：银行存款 5 000

分年摊销时：

借：管理费用 1666.67

　　贷：长期待摊费用 1666.67

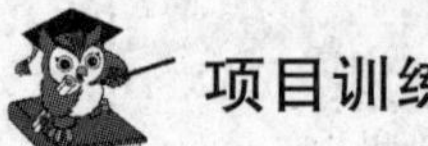

项目训练

1. 兴茂电器有限责任公司为增值税一般纳税人，某月物资采购业务的原始凭证有关信息如下，写出各项业务的会计分录：

（1）增值税专用发票：销货单位为黄河电子有限责任公司，甲材料，数量 600 件，单价 50 元，金额 30 000 元，增值税 5 100 元，合计金额 35 100 元。

转账支票存根：收款人黄河电子有限责任公司，金额 35 100 元，用途为货款。

材料入库单：交货单位黄河电子有限责任公司，甲材料，数量 600 件，单价 50 元，金额 30 000 元。

(2) 增值税专用发票：销货单位为三江工业有限公司，乙材料，数量1 000件，单价10元，金额10 000元，增值税1 700元，合计金额11 700元。

材料入库单：交货单位三江工业有限公司，乙材料，数量1 000件，单价10元，金额10 000元。

(3) 转账支票存根：收款人三江工业有限公司，金额11 700元，用途为货款。

(4) 转账支票存根：收款人五洋公司，金额46 800元，用途为预付货款。

(5) 增值税专用发票：销货单位为五洋公司，丙材料，数量2 000件，单价20元，金额40 000元，增值税6 800元，合计金额46 800元。

材料入库单：交货单位五洋公司，丙材料，数量2 000件，单价20元，金额40 000元。

(6) 材料入库单：交货单位茂隆公司，丁材料，数量500件，单价40元，金额20 000元(月末仍未开来发票)。

(7) 增值税专用发票：销货单位茂隆公司，丁材料，数量500件，单价40元，金额20 000元，增值税3 400元，合计金额23 400元。

转账支票存根：收款人茂隆公司，金额23 400元，用途为货款。

(8) 普通发票：量具20件，单价10元，金额200元。

现金付出凭证：支付购量具款200元(直接交车间使用)。

(9) 增值税专用发票：销货单位祥和机械公司，钻头100件，单价100元，金额10 000元，增值税1 700元，合计金额11 700元。

转账支票存根：收款人祥和机械公司，金额11 700元，用途为货款。

入库单：钻头100件，单价100元，金额10 000元。

(10) 普通发票：木文件柜10个，单价300元，金额3 000元。

现金付出凭证：支付购文件柜款3 000元(直接交各办公室使用,价值较大,决定分2年摊销)。

2. 三星机械厂为增值税小规模纳税人，当月物资采购业务的原始凭证有关信息如下，写出各项业务的会计分录：

(1) 普通发票：A材料，数量500kg，单价20元，金额10 000元。

转账支票存根：A材料货款10 000元。

材料入库单：A材料，数量500kg，单价20元，金额10 000元。

(2) 普通发票：电风扇1台，金额150元。

现金付出凭证：支付购电风扇款150元(直接交办公室使用)。

(3) 普通发票：砂轮50个，单价100元，金额5 000元。

转账支票存根：砂轮货款5 000元。

入库单：砂轮50个，单价100元，金额5 000元。

(4) 普通发票：钢制文件柜10个，单价800元，金额8 000元。

现金付出凭证：支付购文件柜款8 000元(直接交各办公室使用,价值较大,决定分4年摊销)。

4

项目四 固定资产的核算

固定资产是企业价值较大的资产，是企业会计核算的重要内容。本项目的学习任务包括：认知固定资产，固定资产取得的账务处理，固定资产出租的账务处理，固定资产折旧的账务处理，固定资产后续支出的账务处理，固定资产减少的账务处理。

任务一 认知固定资产

任务目标

1. 明确固定资产的概念和范围，能正确认定固定资产。
2. 了解固定资产的种类和内容。

知识储备

固定资产是指为生产经营所使用的，使用年限超过一年、单位价值较大的实物资产。包括房屋、建筑物、机器、机械、运输工具、设备、器具、工具用具等。

一、固定资产的特征

固定资产的特征包括以下几个方面：

（1）固定资产是实物资产，即固定资产是有形的，区别于无形资产。

（2）持有固定资产的目的是为生产经营所使用而不是为了出售，区别于用于销售的机器、车辆等产品。

（3）固定资产的使用寿命在一年以上，如果使用寿命不超过一年，则划归低值易耗品。

（4）固定资产的单位价值较大，区别于单位价值较小的低值易耗品。

二、固定资产的种类

1. 按存在形式分

（1）房屋、建筑物，包括生产车间房屋、库房、办公用房屋、职工食堂、职工宿舍、配电室和水塔等。

（2）机器设备，包括：①各种机器机械，如机床、锻压机械和纺织机械等。②化学设备。③热力设备，如锅炉、窑炉、化铁炉和化铝炉等。④电子设备，如电视机、计算机和打印机等。⑤电器设备，如空调机、冰柜和电焊机等。⑥电力设备，如电动机、电控柜、配电柜、变压器和

输电线路等。

（3）车辆，包括载货汽车、轿车、叉车和拖车等。

（4）仪器、仪表，各种类型的仪器、仪表。

（5）大型用具，包括文件柜、保险柜、沙发和写字台等。

按存在形式分类，能够全面认识固定资产的范围。

2. 按用途分

（1）生产用固定资产，包括生产车间、库房、生产用机器设备、配电柜、电控柜、叉车、仪器和仪表等。

（2）管理用固定资产，包括办公用房屋、食堂、宿舍、办公用计算机、打印机、复印机、办公室空调、轿车、文件柜、保险柜、沙发和写字台等。

（3）销售用固定资产，包括销售机构办公设备、办公用具、送货车和房屋等。

按用途分类，对固定资产折旧费的账务处理很有必要。

3. 按所有权分

（1）自有固定资产，即企业自行购置、建造或接受投资转入的固定资产。

（2）租入固定资产，即经营性租赁租入的固定资产，融资性租赁租入的固定资产视同自有固定资产。

区分自有固定资产与租入固定资产，对固定资产的核算有着重要意义。对于自有固定资产或视同自有固定资产，应当计提折旧。对租入固定资产，不计提折旧。

任务二　固定资产取得的账务处理

任务目标

1. 明确固定资产入账价值的内容。
2. 掌握各种形式取得固定资产的账务处理方法。

知识储备

固定资产的取得，包括购置、建造、投资转入、租入等几种形式，其账务处理各不相同。凡取得所有权的，按取得成本作为入账价值记入“固定资产”账户；只取得使用权的，不记入“固定资产”账户，只作备查登记。

一、购置固定资产

外购固定资产的入账价值，包括买价、购买环节缴纳的进口关税、进口消费税、车辆购置税、契税等相关税金(不包括增值税)，以及为使固定资产达到预定可使用状态前所发生的可直接归属于该资产的其他支出，如运输费、装卸费、安装费和专业人员服务费等。

1. 购置不需要安装的固定资产

这种情况是指企业购入固定资产后，无需安装，即可直接交付有关部门使用。在这种情况下，固定资产的入账价值是买价加上为购进而支付的相关税费等支出。但运费的 7% 可计入增值税进项税额，计入入账价值的为剩余 93% 的部分。

例 4-1：永兴机械有限责任公司购入不需要安装机床一台，发票价格为 100 000 元，增值税为 17 000 元，支付运费 4 500 元，所有款项已通过银行支付，设备直接交付生产车间使用。

原始凭证如图4-1～图4-3所示。

陕西增值税专用发票　No 02383857

发票联　　　　开票日期：2011年9月5日

购货单位	名　　称：永兴机械有限责任公司 纳税人识别号：15002462647534X 地址、电话：西安市长安南路　029-88430586 开户行及账号：工行长安路支行101014788680920011	密码区	（略）				
货物或应税劳务名称	规格型号	单位	数量	单价	金额	税率	税额
机床		台	1	100 000.00	100 000.00	17%	17 000.00
合　　计					¥100 000.00		¥17 000.00
价税合计（大写）	壹拾壹万柒仟元整					（小写）	¥117 000.00
销货单位	名　　称：秦川机床有限责任公司 纳税人识别号：610598146625687 地址、电话：宝鸡市高新区029-56891236 开户行及账号：中行高新区支行　21371859093254	备注	秦川机床有限责任公司 发票专用章				

收款人：　　复核：　　开票人：张伟　　开票单位：（章）

图　4-1

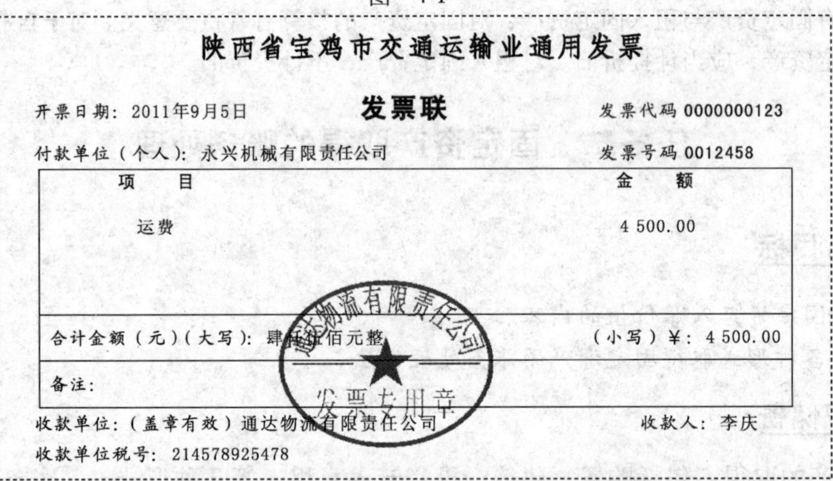

陕西省宝鸡市交通运输业通用发票

发票联

开票日期：2011年9月5日　　发票代码 0000000123

付款单位（个人）：永兴机械有限责任公司　　发票号码 0012458

项　　目	金　　额
运费	4 500.00
合计金额（元）（大写）：肆仟伍佰元整	（小写）¥：4 500.00
备注：	

收款单位：（盖章有效）通达物流有限责任公司　　收款人：李庆

收款单位税号：214578925478

图　4-2

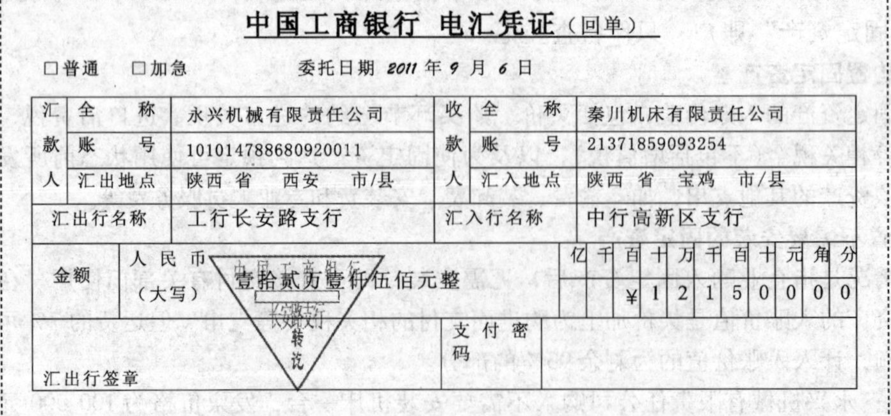

中国工商银行　电汇凭证（回单）

□普通　□加急　　委托日期　2011年9月6日

汇款人	全　称	永兴机械有限责任公司	收款人	全　称	秦川机床有限责任公司
	账　号	101014788680920011		账　号	21371859093254
	汇出地点	陕西省　西安　市/县		汇入地点	陕西省　宝鸡　市/县
汇出行名称		工行长安路支行	汇入行名称		中行高新区支行

金额	人民币（大写）	壹拾贰万壹仟伍佰元整	亿	千	百	十	万	千	百	十	元	角	分
					¥	1	2	1	5	0	0	0	0

汇出行签章	支付密码	

图　4-3

账务处理为：

借：固定资产——机床　　104 185

　　应交税费——应交增值税（进项税额）　　17 315

　　贷：银行存款　　121 500

2. 购置需要安装的固定资产

这种情况是指企业在购入固定资产后，必须在安装之后才能交付有关部门使用。因此，在安装工程未完成，未能交付使用前，不能作为固定资产入账。在购入时，先将固定资产购置成本和在安装过程中发生的安装费用，记入在建工程科目，待安装完毕交付使用时再转入固定资产科目。

例 4-2：永兴机械有限责任公司购入需要安装的数控机床一台，发票价格为 200 000 元，增值税为 34 000 元，支付运费 5 000 元。设备由供货商派人进行安装，发生安装费用共计 10 000 元，所有款项已通过银行支付，设备安装完毕后，交付生产车间使用。

（1）购入设备，支付价款及相关税费。原始凭证如图 4-4 ~ 图 4-6 所示。

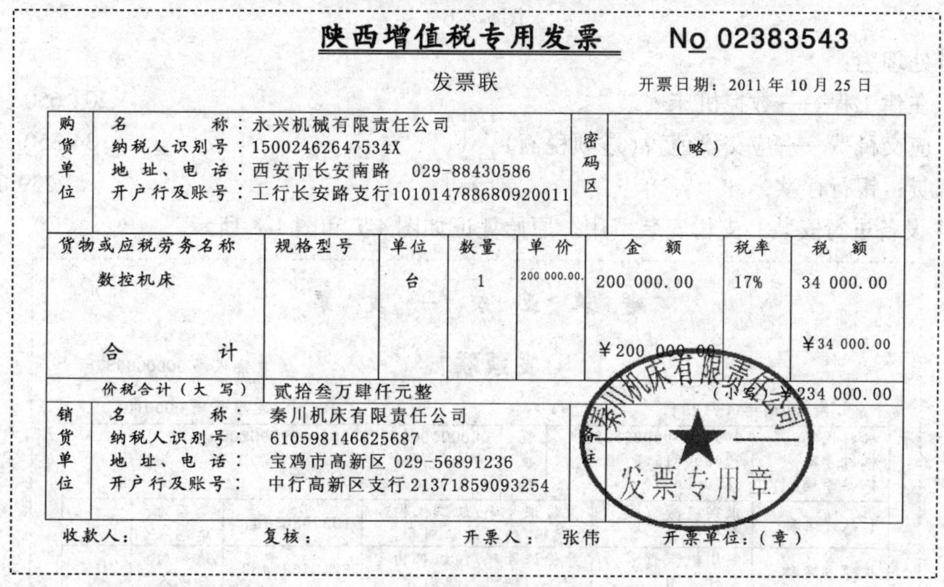

陕西增值税专用发票　No 02383543

发票联　　开票日期：2011 年 10 月 25 日

购货单位	名称：永兴机械有限责任公司 纳税人识别号：15002462647534X 地址、电话：西安市长安南路　029-88430586 开户行及账号：工行长安路支行101014788680920011	密码区	（略）				
货物或应税劳务名称	规格型号	单位	数量	单价	金额	税率	税额
数控机床		台	1	200 000.00	200 000.00	17%	34 000.00
合计					¥200 000.00		¥34 000.00
价税合计（大写）	贰拾叁万肆仟元整				（小写）¥234 000.00		
销货单位	名称：秦川机床有限责任公司 纳税人识别号：610598146625687 地址、电话：宝鸡市高新区 029-56891236 开户行及账号：中行高新区支行 21371859093254	备注	秦川机床有限责任公司 发票专用章				

收款人：　　复核：　　开票人：张伟　　开票单位：（章）

图　4-4

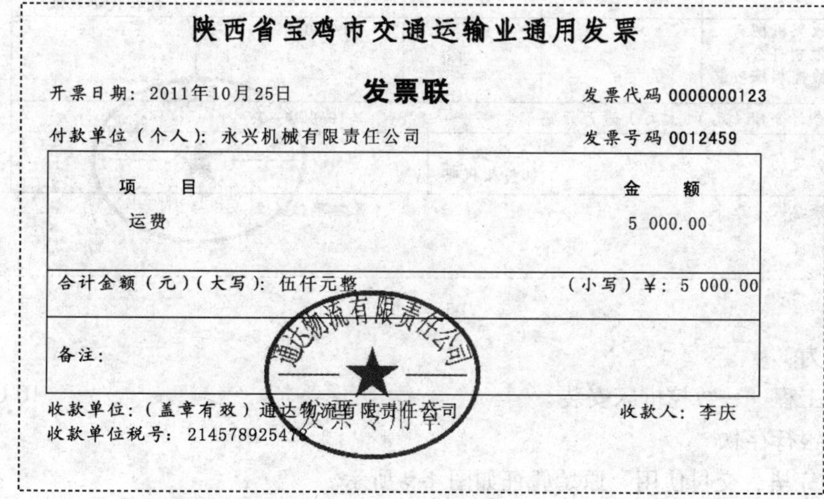

陕西省宝鸡市交通运输业通用发票

开票日期：2011年10月25日　　**发票联**　　发票代码 0000000123

付款单位（个人）：永兴机械有限责任公司　　发票号码 0012459

项　目	金　额
运费	5 000.00
合计金额（元）（大写）：伍仟元整	（小写）¥：5 000.00
备注：	

收款单位：（盖章有效）通达物流有限责任公司　　收款人：李庆

收款单位税号：214578925470

通达物流有限责任公司 发票专用章

图　4-5

中国工商银行　电汇凭证（回单）

□普通　□加急　　委托日期　2011 年 10 月 26 日

汇款人	全　称	永兴机械有限责任公司	收款人	全　称	秦川机床有限责任公司
	账　号	101014788680920011		账　号	21371859093254
	汇出地点	陕西 省　西安　市/县		汇入地点	陕西 省　宝鸡　市/县
汇出行名称		工行长安路支行	汇入行名称		中行高新区支行
金额	人民币（大写）	贰拾叁万玖仟元整	亿千百十万千百十元角分		¥23900000
汇出行签章			支付密码		

中国工商银行 长安路支行 转讫

图　4-6

账务处理为：

借：在建工程——数控机床安装　204 650

　　应交税费——应交增值税（进项税额）　34 350

　　贷：银行存款　239 000

（2）设备进行安装，支付安装费用。原始凭证如图 4-7 和图 4-8 所示。

建　筑　业　统　一　发　票

发票联　　　　发票代码 000000587

开票日期 2011年11月25日　　　　发票号码 0000101

机打代码 机打号码 机器号码	0000000000001289 32000001510 5870000320	税控码	00000000033333201548979520003			
付款方名称	永兴机械有限责任公司	身份证号码/组织机构代码/纳税人识别号		10325861147	是否为总包人	否
收款方名称	秦川机床有限责任公司	身份证号码/组织机构代码/纳税人识别号		62104687453	是否为分包人	否
工程项目名称	工程项目编号	结算项目	金　额（元）		完税凭证号码（代扣代缴税款）	
永兴机械有限责任公司数控机床安装		总体工程	10 000.00			
合计金额（元）（大写）壹万元整			¥10 000			
备注		主管税务机关及代码				

开票人：李平　　　　开票单位签章：秦川机床有限责任公司 发票专用章

图　4-7

账务处理为：

借：在建工程——数控机床安装　10 000

　　贷：银行存款　10 000

（3）安装完毕，交付使用。原始凭证如图 4-9 所示。

账务处理为：

借：固定资产——数控机床 214 650

贷：在建工程——数控机床安装 214 650

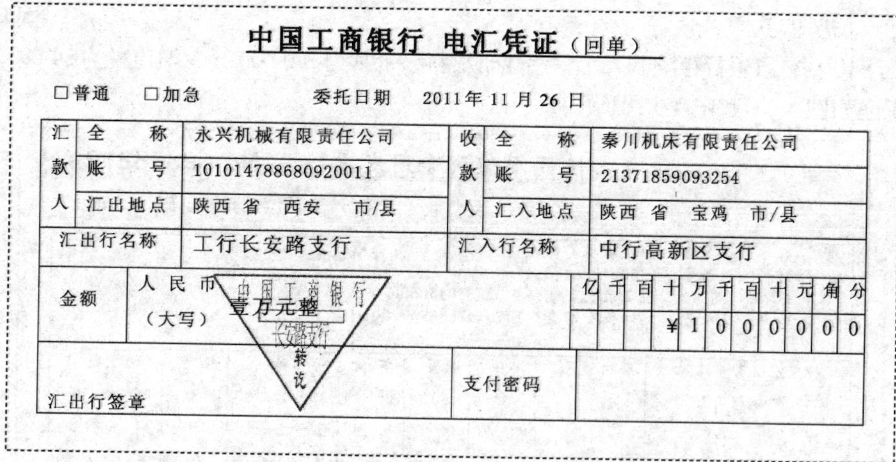

中国工商银行 电汇凭证（回单）

□普通 □加急 委托日期 2011年11月26日

汇款人	全称	永兴机械有限责任公司	收款人	全称	秦川机床有限责任公司
	账号	101014788680920011		账号	21371859093254
	汇出地点	陕西 省 西安 市/县		汇入地点	陕西 省 宝鸡 市/县
汇出行名称		工行长安路支行	汇入行名称		中行高新区支行
金额	人民币（大写）	壹万元整	亿千百十万千百十元角分		¥1000000
汇出行签章			支付密码		

图 4-8

数控机床入账价值结算单

购置成本：204 650元
安装费： 10 000元
总价值： 214 650元

完工交付使用时间： 2011年11月25日

图 4-9

二、建造固定资产

建造固定资产，以建造成本作为入账价值，建造成本包括所建固定资产达到预定可使用状态前所发生的全部支出，包括为建造该固定资产而借入的专门借款在建造期间产生的利息。

发生的建造成本，先在在建工程科目归集，工程完工达到预定可使用状态后，再转为固定资产。

例4-3：永兴机械有限责任公司建造厂房一栋，发生的有关业务和账务处理如下：

（1）1月5日为工程建设借入专门借款50万元，借款期限2年，年利率5%，到期一次还本付息。原始凭证如图4-10所示。

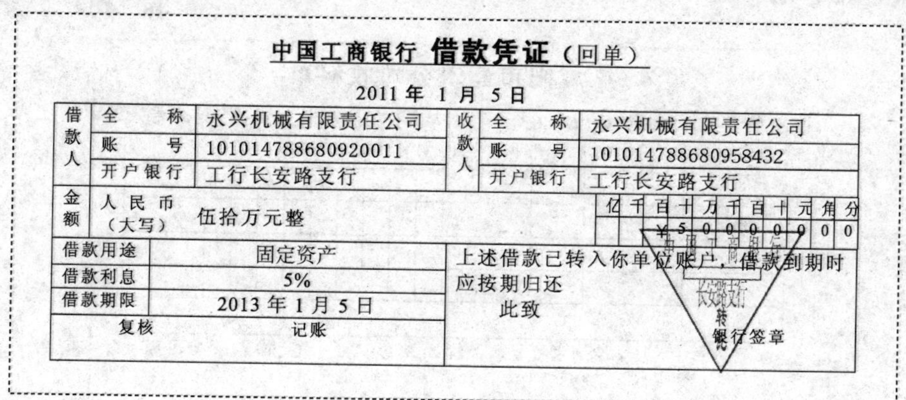

中国工商银行 借款凭证（回单）

2011年 1月 5日

借款人	全称	永兴机械有限责任公司	收款人	全称	永兴机械有限责任公司
	账号	101014788680920011		账号	101014788680958432
	开户银行	工行长安路支行		开户银行	工行长安路支行
金额	人民币（大写）	伍拾万元整	亿千百十万千百十元角分		¥50000000
借款用途		固定资产	上述借款已转入你单位账户，借款到期时应按期归还 此致 银行签章		
借款利息		5%			
借款期限		2013年1月5日			
复核		记账			

图 4-10

账务处理为：

借：银行存款　　　　500 000

　　贷：长期借款　　　　500 000

（2）1月10日，以银行存款购入工程用建筑材料，价款为200 000元，增值税为34 000元。原始凭证如图4-11和图4-12所示。

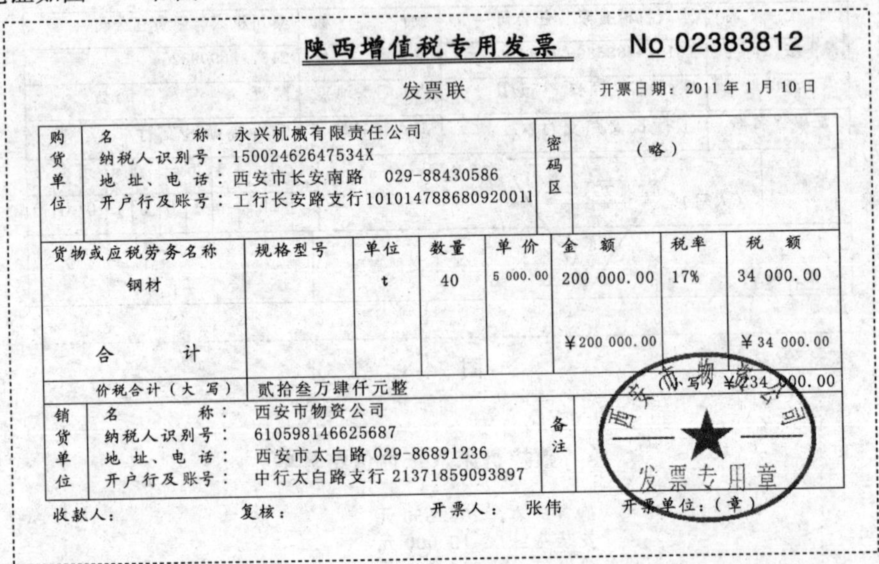

陕西增值税专用发票　　No 02383812

发票联　　开票日期：2011年1月10日

购货单位	名　　称：永兴机械有限责任公司 纳税人识别号：15002462647534X 地址、电话：西安市长安南路　029-88430586 开户行及账号：工行长安路支行101014788680920011					密码区	（略）
货物或应税劳务名称	规格型号	单位	数量	单价	金额	税率	税额
钢材		t	40	5 000.00	200 000.00	17%	34 000.00
合　　计					¥200 000.00		¥34 000.00
价税合计（大写）	贰拾叁万肆仟元整					（小写）¥234 000.00	
销货单位	名　　称：西安市物资公司 纳税人识别号：610598146625687 地址、电话：西安市太白路 029-86891236 开户行及账号：中行太白路支行 21371859093897					备注	

收款人：　　复核：　　开票人：张伟　　开票单位：（章）

图　4-11

账务处理为：

借：工程物资　　　　234 000

　　贷：银行存款　　　　234 000

（3）将所购建筑材料投入工程使用。

原始凭证如图4-13所示。

账务处理为：

借：在建工程——厂房工程　　　　234 000

　　贷：工程物资　　　　234 000

（4）支付施工单位工程款260 000元。

原始凭证如图4-14和图4-15所示。

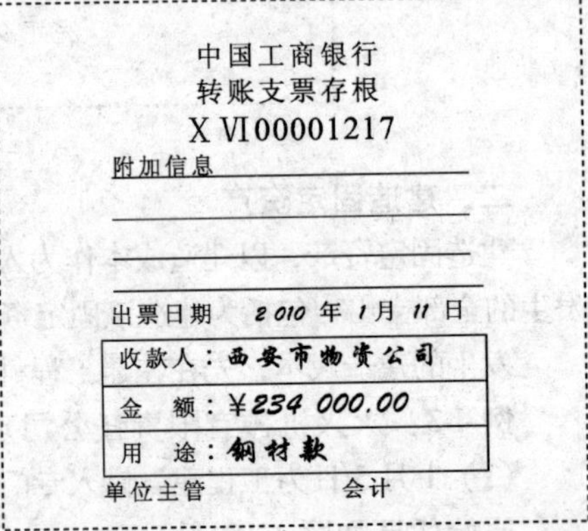

中国工商银行

转账支票存根

XⅥ00001217

附加信息

出票日期　2010年1月11日

收款人：西安市物资公司

金　额：¥234 000.00

用　途：钢材款

单位主管　　会计

图　4-12

咸阳市建筑公司收料单

交物单位：永兴机械有限责任公司　　2011年1月11日　　字第5号

品名	数量	单位	单价	金额 百	十	万	千	百	十	元	角	分	备考
钢筋	40	t											
合计													

负责人：　　会计：　　保管：王东　　交物人：李国强

图　4-13

建筑业统一发票

发票联

发票代码 000000149

开票日期 2011年12月25日

发票号码 0000121

机打代码 机打号码 机器号码	0000000000001244 32000001563 5870000318	税控码	00000000333332015489795200З			
付款方名称	永兴机械有限责任公司	身份证号码/组织机构代码/纳税人识别号		10325861147	是否为总包人	否
收款方名称	咸阳市建筑公司	身份证号码/组织机构代码/纳税人识别号		52104687900	是否为分包人	否
工程项目名称	工程项目编号	结算项目	金额（元）	完税凭证号码（代扣代缴税款）		
永兴机械有限责任公司厂房		总体工程	260 000.00			
合计金额（元）（大写）贰拾陆万元整			¥260 000.00			
备注		主管税务机关及代码				

开票人：王锋　　　开票单位签章：咸阳市建筑公司 发票专用章

图 4-14

账务处理为：

借：在建工程——厂房工程　　260 000

　贷：银行存款　　260 000

中国工商银行
转账支票存根
X Ⅵ00001226

附加信息

出票日期 2010 年 12 月 25 日

收款人：咸阳市建筑公司
金　额：¥260 000.00
用　途：工程款

单位主管　　会计

图 4-15

（5）工程于当年年底完工，结算当年专门借款利息为 25 000 元。

原始凭证如图 4-16 所示。

账务处理为：

借：在建工程——厂房工程　　25 000

　贷：应付利息　　25 000

（6）将工程成本 519 000 元结转至固定资产科目。

原始凭证如图 4-17 所示。

建厂房借款利息结算单

工商银行借款额：500 000 元

年利率：5%

2011 年应付利息：500 000×5%=25 000 元

图 4-16

账务处理为：

借：固定资产——厂房　　519 000

　贷：在建工程——厂房工程　　519 000

例 4-4：中山机械厂将一综合楼工程建设出包给咸阳市建筑公司，工程总造价为 4 800 000 元，合同约定企业先预付工程款 70%，剩余款项在工程完工验收合格时支付。

厂房工程成本结算单

材料成本：　　　234 000 元
支付工程款：　　260 000 元
借款利息：　　　 25 000 元
工程成本合计：519 000 元

完工时间：2010 年 12 月 25 日

图　4-17

(1) 预付 70% 工程款。

原始凭证如图 4-18 和图 4-19 所示。

账务处理为：

借：在建工程——综合楼工程　　3 360 000
　　贷：银行存款　　　　　　　　　3 360 000

(2) 工程完工，验收合格，支付剩余工程款。

原始凭证如图 4-20 和图 4-21 所示。

账务处理为：

借：在建工程——综合楼工程　　1 440 000
　　贷：银行存款　　　　　　　　　1 440 000

(3) 工程完工，结转工程成本。

原始凭证如图 4-22 所示。

中国工商银行
转账支票存根
XⅥ00001346

附加信息

出票日期　2011 年 3 月 5 日

收款人：	咸阳市建筑公司
金　额：	¥3 360 000.00
用　途：	工程款

单位主管　　　　会计

图　4-18

建　筑　业　统　一　发　票

发票联

发票代码 000000147

开票日期 2011 年 3 月 5 日　　　　发票号码 0000123

机打代码 机打号码 机器号码	0000000000001244 32000001563 5870000320	税控码	0000000003333320154897952003			
付款方名称	中山机械厂	身份证号码/组织机构代码/纳税人识别号	10325861147	是否为总包人	否	
收款方名称	咸阳市建筑公司	身份证号码/组织机构代码/纳税人识别号	52104687900	是否为分包人	否	
工程项目名称	工程项目编号	结算项目	金　额（元）	完税凭证号码（代扣代缴税款）		
中山机械厂综合楼		前期工程	3 360 000.00			
合计金额（元）（大写）叁佰叁拾陆万元整			¥3 360 000.00			
备注		主管税务机关及代码				

开票人：王锋　　　　开票单位签章：咸阳市建筑公司 发票专用章

图　4-19

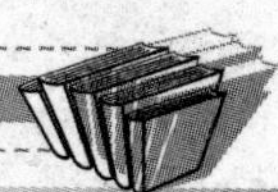

账务处理为：

借：固定资产——综合楼　　　　　4 800 000

　　贷：在建工程——综合楼工程　　　4 800 000

三、投资者投入固定资产

接受投资者投资转入的固定资产，以投资协议确认的价值作为入账价值，账务处理为：

借：固定资产——名称

　　贷：实收资本——股东名称

举例见项目一例1-2。

四、租入固定资产

租入固定资产，按性质划分，可以分为经营性租入和融资性租入两种。前者租期短，租赁程序简单，不存在租入物所有权转移；后者租期较长，租赁程序复杂，支付租金金额较大，租期满时，通常租入物发生所有权转移，在这种方式下，租入企业在租赁期内，视同自有固定资产进行核算。本任务只学习小企业常见的经营性租入固定资产的核算。

中国工商银行
转账支票存根
X VI00001248

附加信息

出票日期 2011 年 12 月 31 日

收款人：咸阳市建筑公司
金　额：¥1 440 000.00
用　途：工程款

单位主管　　会计

图 4-20

建 筑 业 统 一 发 票

发票联

发票代码 000000147

开票日期 2011年12月31日　　发票号码 0000125

机打代码 机打号码 机器号码	0000000000001245 32000001564 5870000321	税控码	000000003333320154897952003			
付款方名称	中山机械厂	身份证号码/组织机构代码/纳税人识别号	10325861147		是否为总包人	否
收款方名称	咸阳市建筑公司	身份证号码/组织机构代码/纳税人识别号	52104687900		是否为分包人	否
工程项目名称	工程项目编号	结算项目	金　额（元）	完税凭证号码（代扣代缴税款）		
中山机械厂综合楼		主体工程	1 440 000.00			
合计金额（元）（大写）壹佰肆拾肆万元整			¥1 440 000.00			
备注		主管税务机关及代码				

开票人：王锋　　开票单位签章：咸阳市建筑公司 发票专用章

图 4-21

综合楼工程成本结算单

第一期工程款：3 360 000元
第二期工程款：1 440 000元
工程成本合计：4 800 000元

完工时间　2011年12月31日

图 4-22

企业以经营租入方式租入固定资产，主要是为解决生产经营的临时需要。在这种方式下，租期较短，租期内租入方支付租金，并拥有对租入物的使用权，当租赁期满时，将租入物归还给出租方。

经营性租入的固定资产，租入企业没有所有权，所以不入账，只作备查登记。对经营性租入的固定资产，不计提折旧，只作支付租金的账务处理。支付的租金，根据使用部门，记入管理费用或制造费用等相关科目。

例 4-5：永兴机械有限责任公司因季节性生产需要，租入生产用设备，租期3个月，每月租金2 800元，租金按月支付。

原始凭证如图4-23和图4-24所示。

中国工商银行
转账支票存根
X Ⅵ00001250

附加信息

出票日期　2011 年 9 月 24 日

收款人：	宏大制造有限公司
金　额：	¥2 800.00
用　途：	设备租金

单位主管　　会计

图　4-23

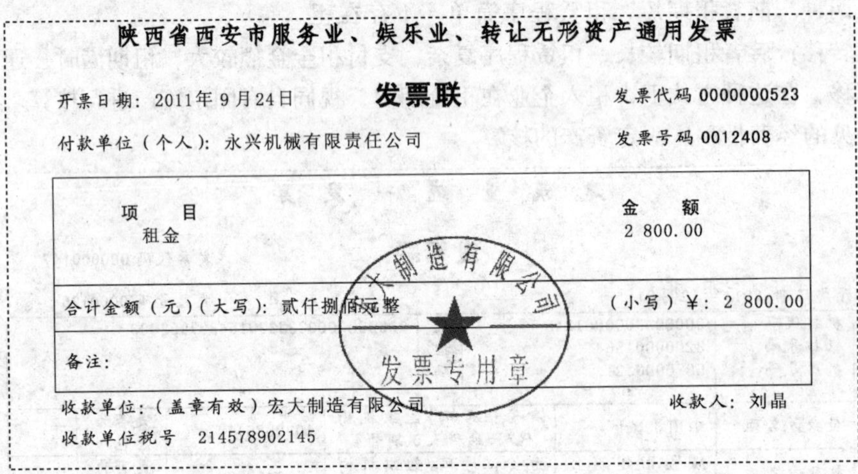

陕西省西安市服务业、娱乐业、转让无形资产通用发票

发票联

开票日期：2011年9月24日　　发票代码 0000000523

付款单位（个人）：永兴机械有限责任公司　　发票号码 0012408

项　目	金　额
租金	2 800.00
合计金额（元）（大写）：贰仟捌佰元整	（小写）¥：2 800.00
备注：	

收款单位：（盖章有效）宏大制造有限公司　　收款人：刘晶

收款单位税号　214578902145

图　4-24

每月支付租金的账务处理为：

借：制造费用　　2 800

　　贷：银行存款　　2 800

例 4-6：永兴机械有限责任公司办公用房是租入的，租期为3年，每月支付房租2 000元。原始凭证如图4-25和图4-26所示。

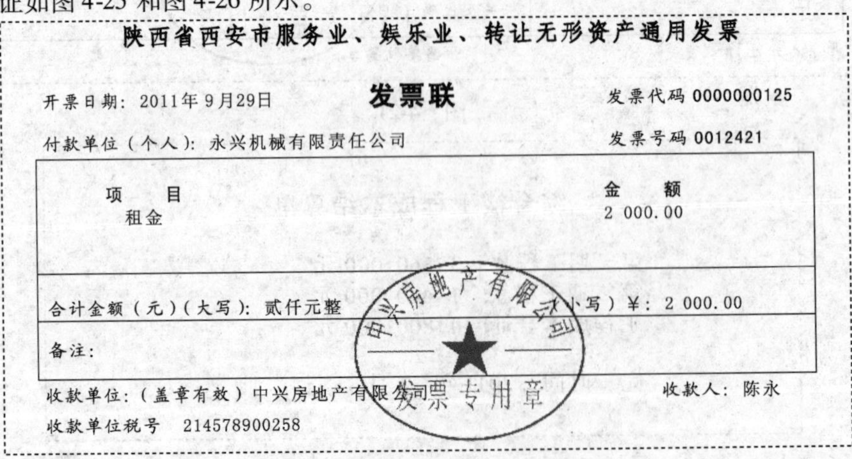

陕西省西安市服务业、娱乐业、转让无形资产通用发票

发票联

开票日期：2011年9月29日　　发票代码 0000000125

付款单位（个人）：永兴机械有限责任公司　　发票号码 0012421

项　目	金　额
租金	2 000.00
合计金额（元）（大写）：贰仟元整	（小写）¥：2 000.00
备注：	

收款单位：（盖章有效）中兴房地产有限公司　　收款人：陈永

收款单位税号　214578900258

图　4-25

账务处理为：

借：管理费用　　2 000

　　贷：银行存款　　2 000

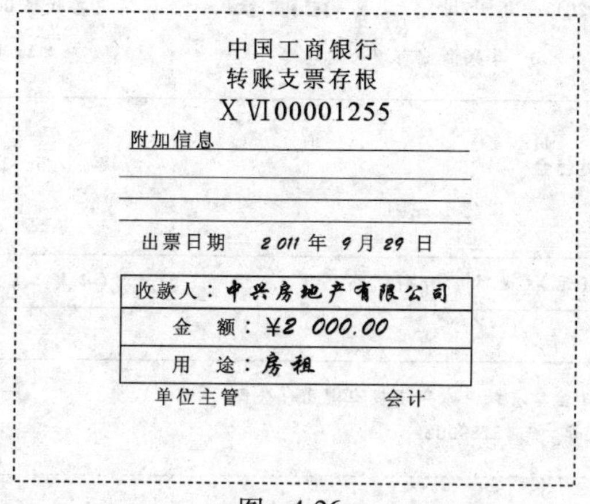
中国工商银行
转账支票存根
X Ⅵ00001255
附加信息
出票日期　2011 年 9 月 29 日
收款人：中兴房地产有限公司
金　额：¥2 000.00
用　途：房租
单位主管　　会计

图　4-26

任务三　固定资产出租的账务处理

任务目标

1. 明确租出固定资产的所有权属于本企业。
2. 掌握固定资产出租的账务处理方法。

知识储备

企业对于暂时闲置不用的固定资产，为了充分利用资源，可以采用租赁方式进行出租，取得租金收入。由于租出的固定资产所有权没有发生转移，所以应按自有固定资产核算，计提折旧。

出租固定资产取得的租金收入，记入其他业务收入科目；租出固定资产的折旧费记入其他业务成本科目；租金收入缴纳的营业税记入营业税金及附加科目。

例 4-7：永兴机械有限责任公司将一座库房出租，本月收取租金 5 000 元，转账收讫。本月该库房应计提折旧费 200 元。租金收入应交营业税 250 元。

（1）收取租金。原始凭证如图 4-27 和图 4-28 所示。

中国工商银行 进 账 单（收账通知）

2011 年 9 月 11 日

出票人	全称	华兴商贸有限公司	收款人	全称	永兴机械有限责任公司
	账号	10106125461200023154		账号	10101478868092001 1
	开户银行	工行太白路分理处		开户银行	工行长安路支行
金额	人民币（大写）	伍仟元整		亿千百十万千百十元角分	¥500000
票据种类	支票	票据张数 1			
票据号码					
	复核　　记账			开户银行签章	

图　4-27

陕西省西安市服务业、娱乐业、转让无形资产通用发票

开票日期：2011年9月5日　　**记账联**　　发票代码 00000012492

付款单位（个人）：华兴商贸有限公司　　发票号码 3412427

项　目	金　额
房屋租金	5 000.00
合计金额（元）（大写）：伍仟元整	（小写）¥：5 000.00
备注：	

收款单位：（盖章有效）永兴机械有限责任公司　　收款人：赵亮

收款单位税号　614578900228

图　4-28

账务处理为：

借：银行存款　　5 000

　　贷：其他业务收入　　5 000

（2）计提出租房屋折旧费。原始凭证：见任务四中表4-1。

账务处理为：

借：其他业务成本　　200

　　贷：累计折旧　　200

（3）申报租金收入应缴纳的营业税。原始凭证如图4-29所示。

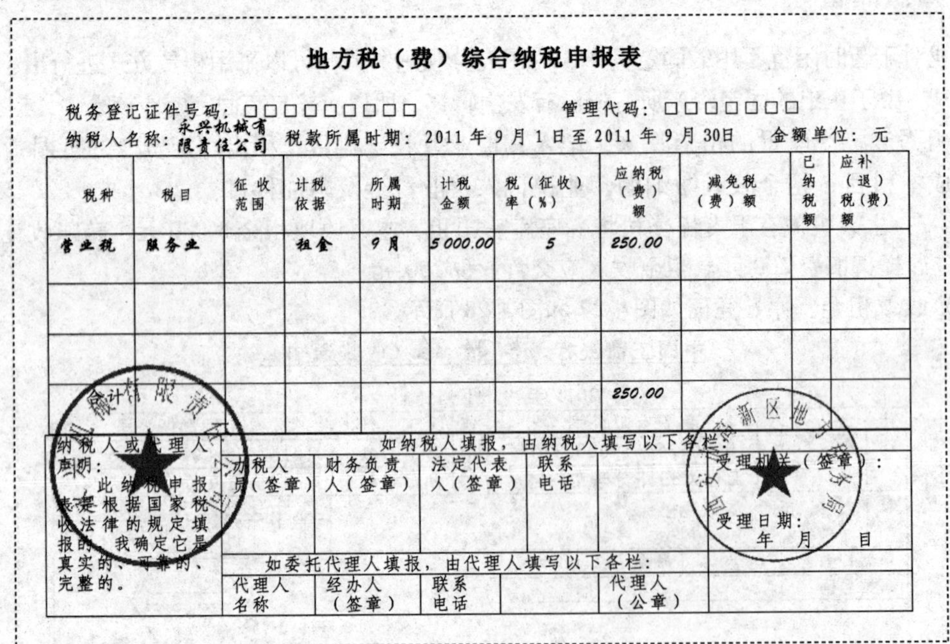

地方税（费）综合纳税申报表

税务登记证件号码：□□□□□□□□□□　　管理代码：□□□□□□□□

纳税人名称：永兴机械有限责任公司　　税款所属时期：2011年9月1日至2011年9月30日　　金额单位：元

税种	税目	征收范围	计税依据	所属时期	计税金额	税（征收）率（%）	应纳税（费）额	减免税（费）额	已纳税额	应补（退）税（费）额
营业税	服务业		租金	9月	5 000.00	5	250.00			
							250.00			

纳税人或代理人声明：此纳税申报表是根据国家税收法律的规定填报的，我确定它是真实的、可靠的、完整的。

如纳税人填报，由纳税人填写以下各栏：办税人员（签章）　财务负责人（签章）　法定代表人（签章）　联系电话

如委托代理人填报，由代理人填写以下各栏：代理人名称　经办人（签章）　联系电话　代理人（公章）

受理机关（签章）：

受理日期：　年　月　日

图　4-29

账务处理为：

借：营业税金及附加 250

贷：应交税费——应交营业税 250

任务四 固定资产折旧的计提和账务处理

任务目标

1. 理解固定资产折旧的概念和原理。
2. 明确固定资产折旧的范围、年限、方法、起止时间。
3. 学会固定资产折旧计提表的编制方法。
4. 掌握计提固定资产折旧费的计算和账务处理方法。

知识储备

固定资产折旧是指固定资产由于损耗而逐渐减少并转移的价值。根据会计核算的配比原则，固定资产由于损耗而逐渐减少的价值，应该在固定资产预计使用年限中，以计提折旧的形式计入各期的成本、费用中，随着销售的实现，这部分损耗的价值从销售收入中得到补偿。

一、决定固定资产折旧的因素

1. 固定资产原始价值

固定资产原始价值，也称原值，即固定资产的入账价值，它是计提折旧的基础。

2. 固定资产预计净残值

固定资产预计净残值是指固定资产报废时预计可收回的残余价值减去预计清理费用后的差额。固定资产预计净残值由企业自行预计，但《企业所得税法实施条例》规定的净残值为固定资产原值的5%以内，即净残值率不超过5%，因此小企业一般应按税法规定确定净残值。固定资产原值减去预计净残值，即为固定资产的应计折旧总额。

3. 固定资产预计使用年限

固定资产预计使用年限，也称折旧年限，直接影响着各期应计提折旧额的多少。固定资产的折旧年限，会计准则虽未规定，但《企业所得税法实施条例》有规定，小企业一般应按照税法规定的折旧年限计提折旧，以免计算企业所得税时再调整。

税法规定的最短折旧年限为：房屋、建筑物20年；火车、轮船、机器、机械和其他生产设备10年；火车、轮船以外的运输工具4年；与生产经营有关的器具、工具、家具等5年；电子设备3年。

4. 固定资产折旧方法

不同的折旧方法，使固定资产各期计提折旧额的多少不同。现行的折旧方法有年限平均法、工作量法、年数总和法、双倍余额递减法。但按税法规定，企业一般应采用年限平均法。

二、固定资产计提折旧的范围

除下列情况外，企业应对所有固定资产计提折旧：

（1）已提足折旧仍继续使用的固定资产。

（2）经营性租入的固定资产。

（3）已报废的固定资产。

(4) 因改、扩建而停用的固定资产。

因改、扩建而停用的固定资产，应将其账面价值转入在建工程科目，不再计提折旧。在改、扩建工程完毕，固定资产达到预定可使用状态并交付使用后，应重新估计固定资产尚可使用年限，重新计提折旧。

已达到预定可使用状态的固定资产，如果尚未办理竣工决算的，应按估计价值暂估入账，并计提折旧；待办理了竣工决算手续后，再按照实际成本调整原来的暂估价，同时调整原已计提的折旧额。

三、固定资产计提折旧的时间

(1) 当月增加使用的固定资产，当月不计提折旧，从下月起计提折旧。

(2) 当月减少使用的固定资产，当月照提折旧，从下月起不再计提折旧。

也就是说，每月计提折旧时，应以当月月初应计提折旧的固定资产账面原值为依据。提前报废的固定资产，不再补提折旧。

例4-8：某企业按月初应计提折旧固定资产原值计算的折旧额为45 000元，本月增加机器甲一台，原值为60 000元，预计使用年限8年，企业采用年限平均法计提折旧，残值忽略不计。同时，本月减少机器乙一台，月折旧额为500元，计算本月和下月企业应计提折旧分别是多少？

因为当月增加使用的固定资产，其原值不包括在月初固定资产原值中，当月不计提折旧，从下月起计提折旧；同时，当月减少使用的固定资产，其原值包括在月初固定资产原值中，当月照提折旧，从下月起不再计提折旧。所以：

本月应计提折旧＝45 000元

下月应计提折旧＝45 000元＋(60 000元/8)/12－500元＝45 125元

四、固定资产计提折旧的计算方法

企业可选用的折旧方法包括年限平均法、工作量法、年数总和法、双倍余额递减法，前两种方法属于直线折旧法，后两种方法属于快速或加速折旧法。按《企业所得税法实施条例》的要求，小企业一般应采用年限平均法。固定资产折旧方法一经确定，不得随意变更。本任务主要学习年限平均法，年数总和法作为知识延伸选学方法介绍。

1. 年限平均法

年限平均法也称平均年限法，是指在折旧年限内，将固定资产应提折旧总额平均分配到每年及每月的折旧计算方法。在这种方法下，企业每月计提的折旧额是相等的。计算方法为

年折旧额＝固定资产原值×(1－预计净残值率)/折旧年限

月折旧额＝年折旧额/12

例4-9：某企业有厂房一栋，原值为480 000元，折旧年限20年，净残值率为4%，该企业采用年限平均法计提折旧。计算该厂房的年折旧额和月折旧额分别是多少？

年折旧额＝480 000元×(1－4%)/20＝23 040元

月折旧额＝23 040元/12＝1 920元

2. 年数总和法

年数总和法是指以固定资产原值减去残值后的净额作为基数，乘以逐年递减的折旧率计算固定资产年折旧额的一种方法。该方法为快速折旧法，每年计提的折旧额先大后小、逐年递减，可以在固定资产寿命前期提回大部分折旧，及早收回固定资产投资。

其中，逐年递减的折旧率，分子为固定资产剩余使用的年数，它是逐年递减的；分母为固定资产使用年数的年序号之和，即年数总和。计算方法为

某年折旧率＝剩余使用年数/年数总和

某年折旧额＝（固定资产原值－预计净残值）×当年折旧率

月折旧额＝年折旧额/12

例 4-10：某企业有一台电子设备，原值为 400 000 元，预计使用 5 年，预计净残值率为 5%，该企业采用年数总和法计提折旧。计算该电子设备的各年折旧额和各年每月折旧额。

折旧基数＝400 000 元×（1－5%）＝380 000 元

年数总和＝1＋2＋3＋4＋5＝15

第一年折旧额＝380 000 元×（5/15）≈126 667 元

月折旧额＝126 667 元/12≈10 556 元

第二年折旧额＝380 000 元×（4/15）≈101 333 元

月折旧额＝101 333 元/12≈8 444 元

第三年折旧额＝380 000 元×（3/15）＝76 000 元

月折旧额＝76 000 元/12＝6 333 元

第四年折旧额＝380 000 元×（2/15）≈50 667 元

月折旧额＝50 667 元/12≈4 222 元

第五年折旧额＝380 000 元×（1/15）≈25 333 元

月折旧额＝25 333 元/12≈2 111 元

五年累计折旧额＝126 667 元＋101 333 元＋76 000 元＋50 667 元＋25 333 元
＝380 000 元

五、固定资产折旧计提表的编制

企业在计提固定资产折旧时，应按照固定资产的用途，分别计算固定资产的折旧额，并编制固定资产折旧计提表，作为账务处理的原始凭证。

例 4-11：永兴机械有限责任公司 2011 年 9 月固定资产折旧计提表，如表 4-1 所示。

表 4-1　固定资产折旧计提表

2011 年 9 月　　单位：元

固定资产名称	原　值	净残值	应计折旧总额	折旧年限	月折旧额	累计折旧额
车间厂房	500 000	10 000	490 000	20	2 042	122 520
机床	100 000	5 000	95 000	10	792	47 520
切割机	1 000	50	950	10	8	480
电焊机	2 000	100	1 900	10	16	960
电控柜	5 000	150	4 850	10	40	2 400
生产用小计	608 000	—	—	—	2 898	173 880
办公综合楼	800 000	40 000	760 000	20	3 167	158 350
轿车	150 000	6 000	144 000	4	3 000	108 000
计算机	5 000	100	4 900	3	136	4 896
打印机	1 200	60	1 140	3	32	1 152
保险柜	1 000	50	950	3	26	1 170
管理用小计	957 200	—	—	—	6 361	273 568
出租库房	50 000	2 000	48 000	20	200	20 000
合　计	1 615 200	—	—	—	9 459	467 448

固定资产折旧计提表的编制方法如下：

净残值＝原值×净残值率

应计折旧总额＝原值－净残值

月折旧额＝应计折旧总额÷折旧年限÷12

累计折旧额＝上月累计折旧额＋本月折旧额

计算填列累计折旧额的目的，是为了观察折旧是否已提足，防止提超。当累计折旧额等于应计折旧总额时，说明折旧已提足，不能再提。

六、固定资产折旧的账务处理

根据固定资产折旧计提表中固定资产的用途，借记管理费用、制造费用、销售费用、其他业务成本等科目，贷记累计折旧科目。

固定资产计提折旧的原始凭证为固定资产折旧计提表。

例 4-11 的账务处理为：

借：制造费用　　2 898

　　管理费用　　6 361

　　其他业务成本　　200

　　贷：累计折旧　　9 459

任务五　固定资产后续支出的账务处理

任务目标

1. 明确固定资产后续支出的内容。
2. 掌握固定资产后续支出各种业务的账务处理方法。

知识储备

固定资产后续支出，是指取得固定资产后，在使用过程中发生的修理和改扩建支出。

固定资产的修理，是为了保证固定资产能够正常使用，或者通过修理使其恢复原有性能。固定资产改、扩建，就是固定资产在原有基础上进行的设备技术改造、改装，楼房的加高、延伸、加固、装修等活动。

一、固定资产修理支出

固定资产修理，分为日常修理和大修理两种情况，其账务处理也有所不同。

1. 固定资产日常修理支出

固定资产日常修理支出的费用，按照固定资产的用途记入相应的账户。属于生产用固定资产的，记入制造费用账户；属于管理用固定资产的，记入管理费用账户；属于销售部门用固定资产的，记入销售费用账户。

例 4-12：永兴机械有限责任公司本月设备修理耗用修理备件 500 元；支付外请修理人员修理费共计 1 000 元，以现金支付。

耗用修理备件的原始凭证如图 4-30 所示。

实 物 出 库 凭 证

领物单位：生产车间　　2011 年 7 月 5 日　　字第 12 号

品名	数量	单位	单价	金额									备考
				百	十	万	千	百	十	元	角	分	
轴承	10	件	20					2	0	0	0	0	
导杆	5	件	40					2	0	0	0	0	
螺栓	20	件	5					1	0	0	0	0	
合计	伍佰元整									500.00			

负责人：　　会计：　　保管：王亮　　领物人：李远

图 4-30

账务处理为：

借：制造费用　　500

　　贷：原材料——修理备件　　500

支付外部修理人员修理费的原始凭证如图 4-31 和图 4-32 所示。

现金付出凭证

2011 年 7 月 9 日　　第 5 号

	备　注
付　　给 设备修理费 款 计人民币（大写）壹仟元整 领款人（签名）吴永强	1000.00 元

负责人　　会计 张娟　　出纳 赵利

图 4-31

今 收 到

为永兴机械有限责任公司修设备报酬壹仟元整。

吴永强

2011 年 7 月 9 日

图 4-32

账务处理为：

借：制造费用　　1 000

　　贷：库存现金　　1 000

2. 固定资产大修理支出

固定资产大修理，是指修理间隔时间长、修理费用大、能大幅度恢复使用性能的修理。固定资产大修理的受益时间较长，在一年以上，因而，大修理支出应在受益期间摊销，应记入长期待摊费用账户。

例 4-13：永兴机械有限责任公司将小汽车发至汽车修理企业大修，支付修理费及增值税58 500元。分三年摊销。

支付修理费的原始凭证如图 4-33 和图 4-34 所示。

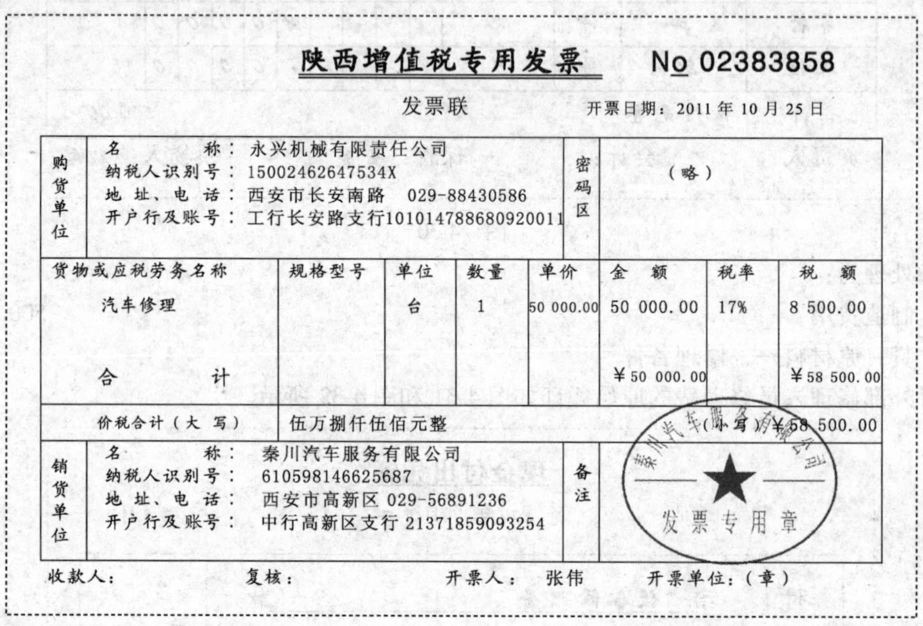

陕西增值税专用发票　　No 02383858

发票联　　开票日期：2011 年 10 月 25 日

购货单位	名　　称：永兴机械有限责任公司 纳税人识别号：15002462647534X 地 址、电 话：西安市长安南路　029-88430586 开户行及账号：工行长安路支行10101478868092001	密码区	（略）				
货物或应税劳务名称	规格型号	单位	数量	单价	金　额	税率	税　额
汽车修理		台	1	50 000.00	50 000.00	17%	8 500.00
合　　计					￥50 000.00		￥58 500.00
价税合计（大 写）	伍万捌仟伍佰元整				（小写）￥58 500.00		
销货单位	名　　称：秦川汽车服务有限公司 纳税人识别号：610598146625687 地 址、电 话：西安市高新区 029-56891236 开户行及账号：中行高新区支行 21371859093254	备注	秦川汽车服务有限公司 发票专用章				

收款人：　　复核：　　开票人：　张伟　　开票单位：（章）

图　4-33

账务处理为：

借：长期待摊费用——汽车大修费　　50 000

　　应交税费——应交增值税（进项税额）

　　　　　　　　　　　　　　　　　8 500

　　贷：银行存款　　　　　　　　　　58 500

每年摊销大修理费的原始凭证如图 4-35 所示。

账务处理为：

借：管理费用　　　　　　　　　　16 667

　　贷：长期待摊费用——汽车大修费　16 667

中国工商银行
转账支票存根
X VI 00001253
附加信息

出票日期　2011 年 10 月 25 日

收款人：秦川汽车服务有限公司
金　额：￥58 500.00
用　途：修车费

单位主管　　会计

图　4-34

二、固定资产改、扩建支出

1. 自有固定资产的改、扩建支出

固定资产改、扩建的结果，表现为增加了固定资产的价值，或延长了其使用寿命、提高了使用性能和效率、降低了生产成本等。因此，自有固定资产改、扩建支出应记入固定资产的原值。

进行改、扩建的自有固定资产，应以其账面价值加上改、扩建过程中的净支出，作为新的固定资产重新入账。

例 4-14：永兴机械有限责任公司有一台机床，原值为 90 000 元，已计提折旧累计 60 000 元，现企业对该设备进行改造，以提高其生产能力。改造过程中发生支出共计 23 000 元，拆下来的残料变价收入为 500 元。改造完成设备达到预定可使用状态。

汽车大修费摊销计算单

大修费总额：50 000 元
摊销年限：3 年
2012 年应摊销：50 000 元 ÷3=16 667 元

图 4-35

（1）将原有固定资产转入改、扩建。原始凭证如图 4-36 所示。

改造设备资料

原　　值：90 000 元
累计折旧：60 000 元
净　　值：30 000 元

改造开始日期　2011 年 8 月 3 日

图 4-36

账务处理为：

借：在建工程——机床改造　　30 000
　　累计折旧　　60 000
　　贷：固定资产——机床　　90 000

（2）改、扩建过程中发生支出。原始凭证如图 4-37 和图 4-38 所示。

陕西省宝鸡市服务业、娱乐业、转让无形资产通用发票

发票联

开票日期：2011年9月4日　　发票代码 00000012491
付款单位（个人）：永兴机械有限责任公司　　发票号码 3412483

项　目	金　额
机床改造	23 000.00
合计金额（元）（大写）：贰万叁仟元整	（小写）¥：23 000.00
备注：	

收款单位：（盖章有效）秦川机床有限责任公司　　收款人：赵忠
收款单位税号　5145789003851

秦川机床有限责任公司 发票专用章

图 4-37

账务处理为：

借：在建工程——机床改造　　23 000
　　贷：银行存款　　23 000

(3) 取得残料变价收入。原始凭证如图 4-39 所示。

账务处理为：

借：库存现金　　500

　　贷：在建工程——机床改造　　500

(4) 改造完成，交付使用。原始凭证如图 4-40 所示。

账务处理为：

借：固定资产——机床　　52 500

　　贷：在建工程——机床改造　　52 500

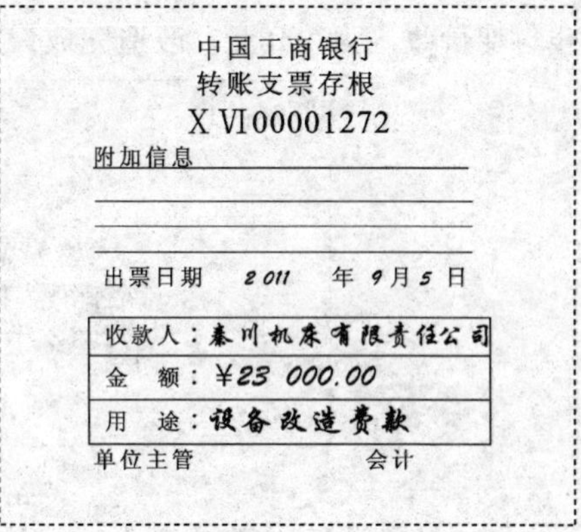

中国工商银行
转账支票存根
X Ⅵ00001272

附加信息

出票日期　2011　年 9月 5 日

收款人：秦川机床有限责任公司
金　额：¥23 000.00
用　途：设备改造费款

单位主管　　　会计

图　4-38

2. 经营性租入固定资产改良支出

经营性租入固定资产的改良，是指对经营租入固定资产的改造，如对租入的房屋进行的装修等。由于经营租入固定资产不属于本企业的资产，没有入账，因而不能将改良支出作为固定资产的价值入账，只能作为长期待摊费用，在以后租期内摊销计入制造费用或管理费用。

现金收入凭证　　第二联　交会计

2011 年 9 月 10 日　　第 3 号

收　到 卖废料 款	备　注
计人民币（大写）伍佰元整	
交款人（签名）李青华	500.00 元

负责人　　会计　张娟　　出纳　赵利

图　4-39

改造机床入账价值计算单

改造前净值：　30 000 元
加：改造费用　23 000 元
减：残料变价收入　500 元
改造后价值：　52 500 元

完工日期：2011年9月10日

图　4-40

例 4-15：永兴机械有限责任公司对租入的办公用房进行装修，支付装修费 50 000 元，以银行存款转账支付。房屋租期为 5 年。

(1) 支付装修费。原始凭证如图 4-41 和图 4-42 所示。

账务处理为：

借：长期待摊费用——装修费　　50 000

　　贷：银行存款　　50 000

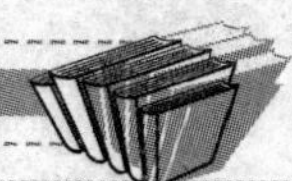

（2）在租期内每年摊销。原始凭证如图 4-43 所示。

账务处理为：

借：管理费用　　　　　　　　　10 000

　　贷：长期待摊费用——装修费　　　10 000

3. 已提足折旧的固定资产改造支出

已提足折旧的固定资产，其经济寿命已经结束，改造支出就不能再计入账面价值，只能计入长期待摊费用，然后在改造完工后的可使用年限内摊销计入制造费用或管理费用。其发生改造支出和每年摊销的账务处理，与经营性租入固定资产改良支出的账务处理相同。

中国工商银行
转账支票存根
X Ⅵ00001259

附加信息

出票日期　2011 年 10 月 2 日

收款人：华居装修公司
金　额：¥50 000.00
用　途：装修费款

单位主管　　　　会计

图　4-41

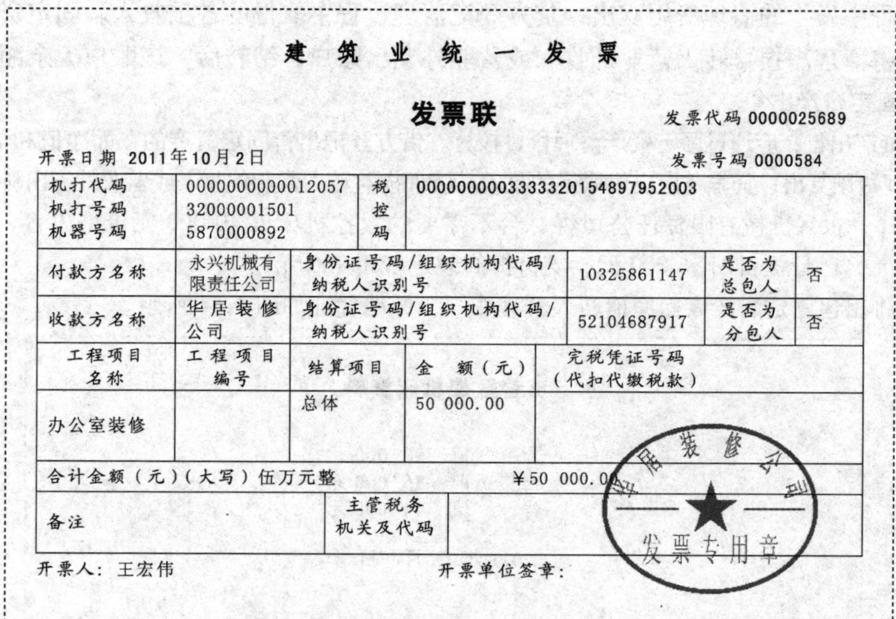

建　筑　业　统　一　发　票

发票联　　　　发票代码 0000025689

开票日期 2011年10月2日　　　　发票号码 0000584

机打代码 机打号码 机器号码	000000000012057 32000001501 5870000892	税控码	0000000003333320154897952003		
付款方名称	永兴机械有限责任公司	身份证号码/组织机构代码/纳税人识别号	10325861147	是否为总包人	否
收款方名称	华居装修公司	身份证号码/组织机构代码/纳税人识别号	52104687917	是否为分包人	否
工程项目名称	工程项目编号	结算项目	金　额（元）	完税凭证号码（代扣代缴税款）	
办公室装修		总体	50 000.00		
合计金额（元）（大写）伍万元整			¥50 000.00		
备注		主管税务机关及代码			

开票人：王宏伟　　　　开票单位签章：

华居装修公司 发票专用章

图　4-42

办公室装修费摊销计算单

装修费总额：　50 000 元
租赁期限：　　5 年
每年摊销额：　50 000 元/5=10 000 元

2012年12月5日

图　4-43

任务六　固定资产减少的账务处理

任务目标

1. 明确固定资产减少账务处理的程序步骤。
2. 掌握固定资产减少各种情况的账务处理方法。

知识储备

固定资产减少，主要有出售、报废或毁损、抵债等。固定资产减少，均应在固定资产清理账户核算。该账户借方登记企业出售、报废或毁损、抵债等转入清理的固定资产账面净值和清理过程中发生的清理费用支出；贷方登记清理过程中取得的各项收入。固定资产清理完毕时，应将清理净损益转入营业外收入或营业外支出账户，结转后，该账户无余额。

一、固定资产出售

固定资产出售，应通过固定资产清理科目核算。借方登记出售固定资产的账面净值和清理过程中发生的清理费用支出；贷方登记出售取得的收入。清理损益转入营业外收入或营业外支出科目。

例 4-16：永兴机械有限责任公司将一台不需要的数控机床以 40 000 元价格出售，设备原价为 80 000 元，已计提折旧 36 000 元，支付拆卸装运费用 900 元。

（1）将出售固定资产账面净值转入清理账户。原始凭证如图 4-44 所示。

出售数控机床资料

原　　值：80 000 元
已提折旧：36 000 元
净　　值：44 000 元

2011 年 10 月 9 日

图　4-44

账务处理为：

借：固定资产清理　　44 000
　　累计折旧　　36 000
　　贷：固定资产——数控机床　　80 000

（2）发生清理费用支出。原始凭证如图 4-45 和图 4-46 所示。

账务处理为：

借：固定资产清理　　900
　　贷：银行存款　　900

（3）取得出售收入。原始凭证如图 4-47 和图 4-48 所示。

账务处理为：

借：银行存款　　40 000
　　贷：固定资产清理　　40 000

陕西省西安市交通运输业通用发票

发票联

开票日期：2011年10月10日 发票代码 0000000123

付款单位（个人）：永兴机械有限责任公司 发票号码 0012459

项目	金额
吊装、运输费	900.00
合计金额（元）（大写）：玖佰元整	（小写）¥：900.00
备注：	

收款单位：（盖章有效）通达物流有限责任公司 收款人：李韦

收款单位税号： 102878925478

（印章：通达物流有限责任公司 发票专用章）

图 4-45

（4）结转清理损益。原始凭证如图4-49所示。

账务处理为：

借：营业外支出 4 900

贷：固定资产清理 4 900

中国工商银行

转账支票存根

X Ⅵ00001275

附加信息

出票日期 2011年10月10日

收款人：通达物流有限责任公司
金 额：¥900.00
用 途：装运费款

单位主管 会计

图 4-46

二、固定资产报废

固定资产报废包括寿命期满报废、提前淘汰报废和因灾害事故毁损报废，应通过固定资产清理科目核算。

例4-17：永兴机械有限责任公司有一辆运输汽车，原价150 000元，已计提折旧50 000元，该车在一次交通事故中报废，收到保险赔款100 000元，报废汽车变卖收入5 000元。

（1）将报废固定资产账面净值转入清理账户。原始凭证如图4-50所示。

西安市工商企业普通发票

610102104221 记 账 联 国税（02）工商二联

2011年10月10日 No 2552698

购货单位（人）	名称	东升机械厂	地址	西安市大兴路 029-86530581						
品名规格	单位	数量	单价	金额						
				万	千	百	十	元	角	分
数控机床	台	1	40 000.00	4	0	0	0	0	0	0
合计（大写）	肆万元整			4	0	0	0	0	0	0
销货单位	名称	永兴机械有限责任公司	纳税人识别号	765567462531249						
	地址	西安市长安南路6号	电话	8569912						

开票人：刘华 销货单位（章）

图 4-47

账务处理为：

借：固定资产清理　　100 000

　　累计折旧　　50 000

　　贷：固定资产——汽车　　150 000

中国工商银行 进 账 单（收账通知）

2011 年 10 月 12 日

<table>
<tr><td rowspan="3">出票人</td><td>全　　称</td><td>东升机械厂</td><td rowspan="3">收款人</td><td>全　　称</td><td colspan="11">永兴机械有限责任公司</td></tr>
<tr><td>账　　号</td><td>10106125461200021038</td><td>账　　号</td><td colspan="11">101014788680920011</td></tr>
<tr><td>开户银行</td><td>工行大兴路分理处</td><td>开户银行</td><td colspan="11">工行长安路支行</td></tr>
<tr><td rowspan="2">金额</td><td rowspan="2">人民币
（大写）</td><td rowspan="2" colspan="3">肆万元整</td><td>亿</td><td>千</td><td>百</td><td>十</td><td>万</td><td>千</td><td>百</td><td>十</td><td>元</td><td>角</td><td>分</td></tr>
<tr><td></td><td></td><td></td><td>¥</td><td>4</td><td>0</td><td>0</td><td>0</td><td>0</td><td>0</td><td>0</td></tr>
<tr><td>票据种类</td><td>支票</td><td>票据张数</td><td>1</td><td colspan="12" rowspan="3">中国工商银行 长安路支行 转讫
开户银行签章</td></tr>
<tr><td>票据号码</td><td colspan="3"></td></tr>
<tr><td colspan="4">复核　　记账</td></tr>
</table>

图　4-48

出售数控机床清理损益计算单

出售收入：　　40 000 元
减：机床净值　　44 000 元
　　清理费用　　900 元
出售损失：　　4 900 元

2011年10月12日

图　4-49

报废汽车资料

原　　值：150 000 元
已提折旧：　50 000 元
净　　值：100 000 元

2011年10月15日

图　4-50

（2）收到保险理赔款。原始凭证如图 4-51 所示。

账务处理为：

借：银行存款　　100 000

　　贷：固定资产清理　　100 000

（3）取得报废汽车出售收入。原始凭证如图 4-52 和图 4-53 所示。

中国工商银行 进 账 单（收账通知）

2011 年 10 月 25 日

出票人			收款人		
	全　称	人保西安分公司		全　称	永兴机械有限责任公司
	账　号	10506125461200025890		账　号	101014788680920011
	开户银行	工行解放路分理处		开户银行	工行长安路支行

金额	人民币（大写）	壹拾万元整	亿	千	百	十	万	千	百	十	元	角	分
					¥	1	0	0	0	0	0	0	0

票据种类	支票	票据张数	1
票据号码			

复核　　记账

开户银行签章（中国工商银行 长安路支行 转讫）

图 4-51

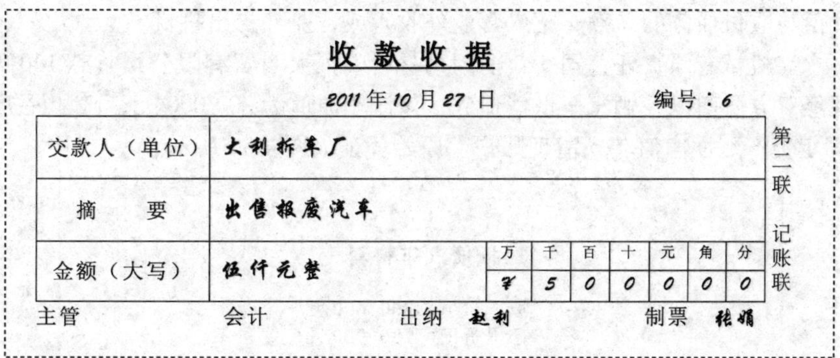

收 款 收 据

2011 年 10 月 27 日　　　　编号：6

交款人（单位）	大利拆车厂						
摘　要	出售报废汽车						
金额（大写）	伍仟元整 万	千	百	十	元	角	分
	¥	5	0	0	0	0	0

第二联　记账联

主管　　会计　　出纳 赵利　　制票 张娟

图 4-52

中国工商银行 进 账 单（收账通知）

2011 年 10 月 28 日

出票人			收款人		
	全　称	大利拆车厂		全　称	永兴机械有限责任公司
	账　号	10506125461200012583		账　号	101014788680920011
	开户银行	农行建设路分理处		开户银行	工行长安路支行

金额	人民币（大写）	伍仟元整	亿	千	百	十	万	千	百	十	元	角	分
							¥	5	0	0	0	0	0

票据种类	支票	票据张数	1
票据号码			

复核　　记账

开户银行签章（中国工商银行 长安路支行 转讫）

图 4-53

账务处理为：

借：银行存款　　5 000

　　贷：固定资产清理　　5 000

（4）结转清理损益。原始凭证如图 4-54 所示。

账务处理为：

借：固定资产清理　　5 000

　　贷：营业外收入　　5 000

报废汽车清理损益计算单

汽车净值损失： 100 000元
减：保险赔偿收入 100 000元
出售报废汽车收入 5 000元
报废净收益： 5 000元

2011年10月28日

图 4-54

三、固定资产抵债

企业在无力偿还债务的情况下，有时可能用固定资产抵偿债务。企业以固定资产抵债，固定资产的账面价值与应付债务的差额，记入营业外收入或营业外支出科目。

例4-18：永兴机械有限责任公司5年前因购材料欠恒大商贸有限公司货款140 000元，一直无力偿还，现经双方协商以一辆汽车抵偿债务，该汽车原值为200 000元，已计提折旧80 000元。

（1）将固定资产账面净值转入清理账户。原始凭证如图4-55所示。

抵债汽车资料

原　　值：200 000元
已提折旧：　80 000元
净　　值：120 000元
2010年11月5日

图 4-55

账务处理为：

借：固定资产清理　120 000
　　累计折旧　80 000
　　贷：固定资产——汽车　200 000

（2）用固定资产抵债。原始凭证如图4-56所示。

债务清偿协议书

经双方协商同意，永兴机械有限责任公司以汽车一辆抵偿欠恒大商贸有限公司货款壹拾肆万元整（140 000元），结清债权债务。汽车即日交接。

2010年11月5日

永兴机械有限责任公司　　恒大商贸有限公司

图 4-56

账务处理为：

借：应付账款——恒大商贸有限公司　　140 000
　　贷：固定资产清理　　120 000
　　　　营业外收入　　20 000

项目训练

根据方达公司下列经济业务的原始凭证信息，作出账务处理。

1. 增值税专用发票：车床 200 000 元，增值税为 34 000 元，合计 234 000 元(不需要安装)。

电汇回单：汇款人方达公司，金额 234 000 元。

2. 增值税专用发票：锅炉 120 000 元，增值税为 20 400 元，合计 140 400 元(需安装)。

销售方代垫运费发票：8 600 元。

电汇回单：汇款人方达公司，金额 149 000 元。

3. 安装费发票：锅炉安装费 14 000 元。

电汇回单：收款人工业锅炉安装公司，金额 1 4000 元，用途为安装费。

4. 锅炉入账价值结算单：购置成本 127 998 元，安装费 14 000 元，合计入账价值141 998元。

5. 增值税普通发票：钢材 200 000 元，购货单位为方达公司(建库房用)。

转账支票存根：收款人东风物资公司，金额 200 000 元，用途为货款。

6. 华为建筑公司收料单：交货单位方达公司，建筑材料 200 000 元。

7. 建筑业发票：付款方方达公司，工程款 80 000 元。

转账支票存根：收款人华为建筑公司，金额 80 000 元，用途为工程款。

8. 库房工程成本结算单：材料成本 200 000 元，施工成本 80 000 元，工程成本合计280 000元。

9. 服务业发票：房屋租金 2 500 元(办公用房)。

现金付出凭证：支付房租 2 500 元

10. 根据第 1 项经济业务，该车床预计净残值率为 5%，折旧年限为 10 年，用年限平均法计算该车床每月折旧额。

11. 该公司现有的固定资产的情况如表 4-2 所示，均采用年限平均法计提折旧。

表 4-2　方达公司现有固定资产资料　　单位：元

固定资产名称	原　值	净残值率	折旧年限/年	上月止累计折旧额
甲生产设备	234 000	5%	10	22 230
乙生产设备	150 400	5%	10	14 288
车间房屋	100 000	5%	20	4 750
办公用计算机	5 000	2%	3	817
办公用打印机	2 000	2%	3	327
轿车	200 000	5%	4	23 750

编制本月折旧计提表，并据以进行账务处理。

12. 普通发票：机床修理费 1 000 元。

转账支票存根：金额 1 000 元，用途为机床修理费。

13. 对生产车间厂房进行扩建，该厂房账面原值为 100 000 元，累计折旧 40 000 元。

14. 建筑业发票：厂房扩建工程，金额 50 000 元。

转账支票存根：金额50 000元，用途为厂房扩建工程款。

15. 现金收入凭证：收到厂房旧件变价收入2 000元。

16. 厂房扩建工程完工，结算并结转新厂房入账价值。

17. 建筑业发票：办公室装修费5 000元(租入办公用房,租期为5年)。

转账支票存根：金额5 000元，用途为装修费。

18. 本年摊销办公室装修费(自行计算摊销额)。

19. 将现有轿车出售，该轿车原值200 000，累计已提折旧95 000元。

20. 普通发票记账联：轿车，金额30 000元，销货单位为方达公司。

现金收入凭证：收到出售轿车款30 000元。

21. 计算出售轿车清理损益，并结转。

22. 甲生产设备使用10年后，决定报废。该设备累计已提折旧222 300元。

23. 现金收入凭证：收到甲设备残料变价收入8 000元。

24. 现金付出凭证：支付甲设备拆卸费200元。

收条：今收到设备拆卸费200元，收款人吴大震。

25. 计算甲设备报废清理损益，并结转。

26. 以现用计算机抵债，该计算机原值5 000元，累计已提折旧2 940元。

27. 账务清偿协议：方达公司欠东方公司货款2 000元，因财务困难无力支付，以计算机一台抵偿。

项目五 无形资产的核算

无形资产是企业拥有的没有实物形态的非货币性长期资产。无形资产没有实物形态，一般表现为各种专有权，能为企业带来一年以上的经济利益，属于长期资产。

任务一　无形资产取得的账务处理

任务目标

1. 明确无形资产的种类。
2. 掌握无形资产取得的账务处理方法。

知识储备

无形资产一般包括专利权、非专利技术、著作权、商标权、特许经营权和土地使用权等。

（1）专利权。专利权是指发明创造权利人在专利管理机关登记注册、依法批准的，享有在法定时期内对其发明成果独占的专有权。

专利权包括发明专利权、实用新型专利权和外观设计专利权。

（2）非专利技术。非专利技术又称专有技术，是指没有在专利管理机关进行注册登记，不享有独占权，不受法律保护的专有技术。例如，企业在生产工艺、检验和设备安装等方面拥有的先进技术等。

（3）著作权。著作权即版权，是指著作权人对其创作的著作或作品依法享有的专有权利。

（4）商标权。商标权，又称注册商标专用权，是指商标所有人将其商标在国家商标管理局依法注册登记后，在法定期限内，对其商标所享有的专有权利。商标权以注册在先为确认标准。

（5）特许经营权。特许经营权又称专营权，是指企业在某一地区经营或销售某种商品的权利或一家企业接受另一家企业使用其商标、商号和技术秘密等的权利。

（6）土地使用权。土地使用权是指国家土地管理局批准，准许某一企业或单位在一定期间内对国有土地享有开发、利用和经营的权利。

一、购入无形资产

购入的无形资产，以实际支付的价款和相关税费作为入账价值。借记无形资产科目，贷记银行存款等科目。

例5-1：永兴机械有限责任公司购入一项专利权，实际支付价款为200 000元，款项通过银行转账支付。

原始凭证如图5-1和图5-2所示。

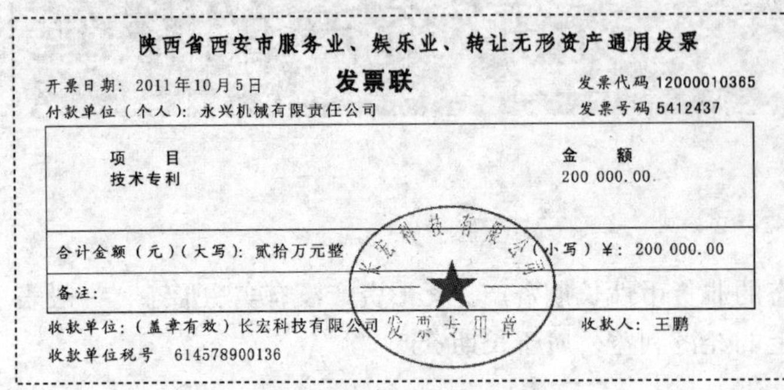

陕西省西安市服务业、娱乐业、转让无形资产通用发票

发票联

开票日期：2011年10月5日　　发票代码 12000010365

付款单位（个人）：永兴机械有限责任公司　　发票号码 5412437

项　目	金　额
技术专利	200 000.00
合计金额（元）（大写）：贰拾万元整	（小写）¥：200 000.00
备注：	

收款单位：（盖章有效）长宏科技有限公司　发票专用章　　收款人：王鹏

收款单位税号　614578900136

图5-1

中国工商银行
转账支票存根
X Ⅵ00001253

附加信息

出票日期　2011年10月5日

收款人：长宏科技有限公司

金　额：¥200 000.00

用　途：购专利款

单位主管　　会计

图5-2

账务处理为：

借：无形资产——专利权　　200 000

　　贷：银行存款　　200 000

二、投资者投入无形资产

投资者投入的无形资产，按投资合同或协议约定的价值作为入账价值，借记无形资产科目，贷记实收资本等科目。

例5-2：永兴机械有限责任公司接受投资人以一项商标权作为出资，双方协议约定价格为150 000元。

原始凭证如图5-3所示。

账务处理为：

借：无形资产——商标权　　150 000

　　贷：实收资本——王宏　　150 000

出资协议

经股东会通过，接受王宏向永兴机械有限责任公司以商标权出资作价壹拾伍万元整（150 000元），从2011年9月1日起成为公司股东，占有公司股份壹拾伍万元整，按《中华人民共和国公司法》享有股东的一切权利和义务。

公司法人代表：王振华

出资人：王宏

2011年8月25日

图5-3

三、自行研究开发无形资产

企业自行研究开发的无形资产，研究阶段的支出，记入管理费用科目；开发阶段的支出，记入无形资产科目。

例5-3：永兴机械有限责任公司自行研究开发某新型技术，发生研究费用50 000元，研究完成进入开发阶段后，发生开发费用150 000元，该新型技术开发成功，形成专有技术。

（1）发生研究支出。原始凭证如图 5-4 和图 5-5 所示。

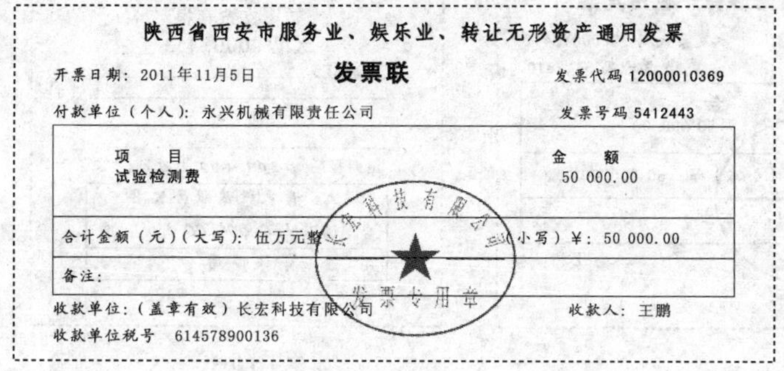

陕西省西安市服务业、娱乐业、转让无形资产通用发票

发票联

开票日期：2011年11月5日　　发票代码 12000010369

付款单位（个人）：永兴机械有限责任公司　　发票号码 5412443

项　目	金　额
试验检测费	50 000.00
合计金额（元）（大写）：伍万元整	（小写）¥：50 000.00
备注：	

收款单位：（盖章有效）长宏科技有限公司　　收款人：王鹏

收款单位税号　614578900136

图 5-4

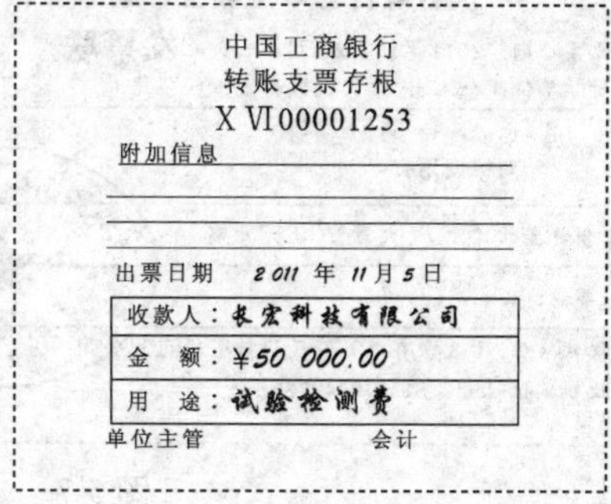

中国工商银行
转账支票存根
X Ⅵ00001253

附加信息

出票日期　2011 年 11 月 5 日

收款人：长宏科技有限公司
金　额：¥50 000.00
用　途：试验检测费

单位主管　　会计

图 5-5

账务处理为：

借：管理费用　　50 000

　　贷：银行存款　　50 000

（2）发生开发费用。原始凭证如图 5-6 所示。

实物出库凭证

领物单位：技术部　　2012 年 1 月 11 日　　字第 25 号

品名	数量	单位	单价	金额									备考
				百	十	万	千	百	十	元	角	分	
钢材	40	t	2 000			8	0	0	0	0	0	0	
轴承	200	个	100			2	0	0	0	0	0	0	
电机	50	台	1 000			5	0	0	0	0	0	0	
合计	壹拾伍万元整												

负责人：　　会计：　　保管：王华　　领物人：李强

图 5-6

账务处理为：

借：研发支出　　150 000

　　贷：原材料——钢材　　80 000

　　　　　　——轴承　　20 000

　　　　　　——电机　　50 000

（3）新型技术开发完成。账务处理为：

借：无形资产——专有技术　　150 000

　　贷：研发支出　　150 000

四、租入无形资产

企业租入无形资产，就是取得无形资产的使用权，需支付使用费。租入的无形资产，不享有所有权，所以不入账，只对支付使用费进行账务处理。支付的使用费，属于生产用的计入制造费用，生产用以外的计入管理费用。

例 5-4：永兴机械有限责任公司以每月 50 000 元的使用费取得一家公司的商标使用权。

每月支付商标使用费的原始凭证如图 5-7 和图 5-8 所示。

账务处理为：

借：管理费用　　50 000

　　贷：银行存款　　50 000

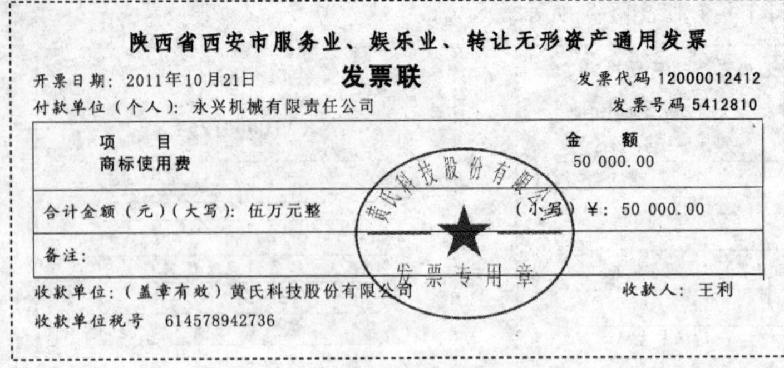

陕西省西安市服务业、娱乐业、转让无形资产通用发票

发票联

开票日期：2011年10月21日　　发票代码 12000012412

付款单位（个人）：永兴机械有限责任公司　　发票号码 5412810

项　目	金　额
商标使用费	50 000.00
合计金额（元）（大写）：伍万元整	（小写）¥：50 000.00
备注：	

收款单位：（盖章有效）黄氏科技股份有限公司　　收款人：王利

收款单位税号 614578942736

图 5-7

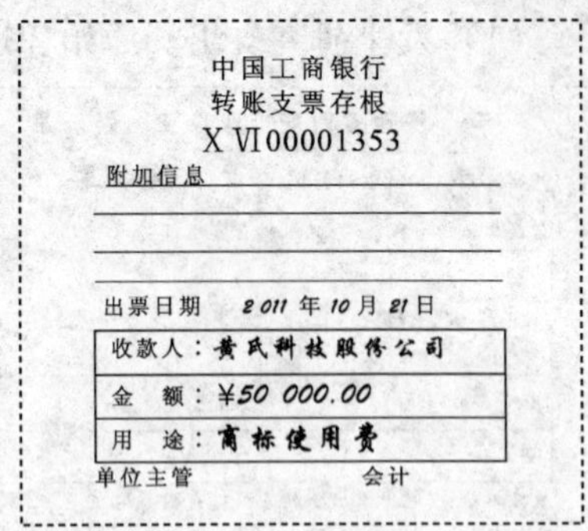

中国工商银行

转账支票存根

X Ⅵ00001353

附加信息

出票日期 2011年10月21日

收款人：黄氏科技股份公司

金　额：¥50 000.00

用　途：商标使用费

单位主管　　会计

图 5-8

任务二　无形资产摊销和报废的账务处理

任务目标

1. 明确无形资产的摊销年限和方法。
2. 掌握无形资产摊销和报废的账务处理方法。

知识储备

无形资产应在其寿命期内进行摊销，采用直线法摊销。寿命期不能可靠估计的，摊销年限不得少于10年。无形资产应于开始使用当月开始摊销，处置或报废当月不再摊销。

一、无形资产摊销的计算和账务处理

企业自用无形资产的摊销金额一般应记入管理费用科目，但如果某无形资产专门用于生产过程中，则其摊销金额应记入制造费用科目。

例 5-5：永兴机械有限责任公司使用一项生产技术专利权的价值为600 000元，预计寿命为10年，采用直线法摊销。

年摊销额为 = 600 000 元/10 = 60 000 元

月摊销额为 = 60 000 元/12 = 5 000 元

每月摊销的原始凭证如图5-9所示。

专利权摊销计算单

专利权价值：600 000元

摊销年限：10年

年摊销额= 600 000元/10=60 000元

月摊销额= 60 000元/12=5 000元

2010年10月31日

图 5-9

账务处理为：

借：制造费用　　5 000

　　贷：累计摊销　　5 000

二、无形资产报废的账务处理

如果有证据表明，现有无形资产已不能给企业带来经济利益，则应当将该无形资产的账面价

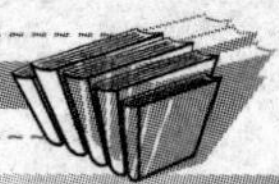

值转入营业外支出科目。

例 5-6：某企业有一项专有技术，原入账价值为 100 000 元，已累计摊销 50 000 元。现在出现了一种更先进的技术取代了原专有技术，使原专有技术失去了使用价值，不能再给企业带来经济利益，决定予以报废。

原始凭证如图 5-10 和图 5-11 所示。

关于专有技术报废的批复

鉴于本公司专有技术已无经济价值，同意报废。

董事长　王振华

2010 年 10 月 12 日

图 5-10

报废专有技术账面记录

账面原值：　100 000 元

累计摊销：　50 000 元

净　　值：　50 000 元

图 5-11

账务处理为：

借：营业外支出　　50 000

　　累计摊销　　50 000

　　贷：无形资产——专有技术　　100 000

任务三　无形资产转让的账务处理

任务目标

1. 明确无形资产转让使用权与转让所有权的区别。
2. 掌握无形资产转让两种情况的账务处理方法。

知识储备

无形资产转让使用权，即出租，是指企业将拥有的无形资产使用权让渡给他人，并取得租金或使用费收入的行为。无形资产转让所有权，即出售，是指企业将拥有的无形资产所有权转让给他人，并取得转让收入的行为。

一、无形资产转让使用权的账务处理

无形资产转让使用权，也就是出租。根据配比原则，企业在确认无形资产出租的租金收入时，还应确认与出租业务相关的成本和税费，如无形资产的摊销额和应缴纳的营业税等。

企业出租无形资产时，所取得的租金收入，借记银行存款等科目，贷记其他业务收入科目；摊销出租的无形资产价值时，借记其他业务成本科目，贷记累计摊销科目。

例 5-7：永兴机械有限责任公司出租一项商标权，本月取得租金收入 100 000 元，该商标权每月摊销额为 1 000 元，转让无形资产的营业税率为5%。

（1）取得租金收入。原始凭证如图 5-12和图 5-13 所示。

陕西省西安市服务业、娱乐业、转让无形资产通用发票

记账联

开票日期：2011年9月15日　　发票代码 00000012129

付款单位（个人）：东兴工贸有限公司　　发票号码 3412445

项　目	金　额
商标使用费	100 000.00
合计金额（元）（大写）：壹拾万元整	（小写）￥：100 000.00
备注：	

收款单位：（盖章有效）永兴机械有限责任公司　　收款人：赵亮

收款单位税号　614578900228

图 5-12

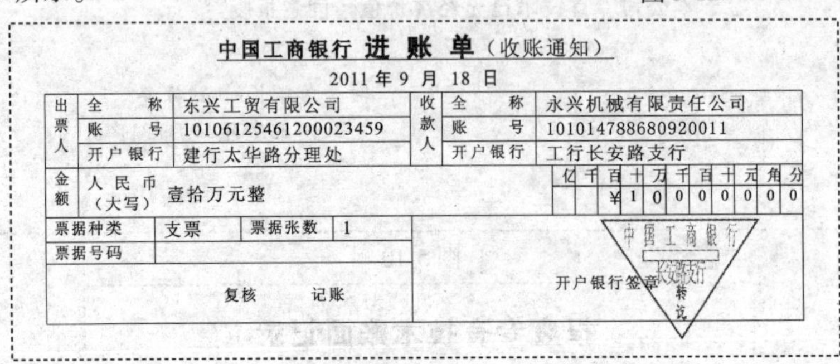

中国工商银行 进 账 单（收账通知）

2011 年 9 月 18 日

出票人	全　称	东兴工贸有限公司	收款人	全　称	永兴机械有限责任公司
	账　号	10106125461200023459		账　号	101014788680920011
	开户银行	建行太华路分理处		开户银行	工行长安路支行
金额	人民币（大写）	壹拾万元整		亿千百十万千百十元角分	￥100000000
票据种类	支票	票据张数	1		
票据号码					
	复核　记账			开户银行签章	

图 5-13

账务处理为：

借：银行存款　　100 000

　　贷：其他业务收入　　100 000

（2）摊销无形资产价值。原始凭证如图 5-14 所示。

商标权摊销计算单

商标权价值：120 000元

摊销年限：　10年

年摊销额=120 000/10=12 000元

月摊销额=12 000/12=1 000元

图 5-14

账务处理为：

借：其他业务成本　　1 000

　　贷：累计摊销　　1 000

（3）计算申报应交营业税。原始凭证如图 5-15所示。

地方税（费）综合纳税申报表

税务登记证件号码：□□□□□□□□□□　　管理代码：□□□□□□□□

纳税人名称：永兴机械有限责任公司　税款所属时期：2011年9月1日至2011年9月30日　金额单位：元

税种	税目	征收范围	计税依据	所属时期	计税金额	税（征收）率（%）	应纳税（费）额	减免税（费）额	已纳税额	应补（退）税（费）额
营业税	转让无形资产		租金	9月	100 000.00	5	5 000.00			
合计							5 000.00			

纳税人或代理人声明：此纳税申报表是根据国家税收法律的规定填报的，我确定它是真实的、可靠的、完整的。	如纳税人填报，由纳税人填写以下各栏：				受理机关（签章）
	办税人员（签章）	财务负责人（签章）	法定代表人（签章）	联系电话	
	如委托代理人填报，由代理人填写以下各栏：				
	代理人名称	经办人（签章）	联系电话	代理人（公章）	受理日期：年 月 日

图 5-15

账务处理为：

借：营业税金及附加　　5 000

　　贷：应交税费——应交营业税　　5 000

二、无形资产转让所有权的账务处理

无形资产转让所有权，也就是出售。出售无形资产的收入与无形资产账面价值和相关税费的差额，记入营业外收入或支出。

例 5-8：永兴机械有限责任公司拥有某项专利权的价值为500 000元，已摊销300 000元，公司决定出售该专利权，出售取得价款250 000元，应缴纳的营业税为12 500元。

原始凭证如图 5-16～图 5-19 所示。

转让的专利权账面记录

账面原值：　500 000 元
累计摊销：　300 000 元
净　　值：　200 000 元

图 5-16

陕西省西安市服务业、娱乐业、转让无形资产通用发票

记账联

开票日期：2011年9月25日　　发票代码 00000012184
付款单位（个人）：大秦实业有限公司　　发票号码 3412591

项　　目	金　　额
专利权	250 000.00
合计金额（元）（大写）：贰拾伍万元整	（小写）￥：250 000.00
备注：	

收款单位：（盖章有效）永兴机械有限责任公司　　收款人：赵亮
收款单位税号　614578900228

图 5-17

中国工商银行 进 账 单（收账通知）

2011 年 9 月 28 日

出票人		收款人	
全　称	大秦实业有限公司	全　称	永兴机械有限责任公司
账　号	10106125461200023459	账　号	101014788680920011
开户银行	中行中华路分理处	开户银行	工行长安路支行
金额 人民币（大写）	贰拾伍万元整	亿千百十万千百十元角分	￥25000000
票据种类	支票	票据张数	1
票据号码			
复核　记账		开户银行签章	

图 5-18

账务处理为：

借：银行存款　　　　250 000
　　累计摊销　　　　300 000
　贷：无形资产——专利权　　500 000
　　　应交税费——应交营业税　　12 500
　　　营业外收入　　　　37 500

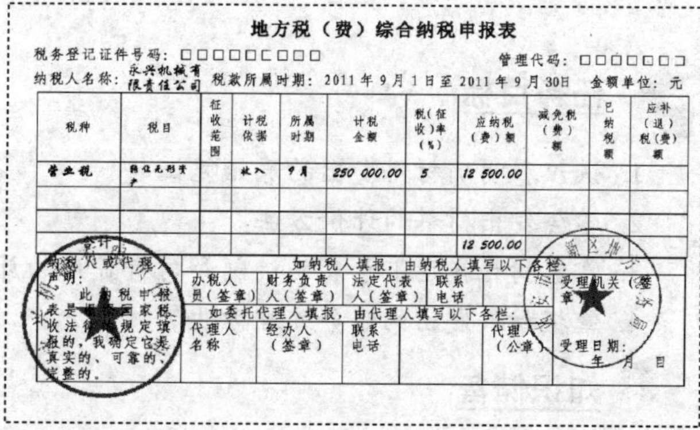

地方税（费）综合纳税申报表

税务登记证件号码：□□□□□□□□□　　管理代码：□□□□□□□□
纳税人名称：永兴机械有限责任公司　税款所属时期：2011 年 9 月 1 日至 2011 年 9 月 30日　金额单位：元

税种	税目	征收范围	计税依据	所属时期	计税金额	税（征收）率（%）	应纳税（费）额	减免税（费）额	已纳税额	应补（退）税（费）额
营业税	转让无形资产		收入	9月	250 000.00	5	12 500.00			
合计							12 500.00			

纳税人或代理人声明：此纳税申报表是根据国家税收法律规定填报的，我确定它是真实的、可靠的、完整的。	如纳税人填报，由纳税人填写以下各栏：				
	办税人员（签章）	财务负责人（签章）	法定代表人（签章）	联系电话	受理机关（签章）
	如委托代理人填报，由代理人填写以下各栏：				
	代理人名称	经办人（签章）	联系电话	代理人（公章）	受理日期：年　月　日

图 5-19

项目训练

根据金阳公司下列经济业务原始凭证的相关信息，作出会计处理。

1. 转让无形资产发票(发票联)：专利技术(生产用)，金额 80 000 元，付款单位金阳公司。

电汇凭证回单：汇款人金阳公司，汇款金额 80 000 元。

2. 专利权摊销计算单：摊销年限 5 年(自行计算本月摊销额)。

3. 专利技术报废批复(4 年后)：因新技术出现，同意此专利技术报废(自行计算已摊销额和报废损失)。

4. 转让无形资产发票(发票联)：商标使用费 8 000 元，付款单位金阳公司。

电汇凭证回单：汇款人金阳公司，汇款金额 8 000 元。

5. 转让土地使用权的账面资料：账面原值 100 000 元，累计摊销 10 000 元。

转让无形资产发票(记账联)：土地使用权，金额 150 000 元，收款单位金阳公司。

进账单(收账通知)：收款人金阳公司，金额 150 000 元。

地方税(费)综合纳税申报表：税目为转让无形资产，征税范围为土地使用权，营业税7 500 元，土地增值税 12 728 元，印花税 75 元。

项目六

生产成本的核算

生产成本就是在生产过程中发生的耗费。产品成本核算的前提是对生产费用的计量和归集，只有准确地核算生产费用，才能准确地计算产品成本。生产费用包括材料费用、人工费用和其他费用。

任务一　材料费用的计算和账务处理

任务目标

1. 认识和明确材料发出的原始凭证。
2. 学会发出材料的计价方法。
3. 掌握材料耗用汇总表的编制和材料费用的计算方法。
4. 掌握材料发出的账务处理方法。

知识储备

材料费用就是产品生产过程中消耗的各种材料的价值，是生产费用中最重要的部分。材料费用核算的主要任务，就是准确地确定材料的消耗量和材料发出的计算价格。

一、材料发出的原始凭证

填制材料发出的原始凭证，是准确记录材料消耗量的基础。材料发出的原始凭证主要有领料单和领料登记表两种。领料单的格式如图 6-1 所示，领料登记表的格式如图 6-2 所示。领料单是一次性原始凭证，每领一次料填写一次。领料登记表是累计原始凭证，一种材料一月只填一张领料登记表，每次领料在表上填写一行，月末汇总比较方便。

二、材料发出的计价

由于不同批次购入的同一种材料价格可能不同，因而就存在材料发出时按哪一批价格计算材料费用的问题，即材料发出的计价问题。材料发出的计价方法常用的有个别计价法、先进先出法和月末一次加权平均法。

1. 个别计价法

个别计价法，就是领用哪批货，就用那批货的价格。这种方法适用于购进批次不多、能分清批次的材料。其优点是准确，但不适用于购进批次多、库房不能分清批次的材料。

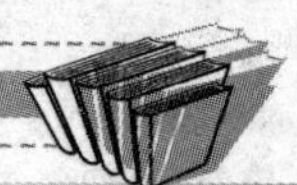

领料单

领用部门：生产车间　　2011 年 10 月 6 日　　编号：1

用途：磨齿机								成本项目：							
材料项目				单位	数量		金额								
								总价							
编号	分类	名称	规格		请领数	实发数	单价	十	万	千	百	十	元	角	分
05	钢材	钢板	3mm	t	2	2	3 800			7	6	0	0	0	0
08	钢材	碳钢	φ6	t	1	1	4 000			4	0	0	0	0	0
合计					3	3			1	1	6	0	0	0	0

车间或部门主管：吴舍　会计主管　材料主管　领料人：赵平　发料人：王亮

图 6-1

领料登记表

材料类别 钢材　　领料单位 机加车间

材料编号 02　　发料仓库 1号库

材料名称规格 碳钢 φ20　　2011 年 10 月　　计量单位 kg

日期	领料数量		发料人	领料人	备注
	当日	累计			
1	100	100	王亮	赵平	
2	150	250	王亮	赵平	
⋮	⋮	⋮	⋮	⋮	
30	150	3 000	王亮	赵平	
材料单价：3.8元			合计金额：11 400元		

图 6-2

2. 先进先出法

先进先出法，是假定先购进的材料先领出，发出材料按购进的先后依次确定其价格。这种方法适用于购进批次多且库房不能分清批次的材料。由于先进先出是假定的，不一定符合实际，所以其准确性不如个别计价法，计算也比较麻烦。先进先出法的计算如图 6-3 所示。

原材料明细账

金额单位：元
计量单位：kg　　品名：甲材料

2007年		凭证	摘要	收入			发出			结存		
月	日			数量	单价	金额	数量	单价	金额	数量	单价	金额
5	1		期初余额							1 200	1.10	1 320
	3		购入	1 200	1.15	1 380				2 400		2 700
	8		发出				1 200 1 000	1.10 1.15	2 470	200	1.15	230
	15		购入	2 000	1.23	2 460				2 200		2 690
	20		发出				200 1 600	1.15 1.23	2 198	400	1.23	492
	28		购入	1 200	1.20	1 440				1 600		1 932
			本月合计	4 400		5 280	4 000		4 668	400 1 200	1.23 1.20	1 932

图 6-3

3. 月末一次加权平均法

这种方法不用区分购进材料的批次和先后次序，而将各批次购进的材料在月末综合计算一个平均价格，作为发出材料的价格。因此，用这种方法计算材料费用比较简便，也是材料消耗量月末汇总计算材料费用的办法。原材料明细账平时不用登记材料发出情况，减少了记账的工作量。所以这种方法比较优越，是最常用的发出材料计价方法。月末一次加权平均法的计算公式为

$$\text{平均单价}=\frac{\text{材料月初余额}+\text{本月购进材料总额}}{\text{材料月初结存量}+\text{本月购进材料总数量}}$$

月末一次加权平均法的示例如图 6-4 所示。

原材料明细账

金额单位：元
计量单位：kg　　　　　　　　　　　　　　　　　　　　　　　　品名：甲材料

2007年		凭证	摘　要	收　入			发　出			结　存		
月	日			数量	单价	金额	数量	单价	金额	数量	单价	金额
5	1		期初余额							1 200	1.10	1 320
	3		购入	1 200	1.15	1 380						
	15		购入	2 000	1.23	2 460						
	28		购入	1 200	1.20	1 440						
	31		汇总发出				4 000	1.18	4 720			
			本月合计	4 400		5 280	4 000	1.18	4 720	1 600	1.18	1 888

图　6-4

本例平均单价为

$$平均单价=\frac{(1\ 320+1\ 380+2\ 460+1\ 440)元}{(1\ 200+1\ 200+2\ 000+1\ 200)kg}=\frac{6\ 600元}{5\ 600kg}=1.18元/kg$$

三、材料耗用汇总表的编制

为便于账务处理，月末应根据领料单或领料登记表将本月的领料数量(如有领出未用完的数量应减去)进行汇总，计算出各种材料的总耗用量，作为账务处理的依据。领料单或领料登记表作为材料耗用汇总表的附件附于其后，一并作为材料费用的原始凭证。

下面举例说明材料耗用汇总表的编制方法。

例6-1：永兴机械有限责任公司2011年5月份的领料登记表和领料单如图6-5～图6-9所示。

领料登记表

材料名称：A材料
用途：甲产品　　　　　　　　2011年5月　　　　　　　　单位：kg

日　期	领料数量	发料人签字	领料人签字	备　注
1	40	王圭	李江	
5	50	王圭	李江	
10	50	王圭	李江	
15	50	王圭	李江	
20	45	王圭	赵勇	
25	55	王圭	李江	
合　计	290			

图　6-5

领料登记表

材料名称：B材料
用途：甲产品　　　　　　　　2011年5月　　　　　　　　单位：件

日　期	领料数量	发料人签字	领料人签字	备　注
2	100	王圭	李江	
4	100	王圭	李江	
6	110	王圭	李江	
9	110	王圭	李江	
11	100	王圭	李江	
13	120	王圭	李江	
15	120	王圭	李江	
17	120	王圭	李江	
19	110	王圭	李江	
22	110	王圭	李江	
24	100	王圭	李江	
26	100	王圭	李江	
29	120	王圭	李江	
合　计	1 420			

图　6-6

领料登记表

材料名称：C材料
用途：乙产品　　2011年5月　　单位：个

日　期	领料数量	发料人签字	领料人签字	备　注
1	140	王兰	张军	
5	150	王兰	张军	
10	150	王兰	张军	
15	150	王兰	张军	
20	150	王兰	张军	
25	160	王兰	张军	
合　计	900			

图 6-7

领料登记表

材料名称：D材料
用途：乙产品　　2011年5月　　单位：件

日　期	领料数量	发料人签字	领料人签字	备　注
1	300	王兰	张军	
4	300	王兰	张军	
7	300	王兰	张军	
10	300	王兰	张军	
13	300	王兰	张军	
16	300	王兰	张军	
19	350	王兰	张军	
25	300	王兰	张军	
28	250	王兰	张军	
合　计	2 700			

图 6-8

领料单

用途：办公室　　2011年5月10日　　第6号

材料名称	规　格	计量单位	数　量	单　价	金　额
C材料		个	10		

主管：张志强　　发料人：王兰　　领料人：吴含

图 6-9

根据原材料明细账的记录，计算出本月各种材料的平均单价分别为：A材料50元，B材料30元，C材料40元，D材料20元。

根据领料登记表、领料单和各种材料的平均单价，编制的材料耗用汇总表如表6-1所示。

表6-1 材料耗用汇总表

2011年5月　　单位：元

材料用途	A材料（平均单价50元）		B材料（平均单价30元）		C材料（平均单价40元）		D材料（平均单价20元）		金额合计
	数量/kg	金额	数量/件	金额	数量/个	金额	数量/件	金额	
甲产品	290	14 500	1 420	42 600					57 100
乙产品					900	36 000	2 700	54 000	90 000
管理部门					10	400			400
合　计	290	14 500	1 420	42 600	910	36 400	2 700	54 000	147 500

四、材料发出的账务处理

将表 6-1 作为原始凭证，账务处理为：

借：生产成本——甲产品　　57 100
　　　　　　——乙产品　　90 000
　　管理费用　　400
　贷：原材料——A 材料　　(数量 290kg,单价 50 元)14 500
　　　　　　——B 材料　　(数量 1 420 件,单价 30 元)42 600
　　　　　　——C 材料　　(数量 910 个,单价 40 元)36 400
　　　　　　——D 材料　　(数量 2 700 件,单价 20 元)54 000

任务二　人工费用的计算和账务处理

任务目标

1. 明确人工费用的内容。
2. 学会工资的计算和工资表的编制方法。
3. 掌握工资费用的账务处理方法。
4. 掌握职工福利费、社会保险费、职工教育经费的计提和账务处理方法。

知识储备

人工费用是指企业付给职工和为职工支付的各种薪酬，包括：职工工资(包括工资性补贴和奖金等)、职工福利费、社会保险费(包括养老保险费、失业保险费、医疗保险费、工伤保险费和生育保险费)、职工教育经费和工会经费等。

一、工资的计算和账务处理

工资的内容包括基本工资、计件工资、加班工资、销售提成工资、奖金、补贴(如午餐补贴、手机话费补贴和上下班交通费补贴等)等。

1. 工资的计算

(1) 基本工资的计算：就是按出勤天数计算的工资，属于计时工资，一般适用于管理人员、技术人员的工资和推销人员的底薪计算，计算公式为

$$日工资额=\frac{月工资标准}{平均月工作天数}$$

$$月应发工资=当月出勤天数\times日工资额$$

或　　$$=月工资标准-缺勤日数\times日工资额$$

其中　　$$平均月工作天数=(全年日历天数-公休天数)/12$$

全年日历天数为 365 天。公休天数为：元旦 1 天，春节 3 天，五一节 1 天，清明节 1 天，端午节 1 天，中秋节 1 天，国庆节 3 天，每周双休时全年双休日为 $365\div7\times2=104$ 天，每周单休时全年单休日为 $365\div7\times1=52$ 天。则有

每周双休的平均月工作天数 $=(365-1-3-1-3-1-1-1-104)$ 天 $\div12=21$ 天

每周单休的平均月工作天数 $=(365-1-3-1-3-1-1-1-52)$ 天 $\div12=25$ 天

例 6-2：某公司实行双休工作制度。张某 4 月份出勤 18 天，缺勤 2 天，其月工资标准为

1 000 元。则

$$张某的日工资额=\frac{1\ 000\ 元}{21}=47.62\ 元$$

$$按出勤天数计算的应发工资=18\times 47.62\ 元=857.16\ 元$$

$$按扣减缺勤工资计算的应发工资=1\ 000\ 元-2\times 47.62\ 元=904.76\ 元$$

由本例可以看出，按两种不同方法计算的应发工资有所不同，这是由于各月的制度工作天数不同所致，但全年两种方法计算的工资总额是相同的。企业必须各月对每个职工都采用同一种方法计算，才能保证公平合理。

有的企业在公休假日照发工资，就应将这些假日算作出勤天数。

（2）计件工资的计算：计件工资就是按工人完成产品的件数（或其他实物量）计算工资，适用于直接生产工人的工资计算。计算公式为

$$应得工资=完成产品件数\times 每件工资额$$

每件工资额也称计件单价，是事先制订的。

（3）加班工资的计算：加班工资是指职工在工作日 8h 以外和节假日工作的应得工资，属于计时工资，按劳动部门的规定，加班工资标准高于正常工资标准。加班工资的计算公式为

$$应得加班工资=加班工日数\times 加班日工资标准+零星加班小时数\times 加班小时工资标准$$

（4）销售提成工资的计算：销售提成工资，就是根据业务员推销商品的金额，按规定的提成比例计算的工资。适用于业务员的工资计算。计算公式为

$$应得提成工资=推销额\times 提成比例$$

例 6-3：业务员李某当月推销商品 20 000 元，提成比例为 5%。则

$$李某应得提成工资=20\ 000\ 元\times 5\%=1\ 000\ 元$$

（5）补贴的计算：午餐补贴、上下班交通补贴等的计算公式为

$$月补贴额=出勤天数\times 每天补贴金额$$

手机话费补贴以月补贴标准为准。奖金按企业的发放办法计算。

2. 工资结算表的编制

月末计算出每个员工的应发工资后，要编制工资结算表，作为发放工资和账务处理的依据。工资结算表的内容包括应发工资、应扣工资、实发工资三部分。

例 6-4：永兴机械有限责任公司 5 月份工资结算表（签领前）如表 6-2 所示。生产车间未设管理机构和专职管理人员。

表 6-2　工资结算表（签领前）

2011 年 5 月　　　　单位：元

姓　名	应发工资						应扣工资			实发工资	签领
	基本工资	加班工资	提成工资	午餐补贴	话费补贴	合计	社会保险费	住宿费	合计		
张　华	3 000			100	100	3 200	300		300	2 900	
王志宏	2 000			100	80	2 180	200		200	1 980	
李　强	1 200	70		110	50	1 430	150		150	1 280	
赵　利	1 000	50		110		1 160	100		100	1 060	
管理人员小计	7 200	120		420	230	7 970	750		750	7 220	
周　斌	500		1 500	100	50	2 150	120		120	2 030	
史　超	500		1 000	100	50	1 650	120		120	1 530	

（续）

姓　名	应发工资						应扣工资			实发工资	签领
	基本工资	加班工资	提成工资	午餐补贴	话费补贴	合计	社会保险费	住宿费	合计		
销售人员小计	1 000		2 500	200	100	3 800	240		240	3 560	
郑　江	800	200		110		1 110	120	50	170	940	
吴　海	800	200		110		1 110	120	50	170	940	
林　锋	800	150		100		1 050	120	50	170	880	
张　建	700	100		100		900	100	50	150	750	
田　虎	700	50		100		850	100	50	150	700	
陈　林	700	100		100		900	100	50	150	750	
生产工人小计	4 500	800		620		5 920	660	300	960	4 960	
总　计	12 700	920	2 500	1 240	330	17 690	1 650	300	1 950	15 740	

3. 工资的账务处理

根据工资结算表中的各类职工工资小计数和全部职工工资总计数，就可以作出账务处理。生产工人工资记入生产成本科目，车间管理人员工资记入制造费用科目，行政管理及服务人员工资记入管理费用科目，销售人员工资记入销售费用科目。

计入生产成本的生产工人工资，在生产一种产品的情况下，无需分配。在生产几种产品的情况下，如果各种产品的生产工人是分开的，就应将各产品的生产工人工资分别记入各自的成本明细账户中；若各种产品所用的生产工人是共同的，则需要将工人工资在各产品之间进行分配，分配的公式为

$$分配率 = \frac{生产工人工资总额}{各产品生产总工时}$$

$$某产品应分配工资额 = 该产品生产工时 \times 分配率$$

在例6-4中，生产工人工资是甲、乙两种产品共同的工资。若甲产品的生产工时为400工时，乙产品的生产工时为600工时。则

$$分配率 = \frac{5\ 920元}{(400+600)工时} = 5.92元/工时$$

$$甲产品应分配工资额 = 400工时 \times 5.92元/工时 = 2\ 368元$$

$$乙产品应分配工资额 = 600工时 \times 5.92元/工时 = 3\ 552元$$

将计算结果编制成工人工资分配表作为原始凭证，如表6-3所示。

表6-3　工人工资分配表

产　　品	生产工时/工时	分配率/(元/工时)	应分配工资额/元
甲产品	400	5.92	2 368
乙产品	600	5.92	3 552
合　　计	1 000	5.92	5 920

最后，根据工资结算表中各类职工的应发工资和工人工资分配表，账务处理为：

借：生产成本(生产工人工资)

制造费用（车间管理人员工资）

管理费用（行政管理及服务人员工资）

销售费用（销售人员工资）

贷：应付职工薪酬——职工工资（应发工资总额）

以例 6-4 中的表 6-2 和表 6-3 为原始凭证，所作的账务处理为：

借：生产成本——甲产品　　2 368

——乙产品　　3 552

管理费用　　7 970

销售费用　　3 800

贷：应付职工薪酬——职工工资　　17 690

发放工资时，以职工签领的工资结算表（签领后）为原始凭证，如表 6-4 所示。

表 6-4　工资结算表

2011 年 5 月　　单位：元

姓名	应发工资						应扣工资			实发工资	签领
	基本工资	加班工资	提成工资	午餐补贴	话费补贴	合计	社会保险费	住宿费	合计		
张　华	3 000			100	100	3 200	300		300	2 900	张华
王志宏	2 000			100	80	2 180	200		200	1 980	王志宏
李　强	1 200	70		110	50	1 430	150		150	1 280	李强
赵　利	1 000	50		110		1 160	100		100	1 060	赵利
管理人员小计	7 200	120		420	230	7 970	750		750	7 220	
周　斌	500		1 500	100	50	2 150	120		120	2 030	周斌
史　超	500		1 000	100	50	1 650	120		120	1 530	史超
销售人员小计	1 000		2 500	200	100	3 800	240		240	3 560	
郑　江	800	200		110		1 110	120	50	170	940	郑江
吴　海	800	200		110		1 110	120	50	170	940	吴海
林　锋	800	150		100		1 050	120	50	170	880	林锋
张　建	700	100		100		900	100	50	150	750	张建
田　虎	700	50		100		850	100	50	150	700	田虎
陈　林	700	100		100		900	100	50	150	750	陈林
生产工人小计	4 500	800		620		5 920	660	300	960	4 960	
总　计	12 700	920	2 500	1 240	330	17 690	1 650	300	1 950	15 740	

账务处理为：

借：应付职工薪酬——职工工资　　17 690

贷：应付职工薪酬——社会保险费　　1 650

其他应付款——房租　　　　300

库存现金　　　　15 740

如果采用银行存款转入职工工资账户的办法发放工资的，则贷记银行存款账户。

从职工工资中扣下来的个人应负担的社会保险费，之后要连同企业应负担的部分一并交付给社会保险管理机构。扣下来的住宿费要付给房屋出租户。

二、职工福利费的计提和账务处理

职工福利费是用于职工福利方面的费用，采用先计提后使用的办法，按照工资额的一定比例计提。计提比例应根据企业职工福利方面支出的需要决定，《小企业会计准则》未规定比例。但《中华人民共和国企业所得税法实施条例》(以下简称《企业所得税法实施条例》)规定，当年职工福利方面的支出不得超过全年职工工资总额的14%，因此，职工福利费一般可按14%计提，当年未用完的部分应在计算应纳税所得额时作调增处理。按各类职工工资额计提的职工福利费，计入相应的成本费用账户。计提时要编制职工福利费计提表，作为账务处理的原始凭证。

根据例6-4，编制职工福利费计提表如表6-5所示。

表6-5　职工福利费计提表

2011年5月　　　　单位：元

职工类别		工资总额	应计提职工福利费(14%)
生产工人	甲产品	2 368	331.52
	乙产品	3 552	497.28
管理人员		7 970	1 115.80
销售人员		3 800	532.00
合　计		17 690	2 476.60

根据职工福利费计提表，账务处理为：

借：生产成本——甲产品　　　　331.52

　　　　　　——乙产品　　　　497.28

　　管理费用　　　　1 115.80

　　销售费用　　　　532.00

　贷：应付职工薪酬——职工福利费　　　　2 476.60

支付职工福利方面的支出时，根据发票和付款凭证，账务处理为：

借：应付职工薪酬——职工福利费

　　贷：银行存款或库存现金

三、社会保险费的计提和账务处理

社会保险费是企业为职工缴纳的社会保险基金，包括养老保险费、医疗保险费、失业保险费、工伤保险费和生育保险费等。社会保险费由企业为职工缴纳一部分，职工个人负担一部分。个人负担的部分从工资中扣除。企业为职工缴纳的保险费，按职工工资额和政府规定的比例计提。按各类职工工资额计提的社会保险费，计入相应的成本、费用账户。企业将按工资额的一定比例计提的部分和从职工个人工资扣除的部分一并缴付给社会保险管理机构。

计提社会保险费应编制计提表，作为账务处理的原始凭证。根据例6-4，编制的社会保险费计提表如表6-6所示。

表 6-6　社会保险费计提表

2011 年 5 月　　单位：元

职工类别		工资总额	各险种费率合计	应计提社会保险费
生产工人	甲产品	2 368	29.5%	698.56
	乙产品	3 552	29.5%	1 047.84
管理人员		7 970	29.5%	2 351.15
销售人员		3 800	29.5%	1 121.00
合计		17 690	29.5%	5 218.55

根据社会保险费计提表，账务处理为：

借：生产成本——甲产品　698.56

　　　　　　——乙产品　1 047.84

　　管理费用　2 351.15

　　销售费用　1 121.00

　　贷：应付职工薪酬——社会保险费　5 218.55

本例由企业为职工缴纳的部分为 5 218.55 元，从职工工资中扣出的部分为 1 650 元，合计为 6 868.55元，一并向社会保险管理机构缴纳，根据缴款书，缴纳社会保险费时的会计处理为：

借：应付职工薪酬——社会保险费　6 868.55

　　贷：银行存款　6 868.55

四、职工教育经费的计提和账务处理

职工教育经费是企业用于职工培训、学习、继续教育方面的费用，采用先提后用的方法。计提比例应根据企业职工教育方面支出的需要决定，《小企业会计准则》未规定比例。但《企业所得税法实施条例》规定，当年职工教育经费支出不得超过全年职工工资总额的 2.5%，因此，职工教育经费一般可按 2.5% 计提，当年未用完的部分应在计算应纳税所得额时作调增处理。按各类职工工资额计提的职工教育经费，计入相应的成本、费用账户。

计提职工教育经费，应编制计提表，作为账务处理的原始凭证。根据例 6-4，编制的职工教育经费计提表如表 6-7 所示。

表 6-7　职工教育经费计提表

2011 年 5 月　　单位：元

职工类别		工资总额	应计提职工教育经费(2.5%)
生产工人	甲产品	2 368	59.20
	乙产品	3 552	88.80
管理人员		7 970	199.25
销售人员		3 800	95.00
合计		17 690	442.25

根据职工教育经费计提表，账务处理为：

借：生产成本——甲产品　59.20

　　　　　　——乙产品　88.80

　　管理费用　199.25

销售费用 95.00

贷：应付职工薪酬——职工教育经费 442.25

支付职工教育方面的支出时，根据发票和付款凭证，账务处理为：

借：应付职工薪酬——职工教育经费

贷：银行存款或库存现金

五、工会经费的计提和账务处理

企业如果有工会组织并向总工会拨缴工会经费的，可计提工会经费。《企业所得税法实施条例》规定，当年工会经费支出不得超过全年职工工资总额的2%，因此，工会经费一般可按2%计提，当年未用完的部分应在计算应纳税所得额时作调增处理。按各类职工工资额计提的工会经费，计入相应的成本、费用账户。工会经费的计算和账务处理与职工教育经费类同，在此不再举例。

任务三 其他费用的计算和账务处理

任务目标

1. 正确区分其他费用中的直接费用和间接费用，明确其账务处理的不同。
2. 掌握制造费用的分配和账务处理的方法。

知识储备

其他费用就是除材料费用、人工费用之外的生产费用，如发外加工费、水电费、工具消耗、生产用固定资产折旧费、车间管理人员薪酬、设备修理费和劳动保护费等。这些费用的账务处理因费用的不同而不同，直接费用记入“生产成本”的各产品明细账户内；间接费用记入“制造费用”账户，月末再分配给各个产品。

一、直接费用的账务处理

1. 发外加工费

在企业的生产过程中，因有的工序本企业不具备加工条件，或因本企业生产能力不足无法按期完成订货任务时，会将部分工序或生产任务委托其他企业加工，向加工企业支付加工费，这就是发外加工费。当发外加工费发生时，直接记入加工产品的成本明细账户内。

例6-5：永兴机械有限责任公司生产甲产品的电镀工序委托外企业加工，5月份支付加工费取得的增值税专用发票上写明的加工费金额为1 000元，增值税为170元。款项已转账支付。

原始凭证如图6-10和图6-11所示。

账务处理为：

借：生产成本——甲产品 1 000

应交税费——应交增值税(进项税额) 170

贷：银行存款 1 170

若为小规模纳税人，则应记生产成本和银行存款科目各1 170元，不记应交税费账户。

2. 水电费

生产过程中消耗的水电，有两种情况：一种是专属于某种产品的水电消耗；一种是共同的水电消耗。

3687124501 陕西增值税专用发票 No 02383883

发票联 开票日期：2011 年 5 月 5 日

购货单位
名称：永兴机械有限责任公司
纳税人识别号：150024626475340
地址、电话：西安市长安南路 029-88430586
开户行及账号：工行长安路支行101014788680920011
密码区：（略）

货物或应税劳务名称	规格型号	单位	数量	单价	金额	税率	税额
加工费					1 000.00	17%	170.00
合计					¥1 000.00		¥170.00
价税合计（大写）	壹仟壹佰柒拾元整				（小写）¥1 170.00		

销货单位
名称：三秦机械有限责任公司
纳税人识别号：610598146625687
地址、电话：西安市高新区 029-56891236
开户行及账号：中行高新区支行21371859093254
备注

收款人： 复核： 开票人： 刘大伟 开票单位：（章）

图 6-10

中国工商银行
转账支票存根
X VI00001229
附加信息

出票日期 2011 年 5 月 6 日
收款人：三秦机械有限责任公司
金 额：¥1 170.00
用 途：加工费
单位主管 会计

图 6-11

为专属于某种产品的水电消耗支付的水电费为直接费用，应记入其生产成本明细账户内，为共同的水电消耗支付的水电费为间接费用，记入制造费用账户。

例 6-6：永兴机械有限责任公司 5 月份支付乙产品清洗用水费，发票上写明的水费金额为 500 元，增值税为 85 元；支付共同用电费，发票上写明的电费金额为 1 000 元，增值税为 170 元。款项均已转账支付。

支付水费的原始凭证如图 6-12 和图 6-13 所示。

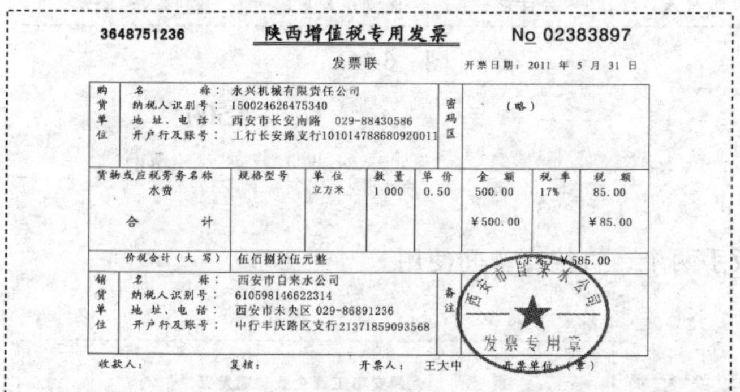
3648751236 陕西增值税专用发票 No 02383897

发票联 开票日期：2011 年 5 月 31 日

购货单位
名称：永兴机械有限责任公司
纳税人识别号：150024626475340
地址、电话：西安市长安南路 029-88430586
开户行及账号：工行长安路支行101014788680920011
密码区：（略）

货物或应税劳务名称	规格型号	单位	数量	单价	金额	税率	税额
水费		立方米	1 000	0.50	500.00	17%	85.00
合计					¥500.00		¥85.00
价税合计（大写）	伍佰捌拾伍元整				（小写）¥585.00		

销货单位
名称：西安市自来水公司
纳税人识别号：610598146622314
地址、电话：西安市未央区 029-86891236
开户行及账号：中行丰庆路区支行21371859093568
备注

收款人： 复核： 开票人： 王大中 开票单位：（章）

图 6-12

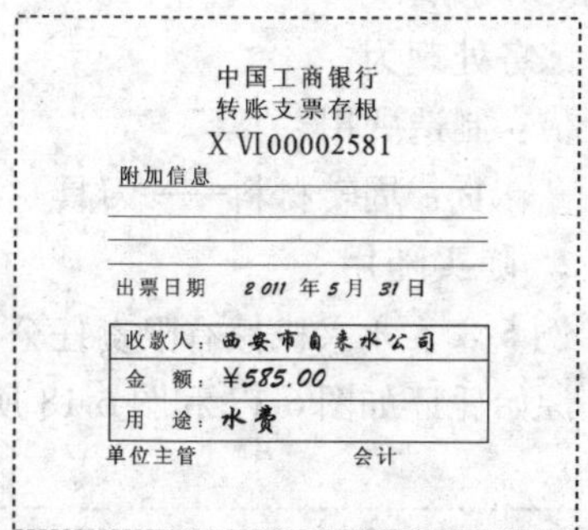
中国工商银行
转账支票存根
X VI00002581
附加信息

出票日期 2011 年 5 月 31 日
收款人：西安市自来水公司
金 额：¥585.00
用 途：水费
单位主管 会计

图 6-13

账务处理为：

借：生产成本——乙产品　500

　　应交税费——应交增值税（进项税额）　85

　　贷：银行存款　585

支付电费的原始凭证如图 6-14 和图 6-15 所示。

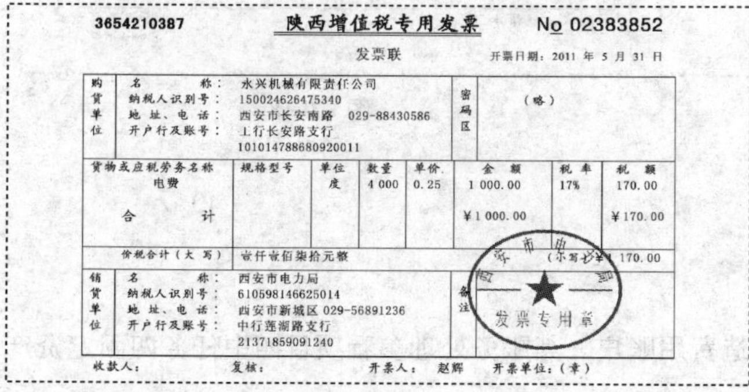
3654210387 陕西增值税专用发票 No 02383852

发票联 开票日期：2011 年 5 月 31 日

购货单位
名称：永兴机械有限责任公司
纳税人识别号：150024626475340
地址、电话：西安市长安南路 029-88430586
开户行及账号：工行长安路支行 101014788680920011
密码区：（略）

货物或应税劳务名称	规格型号	单位	数量	单价	金额	税率	税额
电费		度	4 000	0.25	1 000.00	17%	170.00
合计					¥1 000.00		¥170.00
价税合计（大写）	壹仟壹佰柒拾元整				（小写）¥1 170.00		

销货单位
名称：西安市电力局
纳税人识别号：610598146625014
地址、电话：西安市新城区 029-56891236
开户行及账号：中行莲湖路支行 21371859091240
备注

收款人： 复核： 开票人： 赵辉 开票单位：（章）

图 6-14

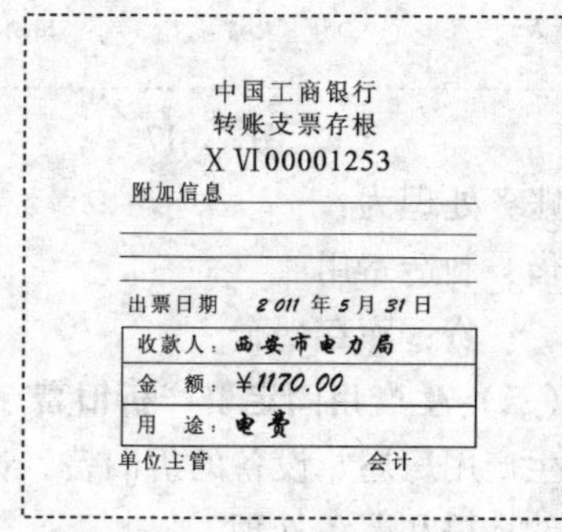
中国工商银行
转账支票存根
X VI00001253
附加信息

出票日期 2011 年 5 月 31 日
收款人：西安市电力局
金 额：¥1170.00
用 途：电费
单位主管 会计

图 6-15

账务处理为：

借：制造费用　　1 000

　　应交税费—— 应交增值税（进项税额）　　170

　　贷：银行存款　　1 170

若为小规模纳税人，则以价税合计记入生产成本或制造费用账户。

二、间接费用的账务处理

如果企业只生产一种产品，则间接费用也是直接费用，直接记入生产成本账户即可；如果企业生产几种产品，则间接费用发生时记入制造费用账户，月末再分配转入生产成本各明细账户。此处只学习常见的企业生产几种产品时的账务处理方法。

（一）工具消耗

工具消耗就是生产中的手工工具、刀具等的消耗，其账务处理分为以下几种情况。

1. 从库房领用

例 6-7：永兴机械有限责任公司生产车间领用刀具 10 件。原始凭证如图 6-16 所示。

实物出库凭证

领物单位：生产车间　　2011 年 5 月 15 日　　字第 18 号

品名	数量	单位	单价	金额									备考
				百	十	万	千	百	十	元	角	分	
刀具	10	件	50					5	0	0	0	0	
合计	伍佰元整			500.00									

负责人：　　会计：　　保管：王亮　　领物人：李宏

图 6-16

账务处理为：

借：制造费用　　500

　　贷：周转材料——刀具　　500

2. 随买随用

例 6-8：永兴机械有限责任公司购扳手两个，直接交车间使用。

原始凭证如图 6-17 和图 6-18 所示。

现金付出凭证　　第二联　交会计

2011 年 4 月 13 日　　第 8 号

	备　注
付　给　购工具　款	
计人民币（大写）肆拾元整	40.00 元
领款人（签名）吴永强	

负责人　　会计　张娟　　出纳　赵利

图 6-17

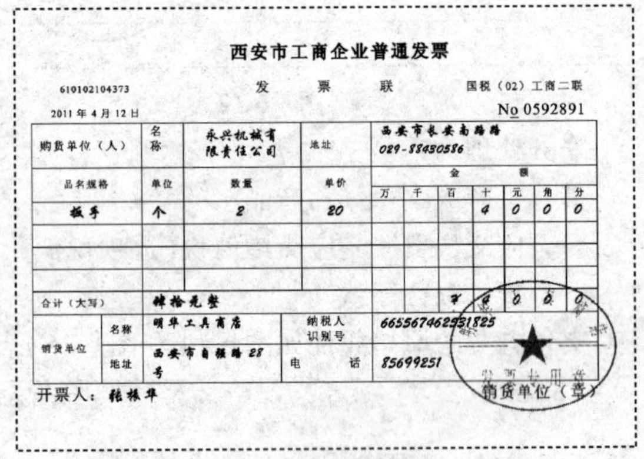

西安市工商企业普通发票

610102104373　　发　票　联　　国税（02）工商二联

2011 年 4 月 12 日　　No 0592891

购货单位（人）	名称	永兴机械有限责任公司	地址	西安市长安南路路 029-88430586						
品名规格	单位	数量	单价	金额						
				万	千	百	十	元	角	分
扳手	个	2	20				4	0	0	0
合计（大写）	肆拾元整					¥	4	0	0	0
销货单位	名称	明华工具商店	纳税人识别号	665567462531825						
	地址	西安市自强路 28 号	电　话	85699251						

开票人：张振华　　销货单位（章）

图 6-18

账务处理为：

借：制造费用　　40

　　贷：库存现金　　40

（二）生产用固定资产折旧费

生产用房屋、设备的折旧费，记入制造费用账户。其账务处理参看项目四中任务四固定资产折旧的计提和账务处理。

（三）车间管理人员薪酬

其账务处理参看本项目任务二。

（四）设备修理费

设备日常修理，领用修理备件或支付外部修理费时，记入制造费用账户。若为大修理，发生大修理费用时，记入长期待摊费用账户，然后再逐年摊销转入制造费用账户。发生大修理费用的账务处理方法，可参看项目四固定资产的核算。

例 6-9：永兴机械有限责任公司车间设备修理领用轴承 10 件。原始凭证如图 6-19 所示。

实 物 出 库 凭 证

领物单位：车间维修　　2011 年 7 月 17 日　　字第 19 号

品名	数量	单位	单价	金额									备考
				百	十	万	千	百	十	元	角	分	
轴承	10	件	20					2	0	0	0	0	
合计	贰佰元整												

负责人：　　会计：　　保管：王亮　　领物人：李远

图 6-19

账务处理为：

借：制造费用　　200

　　贷：原材料——轴承　　200

摊销设备大修理费用的账务处理方法为：

借：制造费用

　　贷：长期待摊费用——大修理费

（五）劳动保护费

劳动保护费是指用于生产工人的工作服、手套、肥皂和洗衣粉等劳动保护用品的支出和发给工人的降温费等。劳动保护用品通常是随买随发。

例 6-10：永兴机械有限责任公司购买劳动保护用品一批，直接发给工人。

原始凭证如图 6-20 和图 6-21 所示。

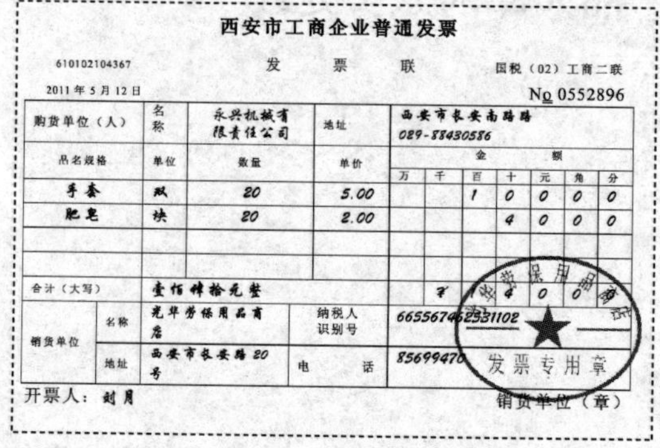

西安市工商企业普通发票

610102104367　　发　票　联　　国税（02）工商二联

2011 年 5 月 12 日　　No 0552896

购货单位（人）　名称：永兴机械有限责任公司　地址：西安市长安南路路 029-88430586

品名规格	单位	数量	单价	万	千	百	十	元	角	分
手套	双	20	5.00			1	0	0	0	0
肥皂	块	20	2.00				4	0	0	0
合计（大写）	壹佰肆拾元整				￥	1	4	0	0	0

销货单位　名称：光华劳保用品商店　纳税人识别号：665567462531102

地址：西安市长安路 20 号　电话：85699470

开票人：刘月　　销货单位（章）

图 6-20

现金付出凭证　　第二联　交会计

2011 年 5 月 13 日　　第 9 号

付　　给 购劳保用品 款

计人民币（大写）壹佰肆拾元整

领款人（签名）　吴永强

备　注　140.00 元

负责人　　会计 张娟　　出纳　赵利

图 6-21

账务处理为：

借：制造费用　　140

　　贷：库存现金　　140

三、制造费用的分配

制造费用就是生产中发生的间接费用，包括车间管理人员薪酬、共同水电费、工具消耗、生产用固定资产折旧费、设备修理费以及劳动保护费等。

在企业生产几种产品的情况下，制造费用发生时，先在制造费用账户归集，到月末再分配给各种产品，转入各种产品成本明细账户。制造费用分配的标准有生产工时、设备台时、直接费用(直接人工和材料费用)等，通常按生产工时分配。

制造费用分配的计算公式为

$$分配率=\frac{本月制造费用发生总额}{各产品分配标准合计}$$

$$某产品应分配制造费用=该产品分配标准数\times分配率$$

例 6-11：永兴机械有限责任公司5月份发生的制造费用总额(制造费用账户借方发生额合计)为3 000元，按生产工时分配。本月甲产品生产工时为400工时，乙产品生产工时为600工时。则

$$分配率=\frac{3\ 000元}{(400+600)工时}=3元/工时$$

$$甲产品应分配制造费用=400工时\times3元/工时=1\ 200元$$

$$乙产品应分配制造费用=600工时\times3元/工时=1\ 800元$$

制造费用分配后，应编制制造费用分配表，作为会计处理的原始凭证。本例编制的制造费用分配表如表6-8所示。

表 6-8 制造费用分配表

2011年5月

产　品	生产工时/工时	分配率/(元/工时)	应分配金额/元
甲产品	400	3	1 200
乙产品	600	3	1 800
合　计	1 000	3	3 000

根据制造费用分配表，账务处理为：

借：生产成本——甲产品　　1 200

　　　　　　——乙产品　　1 800

　贷：制造费用　　3 000

任务四　产品成本计算和产品入库的账务处理

任务目标

1. 学会生产成本明细账的登记方法。
2. 掌握产品成本核算的方法。
3. 掌握完工产品入库的账务处理方法。

知识储备

产品成本核算，必须设置生产成本明细账，一般按产品品种设置明细账户，以便分别归集各种产品的生产成本。发生的直接成本，直接记入明细账户；发生的间接成本即制造费用，月末分配记入各产品明细账户。月末，根据生产成本明细账的记录，编制产品成本计算单，核算各产品的总成本和单位成本。根据产品成本计算单及入库产品汇总表，进行完工产品入库的账务处理。

一、生产成本明细账的登记

生产成本明细账采用多栏式账页，按费用性质设专栏，一般分为：直接材料、直接人工、制造费用三个专栏，以便考查产品成本的构成。下面举例说明生产成本明细账的登记方法。

根据例6-1的材料费用、例6-4的人工费用、例6-5的发外加工费用、例6-6的水费、例6-11的制造费用分配，永兴机械有限责任公司5月份生产成本明细账登记的结果如图6-22和图6-23所示。

生产成本明细账

户名：甲产品

××××年		凭证编号	摘要	成本项目																				
				直接材料							直接人工							制造费用						
月	日			万	千	百	十	元	角	分	万	千	百	十	元	角	分	万	千	百	十	元	角	分
5	31	25	材料费	5	7	1	0	0	0	0														
	31	26	工资									2	3	6	8	0	0							
	31	27	计提福利费										3	3	1	5	2							
	31	28	计提社会保险费										6	9	8	5	6							
	31	29	计提教育经费											5	9	2	0							
	31	30	加工费																1	0	0	0	0	0
	31	32	分配制造费用																1	2	0	0	0	0

图　6-22

生产成本明细账

户名：乙产品

××××年		凭证编号	摘要	成本项目																				
				直接材料							直接人工							制造费用						
月	日			万	千	百	十	元	角	分	万	千	百	十	元	角	分	万	千	百	十	元	角	分
5	31	25	材料费	9	0	0	0	0	0	0														
	31	26	工资									3	5	5	2	0	0							
	31	27	计提福利费										4	9	7	2	8							
	31	28	计提社会保险费									1	0	4	7	8	4							
	31	29	计提教育经费											8	8	8	0							
	31	31	水费																	5	0	0	0	0
	31	32	分配制造费用																1	8	0	0	0	0

图　6-23

二、产品成本的计算和完工产品入库的账务处理

根据生产成本明细账的记录，月末就可以核算产品成本。由于一般工业企业（特别是小企业）生产周期不长，月末一般没有在产品，所以，当月发生的生产费用就是本月完工产品的成本。

产品成本核算是通过产品成本计算单进行的。根据上述生产成本明细账和完工产品产量（见图6-24和图6-25），编制的甲、乙产品成本计算单如表6-9和表6-10所示。

根据上面本月完工产品入库单汇总的结果，本月甲产品完工产量为1 000件，乙产品完工产量为2 000件。

实物入库凭证

交物单位：生产车间　　2011年5月15日　　字第1号

品名	数量	单位	单价	金额									备考
				百	十	万	千	百	十	元	角	分	
甲产品	450	件											
乙产品	900	件											
合计													

负责人：　　会计：　　保管：王亮　　交物人：李强

图　6-24

实 物 入 库 凭 证

交物单位：生产车间　　2011年5月31日　　字第2号

品名	数量	单位	单价	金额									备考
				百	十	万	千	百	十	元	角	分	
甲产品	550	件											
乙产品	1 100	件											
合计													

负责人：　　会计：　　保管：王亮　　交物人：李猛

图 6-25

表 6-9 (甲)产品成本计算单

产品：甲产品(完工产量:1 000 件)　　2011 年 5 月　　单位：元

项　目	直接材料	直接人工	制造费用	合　计
生产总成本	57 100.00	3 457.28	2 200.00	62 757.28
单位成本	57.10	3.46	2.20	62.76

表 6-10 (乙)产品成本计算单

产品：乙产品(完工产量:2 000 件)　　2011 年 5 月　　单位：元

项　目	直接材料	直接人工	制造费用	合　计
生产总成本	90 000	5 185.92	2 300.00	97 485.92
单位成本	45.00	2.59	1.15	48.74

根据产品成本计算单，编制入库产品汇总表如表 6-11 所示。

表 6-11 入库产品汇总表

2011 年 5 月　　单位：元

产　品	入库数量/件	单　价	金　额
甲产品	1 000	62.76	62 757.28
乙产品	2 000	48.74	97 485.92
合　计	—	—	160 243.20

根据入库产品汇总表和产品成本计算单，账务处理为：

借：库存商品——甲产品　　(数量 1 000 件,单价 62.76 元)62 757.28

　　　　——乙产品　　(数量 2 000 件,单价 48.74 元)97 485.92

　贷：生产成本——甲产品　　62 757.28

　　　　——乙产品　　97 485.92

如果企业生产的产品用料、用途相同，只是规格、花色有所不同，可以视为一种产品核算其成本。例如，涂料、油漆、电器元件和饮料等。

如果企业生产的是使用材料基本相同、用途类似，但规格差异较大的系列产品，如鞋帽、灯具、服装、食品和家具等，耗用材料和人工不易分清对象，就可以采用系数法核算成本。

生产成本明细账

XXXX年		凭证编号	摘要	成本项目																					
				直接材料								直接人工							制造费用						
月	日			十	万	千	百	十	元	角	分	万	千	百	十	元	角	分	万	千	百	十	元	角	分
5	31	25	材料费	2	1	0	0	0	0	0	0														
	31	26	工资									3	0	0	0	0	0	0							
	31	27	计提福利费										4	2	0	0	0	0							
	31	28	计提教育经费										7	5	0	0	0	0							
	31	29	工具消耗																		2	0	0	0	0
	31	30	折旧费																2	0	0	0	0	0	0
	31	31	电费																	5	6	0	0	0	0

图 6-26

例 6-12：某办公家具制造企业生产 5 种大小和样式不同的钢制文件柜，使用的材料均为钢板，由同样的工人生产。某月的生产成本明细账如图 6-26 所示。由于使用材料、人工相同，不能分清耗用对象，所以生产成本不按规格分明细账户，而是综合核算。

直接材料成本 = 210 000 元

直接人工成本 = 30 000 元 + 4 200 元 + 7 500 元 = 41 700 元

制造费用 = 200 元 + 20 000 元 + 5 600 元 = 25 800 元

生产总成本 = 210 000 元 + 41 700 元 + 25 800 元 = 277 500 元

本月完工产品入库单如图 6-27 和图 6-28 所示。

实 物 入 库 凭 证

交物单位：生产车间　　2011 年 8 月 15 日　　字第 1 号

品名	数量	单位	单价	金额									备考
				百	十	万	千	百	十	元	角	分	
160×80 柜	100	件											
160×90 柜	80	件											
170×90 柜	70	件											
合计													

负责人：　　会计：　　保管：王亮　　交物人：李强

图 6-27

实 物 入 库 凭 证

交物单位：生产车间　　2011 年 8 月 31 日　　字第 2 号

品名	数量	单位	单价	金额									备考
				百	十	万	千	百	十	元	角	分	
180×95 柜	60	件											
190×100 柜	50	件											
合计													

负责人：　　会计：　　保管：王亮　　交物人：李强

图 6-28

根据产品的价格、产量、生产总成本，编制的产品成本计算单如表 6-12 所示。

表 6-12　产品成本计算单

2011 年 8 月　　　　金额单位：元

产品规格	价格	系数	实际产量/件	标准产量/件	单位成本	总成本
	(1)	(2)	(3)	(4) = (3) × (2)	(5) = 429.57 × (2)	(6) = (3) × (5)
160 × 80	500	1.0	100	100	429.57	42 957.00
160 × 90	700	1.4	80	112	601.40	48 112.00
170 × 90	1 000	2.0	70	140	859.14	60 139.80
180 × 95	1 200	2.4	60	144	1 030.97	61 858.20
190 × 100	1 500	3.0	50	150	1 288.71	64 433.00（尾差 2.5 调整）
合　计	—	—	—	646	429.57	277 500.00

系数即折合系数，通常以产品的价格、重量、体积等为依据确定，本例以价格为依据计算确定。一般以产量最大的主要产品作为标准产品。折合系数的计算公式为

$$某产品折合系数 = \frac{该产品价格(重量、体积)}{标准产品价格(重量、体积)}$$

本例以 160 × 80 规格为标准产品，以产品的价格为依据计算折合系数，计算的系数见表 6-12

第(2)栏。本月各产品实际产量如表6-12第(3)栏所示。将生产总成本填入总成本合计处。其余栏的计算公式为

$$标准产量 = 实际产量 \times 系数$$

$$标准产品单位成本 = \frac{生产总成本}{标准产量合计}$$

$$各产品单位成本 = 标准产品单位成本 \times 系数$$

$$各产品总成本 = 实际产量 \times 单位成本$$

计算的各产品总成本之和应等于总成本合计，如有尾差在最后一项调整。

根据表6-12产品成本计算单，账务处理为：

借：库存商品——160×80柜 (数量100件,单价429.57元)42 957
——160×90柜 (数量80件,单价601.40元)48 112
——170×90柜 (数量70件,单价859.14元)60 139.8
——180×95柜 (数量60件,单价1 030.97元)61 858.2
——190×100柜 (数量50件,单价1 288.71元)64 433
贷：生产成本 277 500

项目训练

1. 长江工业有限公司3月份有关资料如下：

(1) 原材料明细账(见图6-29～图6-31)。

原材料明细账

品名：甲材料　　数量单位：件　金额单位：元

××××年		凭证编号	摘要	借方			贷方			余额		
月	日			数量	单价	金额	数量	单价	金额	数量	单价	金额
			月初余额							500	15	7 500
3	5	8	购入	500	15	7 500						
	12	15	购入	1 000	17	17 000						
	20	23	购入	2 000	16	32 000						

图 6-29

原材料明细账

品名：乙材料　　计量单位：件　金额单位：元

××××年		凭证编号	摘要	借方			贷方			余额		
月	日			数量	单价	金额	数量	单价	金额	数量	单价	金额
			月初余额							800	20	16 000
3	6	8	购入	2 500	21	52 500						
	15	15	购入	2 000	19	38 000						

图 6-30

(2) 材料耗用汇总表(见表6-13)。

原材料明细账

品名：丙材料

计量单位：件
金额单位：元

××××年		凭证编号	摘　要	借方			贷方			余额		
月	日			数量	单价	金额	数量	单价	金额	数量	单价	金额
			月初余额							600	5	3 000
3	4	5	购入	3 000	5	15 000						
	10	14	购入	2 000	6	12 000						
	22	28	购入	1 000	6	6 000						

图 6-31

表 6-13　材料耗用汇总表

××××年3月　　单位：元

用　途	甲材料			乙材料			丙材料			金额合计
	数量/件	单价	金额	数量/件	单价	金额	数量/件	单价	金额	
A产品	2 600			2 000			2 500			
B产品	1 000			3 000			3 500			
设备维修							200			
合　计	3 600	—		5 000	—		6 200	—		

（3）工资结算表（见表6-14）。

表 6-14　工资结算表

××××年3月　　单位：元

姓　名	应发工资	扣社会保险金	实发工资	签　领
⋮	⋮	⋮	⋮	
生产人员小计	50 000	5 500	44 500	
⋮	⋮	⋮	⋮	
管理人员小计	10 000	1 200	8 800	
⋮	⋮	⋮	⋮	
销售人员小计	5 000	540	4 460	
总　计	65 000	7 240	57 760	

（4）按生产工时分配工人工资，A产品生产工时为3 000工时，B产品生产工时为2 000工时。

（5）按各类职工工资数额，以14%计提职工福利费，以2.5%计提职工教育经费，按30%计提社会保险费。

（6）增值税专用发票：电费2 000元，增值税340元。

转账支票存根：收款人电力局，金额2 340元，用途为电费。

（7）普通发票：劳动保护用品，金额1 000元，销货方朝晖劳动保护用品经销部（直接发给工人）。

现金付出凭证：付劳动保护用品款，金额1 000元。

（8）固定资产折旧计提表：车间房屋和生产设备折旧费合计5 000元。

要求：

（1）根据原材料明细账计算本月各种材料的加权平均单价。

（2）将各种材料平均单价填入材料耗用汇总表中，并计算出各种材料耗用金额，完成材料耗用汇总表。根据材料耗用汇总表作出账务处理。根据账务处理登记生产成本明细账（见图6-32和图6-33）和原材料明细账。

（3）按生产工时分配生产工人工资，编制生产工人工资分配表（见表6-15）。

生产成本明细账

户名：A 产品

××××年		凭证编号	摘要	成本项目																				
				直接材料							直接人工							制造费用						
月	日			万	千	百	十	元	角	分	万	千	百	十	元	角	分	万	千	百	十	元	角	分

图　6-32

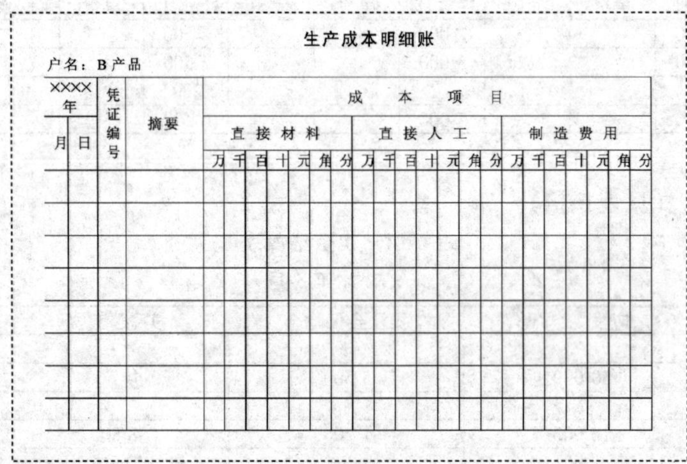

生产成本明细账

户名：B 产品

××××年		凭证编号	摘要	成本项目																				
				直接材料							直接人工							制造费用						
月	日			万	千	百	十	元	角	分	万	千	百	十	元	角	分	万	千	百	十	元	角	分

图　6-33

表 6-15　工人工资分配表

××××年3月

产　品	生产工时	分配率	应分配工资额
A 产品			
B 产品			
合计			

（4）根据工资结算表和生产工人工资分配表，作出工资的账务处理，并据以登记生产成本明细账。

（5）分别编制职工福利费、社会保险费、职工教育经费计提表（见表 6-16 ~ 表 6-18），并分别作出相应的账务处理。根据账务处理登记生产成本明细账。

表 6-16　职工福利费计提表

××××年3月

职工类别		工资总额	应计提职工福利费（14%）
生产工人	A 产品		
	B 产品		
管理人员			
销售人员			
合计			

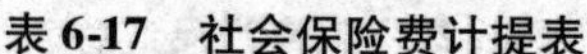

表 6-17 社会保险费计提表

××××年3月

职工类别		工资总额	各险种费率合计	应计提社会保险费
生产工人	A产品			
	B产品			
管理人员				
销售人员				
合计				

表 6-18 职工教育经费计提表

××××年3月

职工类别		工资总额	应计提职工教育经费(2.5%)
生产工人	A产品		
	B产品		
管理人员			
销售人员			
合计			

(6) 分别作出电费、劳动保护费、折旧费的账务处理。

(7) 按A、B产品的生产工时分配本月制造费用，编制制造费用分配表(见表6-19)，作出账务处理，并登记生产成本明细账。

表 6-19 制造费用分配表

××××年3月

产品	生产工时	分配率	应分配金额
合计			

(8) 根据生产成本明细账的记录和产品产量，编制产品成本计算单(见表6-20和表6-21)。

产品入库单汇总：A产品产量为1 000件，B产品产量为1 500件。

(9) 编制入库产品汇总表(见表6-22)，作出完工产品入库的账务处理，并登记生产成本明细账和库存商品明细账(见图6-34和图6-35)。

表 6-20 产品成本计算单

产品：A产品(完工产量1000件)　　××××年3月

项目	直接材料	直接人工	制造费用	合计
生产总成本				
单位成本				

表 6-21 产品成本计算单

产品：B产品(完工产量1500件)　　××××年3月

项目	直接材料	直接人工	制造费用	合计
生产总成本				
单位成本				

表 6-22 入库产品汇总表

××××年3月

产 品	入库数量	单价金额
合 计		

库存商品明细账

品名：A 产品

××××年		凭证号	摘要	借方			贷方			余额		
月	日			数量	单价	金额	数量	单价	金额	数量	单价	金额

图 6-34

库存商品明细账

品名：B 产品

××××年		凭证号	摘要	借方			贷方			余额		
月	日			数量	单价	金额	数量	单价	金额	数量	单价	金额

图 6-35

2. 某工业企业生产电连接器系列产品，所需的材料和生产工人相同，产品分为4种型号。采用系数法核算产品成本，按价格计算折合系数，以SMA为标准产品。某月的产品价格、实际产量、生产总成本如表6-23所示。要求计算当月产品成本，并作出产品完工入库的账务处理。

表 6-23 产品成本计算单 单位：元

产品型号	价 格	系 数	实际产量/件	标准产量	单位成本	总成本
SMA	5		5 000			
SMC	6		4 000			
SMG	8		4 000			
SMZ	10		3 000			
合 计	—		—			88 800

项目七
销售业务的核算

销售业务是指企业将产品销售给购货单位，同时收回货款的过程，在此过程中一方面获得销售收入，另一方面要结转销售成本，同时按税法的规定计算并交纳各种销售税金。因此，销售业务核算的主要内容是确认和登记实现的销售收入、结转销售成本、计算缴纳各种销售税金及附加等。

销售业务的核算，应设置主营业务收入、主营业务成本、营业税金及附加、应收账款、应收票据、预收账款等科目。平时核算收入，月末汇总后结转销售成本，申报缴纳销售税金。

任务一　产品销售的账务处理

任务目标

1. 掌握各种销售业务的账务处理方法。
2. 掌握应收票据贴现和转让的计算和账务处理方法。
3. 懂得销售折扣、折让的不同类型和账务处理要求。
4. 懂得坏账损失的账务处理方法。

知识储备

产品销售有不同的情形，包括现销、赊销、预收货款、销售折扣和折让等，其账务处理各有不同。本任务将学习各种产品销售业务的账务处理方法。主要学习增值税一般纳税人的账务处理方法，小规模纳税人的账务处理在最后学习。

一、现销的账务处理

现销是指当即收款的销售，即在产品销售后立即收款或在近日收到货款。在实际工作中，当月销售在当月收到货款的，均可按现销处理。现销业务根据本企业开出的销售发票记账联、银行收账通知或现金收入凭证进行账务处理。

例 7-1：永兴机械有限责任公司销售给中天贸易有限公司产品一批，开出了增值税专用发票，货款已转入本企业银行账户。

原始凭证如图 7-1 和图 7-2 所示。

6100045782　　**陕西增值税专用发票**　　**No 02383840**

此联不作为报销、扣税凭证使用　　开票日期：2011年7月5日

购货单位	名　　称：中天贸易有限公司 纳税人识别号：15002462647534X 地 址、电 话：西安市长安南路　029-88430586 开户行及账号：中行长安路支行101014788680920011				密码区	（略）	
货物或应税劳务名称	规格型号	单位	数量	单 价	金　额	税率	税　额
钢模板		kg	2 000	10.00	20 000.00	17%	3 400.00
钢床架		kg	1 000	30.00	30 000.00	17%	5 100.00
合　　计					¥50 000.0		¥8 500.00
价税合计（大 写）	伍万捌仟伍佰元整						（小写）¥58 500.00
销货单位	名　　称：永兴机械有限责任公司 纳税人识别号：610188146622317 地 址、电 话：西安市高新区 029-36891245 开户行及账号：工行长安路支行 21371859091002				备注		

收款人：　　复核：　　开票人：　张华　　开票单位：（章）

图　7-1

中国工商银行　进 账 单　（收账通知）

2011年7月10日

出票人	全　称	中天贸易有限公司	收款人	全　称	永兴机械有限责任公司
	账　号	101014788680920011		账　号	21371859091002
	开户银行	中行长安路支行		开户银行	工行长安路支行
金额	人民币（大写）	伍万捌仟伍佰元整			¥5850000
票据种类	支票	票据张数	壹张		
票据号码	XⅥ00001245				
复核　　记账					开户银行签章

图　7-2

根据发票记账联和银行收账通知，账务处理为：

借：银行存款　　58 500

　　贷：主营业务收入　　50 000

　　　　应交税费——应交增值税（销项税额）　　8 500

例 7-2：永兴机械有限责任公司销售产品给小规模纳税人，开具普通发票，收到现金2 340元。

原始凭证如图7-3和图7-4所示。

根据发票记账联和现金收入凭证，账务处理为：

借：库存现金　　2 340

　　贷：主营业务收入　　2 000

　　　　应交税费——应交增值税（销项税额）　　340

二、赊销的账务处理

赊销即赊账销售，是指销售产品后没有当即收款，而是间隔一定时间才收款，包括一般赊销

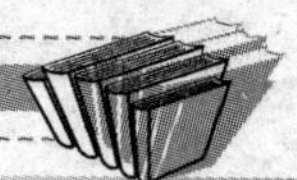

和采用商业汇票结算赊销。企业赊销业务，一方面引起企业债权增加，另一方面引起企业销售收入增加。

610004231503 **陕西增值税普通发票** № 02383813

此联不作为报销、扣税凭证使用 开票日期：2011年7月8日

<table>
<tr><td>购货单位</td><td colspan="5">名　　称：天工机械厂
纳税人识别号：15002462647534X
地 址、电 话：西安市长安北路 029-88414545
开户行及账号：中行长安路支行10101478868092001l</td><td>密码区</td><td colspan="3">（略）</td></tr>
<tr><td colspan="2">货物或应税劳务名称</td><td>规格型号</td><td>单位</td><td>数量</td><td>单价</td><td>金额</td><td>税率</td><td>税额</td></tr>
<tr><td colspan="2">钢构件</td><td></td><td>kg</td><td>200</td><td>10.00</td><td>2 000.00</td><td>17%</td><td>340.00</td></tr>
<tr><td colspan="2">合　　计</td><td></td><td></td><td></td><td></td><td>¥2000.00</td><td></td><td>¥340.00</td></tr>
<tr><td colspan="2">价税合计（大写）</td><td colspan="7">贰仟叁佰肆拾元整　　　（小写）¥2 340.00</td></tr>
<tr><td>销货单位</td><td colspan="5">名　　称：永兴机械有限责任公司
纳税人识别号：610188146622317
地 址、电 话：西安市高新区 029-36891245
开户行及账号：工行长安路支行 21371859091002</td><td>备注</td><td colspan="3"></td></tr>
</table>

收款人：　　复核：　　开票人：张华　　开票单位：（章）

图 7-3

现金收入凭证 第二联 交会计

2011年7月18日 编号：12

<table>
<tr><td>交款人（单位）</td><td colspan="7">天工机械厂</td></tr>
<tr><td>摘　　要</td><td colspan="7">货款</td></tr>
<tr><td rowspan="2">金额（大写）</td><td rowspan="2">贰仟叁佰肆拾元整</td><td>万</td><td>千</td><td>百</td><td>十</td><td>元</td><td>角</td><td>分</td></tr>
<tr><td>¥</td><td>2</td><td>3</td><td>4</td><td>0</td><td>0</td><td>0</td></tr>
</table>

主管　　会计　　出纳 李明　　制票 王红

图 7-4

（一）一般赊销的账务处理

一般赊销，是指没有采用商业汇票结算的赊销。在销售产品开出发票后，一方面形成了企业债权即应收账款的增加，另一方面要确认主营业务收入。

应收账款是指企业因为销售商品等应向购货单位收取的款项，具体包括应收取的商品价款、增值税合计及代垫运费。一般情况下，只要商品已交付并开出销售发票，销售即告成立，此时即可确认主营业务收入并记入应收账款。

1. 赊销产品

例7-3：永兴机械有限责任公司向宏大商贸有限公司销售产品一批，产品已经发出并开出增值税专用发票，月内货款尚未收到。

原始凭证如图7-5所示。

根据发票，账务处理为：

借：应收账款——宏大商贸有限公司　　35 100

　　贷：主营业务收入　　30 000

　　　　应交税费——应交增值税（销项税额）　　5 100

6100042568 7　**陕西增值税专用发票**　№ 02383814

此联不作为报销、扣税凭证使用　开票日期：2010年7月18日

购货单位	名　称：宏大商贸有限公司 纳税人识别号：150024626475387 地址、电话：西安市高新路　029-88412587 开户行及账号：中行大庆路支行　101014788680922258				密码区	（略）		
货物或应税劳务名称	规格型号	单位	数量	单价	金　额	税率	税　额	
钢构件		kg	3 000	10.00	30 000.00	17%	5 100.00	
合　计					¥30 000.00		¥5 100.00	
价税合计（大写）	叁万伍仟壹佰元整					（小写）¥35 100.00		
销货单位	名　称：永兴机械有限责任公司 纳税人识别号：610188146622317 地址、电话：西安市高新区 029-36891245 开户行及账号：工行长安路支行 21371859091002				备注			

收款人：　　复核：　　开票人：张华　　开票单位：（章）

图　7-5

2. 收回赊销款

收回赊销货款时，根据银行收账通知或现金收入凭证，借记银行存款、库存现金等科目，贷记应收账款科目。

例7-4：接例7-3，下月收到宏大商贸有限公司的货款。原始凭证如图7-6所示。

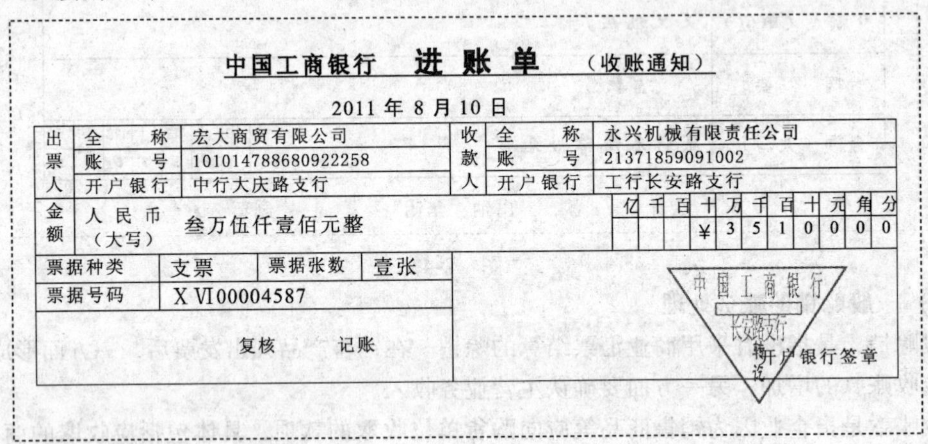

中国工商银行　**进　账　单**　（收账通知）

2011年8月10日

出票人	全　称	宏大商贸有限公司	收款人	全　称	永兴机械有限责任公司
	账　号	101014788680922258		账　号	21371859091002
	开户银行	中行大庆路支行		开户银行	工行长安路支行
金额	人民币（大写）	叁万伍仟壹佰元整		亿千百十万千百十元角分	¥3510000
票据种类	支票	票据张数	壹张		
票据号码	XⅥ00004587				
复核　记账				开户银行签章	

图　7-6

根据银行收账通知，账务处理为：

借：银行存款　35 100

　　贷：应收账款——宏大商贸有限公司　35 100

3. 发生坏账损失

在商品交易活动中，由于赊销的存在，可能会有部分应收账款无法收回，企业无法收回的应收账款称为坏账，不能收回的应收账款金额即为坏账损失。

坏账损失的确认，一般来讲，企业对有确凿证据表明确实无法收回的应收账款，如债务单位已撤销、破产、资不抵债、现金流量严重不足、多年不能收回等，应根据企业管理权限，经企业负责人批准作为坏账损失。

坏账损失发生时，按小企业会计准则和企业所得税法的要求，可直接记入营业外支出账户，同时冲销应收账款。

例 7-5：永兴机械有限责任公司应收朝辉公司账款 8 000 元，已逾期 3 年，屡催无效，已确认无法收回，作为坏账处理。

原始凭证如图 7-7 所示。

关于朝辉公司欠款作为坏账处理的意见

鉴于朝辉公司所欠 8 000 元货款已过 3 年，经多次催收仍无法收回，已无催收价值，建议作为坏账处理。妥否，请批示。

会计：陈娟
2011 年 8 月 15 日

同意　王振华　2011 年 8 月 23 日

图　7-7

根据坏账损失确认文件，账务处理为：

借：营业外支出　　8 000

　　贷：应收账款——朝辉公司　　8 000

（二）以商业汇票结算赊销的账务处理

商业汇票是销售产品后签发的、由付款人在一定期限后无条件支付货款给收款人（或持票人）的票据。商业汇票须经承兑，承兑是汇票的付款人承诺在汇票到期日支付票据金额的表示。商业汇票按承兑人的不同，分为商业承兑汇票和银行承兑汇票，其样式如图 7-9 所示。商业承兑汇票是由购货方承兑，并到期付款的汇票。银行承兑汇票是购货方申请开户银行承兑，到期由银行保证付款的汇票。商业承兑汇票由购货方或销货方签发均可，银行承兑汇票由购货方申请，开户银行签发。商业汇票按是否计息分为不带息商业汇票和带息商业汇票。商业汇票的付款期限由交易双方商定，但最长不得超过 6 个月。

商业汇票结算，是指以商业汇票约定付款期限的一种赊销形式。这种赊销形式的核算包括收到商业汇票、到期、背书转让以及贴现等业务。

1. 收到商业汇票

企业销售商品收到商业汇票时，按票面金额借记应收票据科目，按销售价款贷记主营业务收入科目，按专用发票上注明的增值税额，贷记应交税费——应交增值税（销项税额）科目。企业收到抵偿应收账款的商业汇票时，借记应收票据科目，贷记应收账款科目。

例 7-6：立达电器有限责任公司向宁夏能达实业有限责任公司销售产品一批，货款金额为 170 940.17 元，增值税为 29 059.83 元。收到由宁夏能达实业有限责任公司开出经银行承兑的面值为 200 000 元、期限为 3 个月的商业汇票一张。

原始凭证如图 7-8 和图 7-9 所示。

根据销货发票和商业汇票复印件，账务处理为：

借：应收票据——宁夏能达实业有限责任公司　　200 000

　　贷：主营业务收入　　170 940.17

　　　　应交税费——应交增值税（销项税额）　　29 059.83

例 7-7：某企业收到腾飞公司用以抵偿前欠货款的期限为 3 个月的不带息商业汇票一张，面值为 50 000 元。

6100042354　　**陕西增值税专用发票**　　No 02383816

此联不作为报销、扣税凭证使用　开票日期：2007年3月28日

购货单位	名称：宁夏能达实业有限责任公司 纳税人识别号：750024626475489 地址、电话：银川市高新路　089-48412587 开户行及账号：农行河滨路支行301014788680922469				密码区	（略）		
货物或应税劳务名称	规格型号	单位	数量	单价	金额	税率	税额	
钢构件		kg	17 094	10.00	170 940.17	17%	29 059.83	
合　　计					¥170 940.17		¥29 059.83	
价税合计（大写）	贰拾万元整				（小写）¥200 000.00			
销货单位	名称：立达电器有限责任公司 纳税人识别号：610188146622317 地址、电话：西安市高新区 029-36891245 开户行及账号：工行长安路支行 21371859091002				备注			

收款人：　　复核：　　开票人：何庆源　　开票单位：（章）

图　7-8

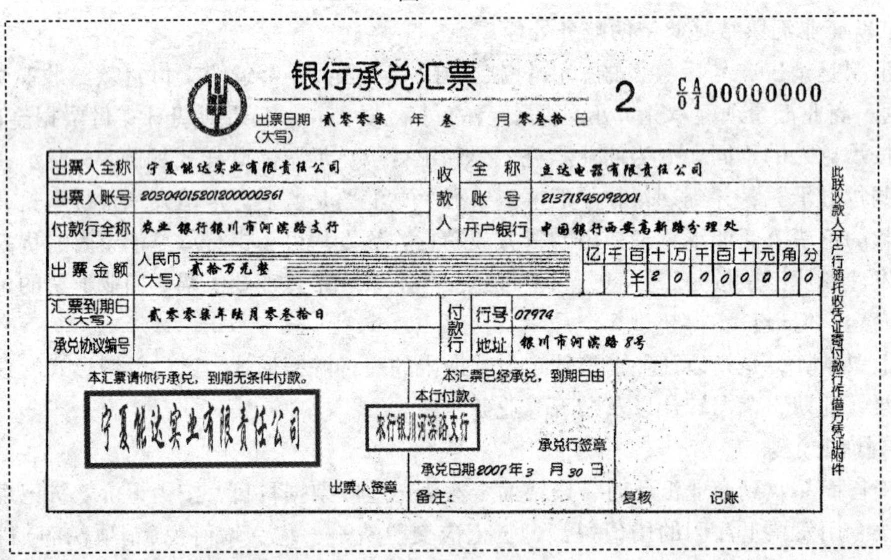

银行承兑汇票　　2　　CA 01 00000000

出票日期（大写）贰零零柒　年　叁　月零叁拾　日

出票人全称	宁夏能达实业有限责任公司	收款人	全称	立达电器有限责任公司
出票人账号	20304015201200000361		账号	21371845092001
付款行全称	农业银行银川市河滨路支行		开户银行	中国银行西安高新路分理处
出票金额	人民币（大写）贰拾万元整		亿 千 百 十 万 千 百 十 元 角 分	¥20000000
汇票到期日（大写）	贰零零柒年陆月零叁拾日	付款行	行号	07974
承兑协议编号			地址	银川市河滨路8号

本汇票请你行承兑，到期无条件付款。　宁夏能达实业有限责任公司　出票人签章

本汇票已经承兑，到期日由本行付款。　农行银川河滨路支行　承兑行签章　承兑日期2007年3月30日　备注：

复核　记账

此联收款人开户行随托收凭证寄付款行作借方凭证附件

图　7-9

原始凭证商业汇票的样式同图7-9。

账务处理为：

借：应收票据——腾飞公司　　50 000

　　贷：应收账款——腾飞公司　　50 000

2. 商业汇票到期

收款方持有的商业汇票到期，收到票款时，借记银行存款科目，贷记应收票据科目。

持有商业汇票到期，因购货方无力支付，未收到票款时，应将应收票据转为应收账款，根据商业承兑汇票的账面余额，借记应收账款科目，贷记应收票据科目。

例7-8：接例7-6，商业汇票到期，收到宁夏能达实业有限责任公司的付款。原始凭证如图7-10所示。

托收凭证 （收账通知） 1

委托日期 2007 年 7 月 6 日

业务类型	委托收款（□邮划、□电划） 托收承付（□邮划、□电划）				
付款人	全称	宁夏能达实业有限责任公司	收款人	全称	立达电器有限责任公司
	账号	20304015201200000361		账号	21371845092001
	地址	宁夏省银川市/县 开户行 农行河滨路支行		地址	陕西省西安市/县 开户行 工行高新路分理处
金额	人民币（大写）	贰拾万元整	亿千百十万千百十元角分		¥ 2 0 0 0 0 0 0 0
款项内容	货款	托收凭据名称	银行承兑汇票	附寄单证张数	1
商品发运情况	已发运		合同名称号码		
备注： 复核 记账			上列款项已划回收入你方账户内 收款人开户银行签章 2007 年 7 月 6 日		

此联作收款人开户银行给收款人的受理回单

图 7-10

账务处理为：

借：银行存款 200 000

贷：应收票据——宁夏能达实业有限责任公司 200 000

例 7-9：某企业持有付款人为朝阳公司的商业汇票到期，票款为 60 000 元，因朝阳公司无力支付，款未收到。

原始凭证如图 7-11 所示。

应收朝阳公司的 15872361 号商业承兑汇票，于 2011 年 8 月 20 日到期，因朝阳公司财务困难，未能付款。

2011年8月30日

图 7-11

账务处理为：

借：应收账款——朝阳公司 60 000

贷：应收票据——朝阳公司 60 000

3. 商业汇票背书转让

在商业汇票到期前，企业因支付需要，可以将持有的商业汇票背书转让，用以支付货款。企业将商业汇票背书转让，购得所需物资时，按应计入取得物资成本的金额，借记原材料或固定资产、应交税费——应交增值税（进项税额）科目，按应收票据的账面余额，贷记应收票据科目；如有差额，借记或贷记银行存款科目。

例 7-10：永兴机械有限责任公司向光大机械有限公司采购材料，材料价款为 57 000 元，增值税为 9 690 元，款项共计 66 690 元，材料验收入库。企业将持有的一张票面金额为60 000元的商业汇票（付款人为明德公司）背书转让给光大机械有限公司，抵付货款；同时，差额 6 690 元当即以银行存款支付。

原始凭证如图7-12～图7-15所示。

61000425873　　**陕西增值税专用发票**　　№ 02383812

发票联　　开票日期：2011年7月5日

购货单位	名　　称：永兴机械有限责任公司 纳税人识别号：610188146622317 地 址、电 话：西安市高新区 029-36891245 开户行及账号：工行长安路支行 21371859091002					密码区	（略）	
货物或应税劳务名称	规格型号	单位	数量	单价	金额	税率	税额	
钢板		kg	2 700	10.00	27 000.00	17%	4 590.00	
圆钢		kg	1 000	30.00	30 000.00	17%	5 100.00	
合　　计					￥57 000.00		￥9 690.00	
价税合计（大写）	陆万陆仟陆佰玖拾元整				（小写）￥66 690.00			
销货单位	名　　称：光大机械有限公司 纳税人识别号：610188146588970 地 址、电 话：西安市长安区 029-89791245 开户行及账号：农行长安路支行 51371859091224					备注	发票专用章	

收款人：　　复核：　　开票人：张梅　　开票单位：（章）

图 7-12

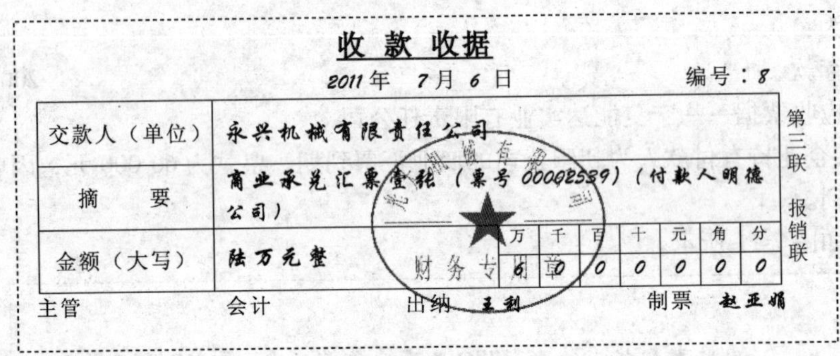

收 款 收据

2011年 7月 6日　　编号：8

交款人（单位）	永兴机械有限责任公司							
摘　要	商业承兑汇票壹张（票号00002539）（付款人明德公司）							
		万	千	百	十	元	角	分
金额（大写）	陆万元整	6	0	0	0	0	0	0

主管　　会计　　出纳 王利　　制票 赵亚娟

第三联 报销联

图 7-13

账务处理为：

借：原材料——钢板　　27 000

　　　　——圆钢　　30 000

　　应交税费——应交增值税（进项税额）

　　　　　　　　　　9 690

　　贷：应收票据——明德公司　　60 000

　　　　银行存款　　6 690

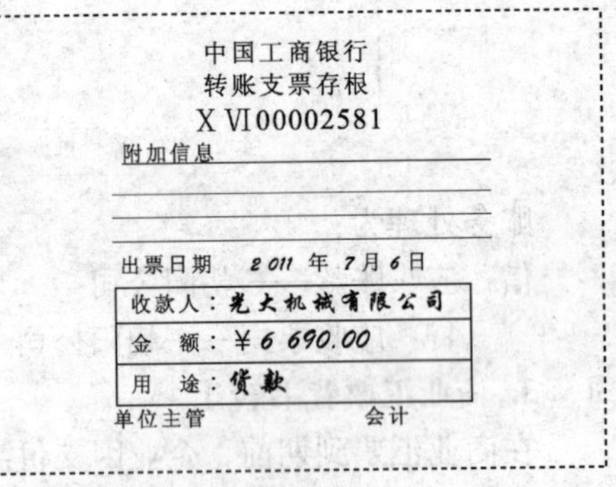

中国工商银行
转账支票存根
X Ⅵ00002581

附加信息

出票日期　2011年7月6日

收款人：光大机械有限公司

金　额：￥6 690.00

用　途：货款

单位主管　　会计

图 7-14

4. 商业汇票贴现

商业汇票贴现，是指持票人为了解决临时的资金需求，将尚未到期的商业汇票在背书后送交银行，银行受理后从票据到期值中扣除按银行贴现率计算确定的贴现利息，然后将余额付给持票人，作为银行对企业提供短期贷款的行为。票据贴现其实质是企业借款的一种形式。

在票据贴现中，不带息票据的到期值就是票面价值；带息票据的到期值就是其票面价值加上利息。贴现利息是贴现银行按贴现率计算扣除的利息。贴现率是指贴现中使用的利息率，通常指年利率。贴现期是指从贴现日到票据到期日前一天为止的月数或天数，若贴现率是年利率，应将

实物入库凭证

交物单位：光大机械有限公司　　2011年7月5日　　字第8号

品名	数量	单位	单价	金额 百	十	万	千	百	十	元	角	分	备考
钢板	2 700	kg	10			2	7	0	0	0	0	0	
圆钢	1 000	kg	30			3	0	0	0	0	0	0	
合计	伍万柒仟元整			57 000.00									

负责人：　　会计：　　保管：王亮　　交物人：李强

图　7-15

贴现月数或天数折算为按年表示的分数。贴现净额是指贴现银行将票据的到期值扣除贴现利息后支付给企业的款额。计算公式为

贴现利息 = 到期值 × 贴现率 × 贴现期

贴现净额 = 到期值 − 贴现利息

无论是带息票据还是不带息票据，其贴现的账务处理，均按实际收到的金额，借记银行存款科目，按应收票据的账面余额，贷记应收票据科目，按其差额，借记或贷记财务费用科目。

例 7-11：永兴机械有限责任公司 2011 年 4 月 1 日，将所持有的出票日期为 2011 年 3 月 1 日、期限为 3 个月、面值为 120 000 元、付款人为中达科技有限公司的不带息商业承兑汇票到银行贴现，银行的年贴现率为 10%。

计算如下：

到期值 = 120 000 元

贴现利息 = 120 000 元 × 10% × 2/12 = 2 000 元

贴现净额 = 120 000 元 − 2 000 元 = 118 000 元

原始凭证如图 7-16 所示。

贴现凭证（收账通知）

2011 年 4 月 1 日

申请人	名称	永兴机械有限责任公司	贴现汇票	种类	商业承兑	号码	Sc02587
	账号	912345678900		发票日	2010 年 3 月 1 日		
	开户银行	工行长安路支行		到期日	2010 年 6 月 1 日		
汇票承兑人	名称	中达科技有限公司	账号	824031694122	开户银行	工行广州海滨路支行	
汇票金额	人民币（大写）	壹拾贰万元整			千百十万千百十元角分	¥12000000	
贴现率（每月）	8.33‰	贴现利息	¥200000	实付贴现金额	¥11800000		

上列款项已入你单位账户　　备注：
此致

银行盖章
2010 年 4 月 1 日

中国工商银行 长安路支行 转讫

图　7-16

账务处理为：

借：银行存款 118 000

　　财务费用 2 000

　　贷：应收票据——中达科技有限公司 120 000

已贴现的商业承兑汇票到期时，如果付款人不能支付票款，贴现银行可直接从已办理了贴现的企业账户中扣收，贴现企业收到退回的汇票和付款通知时，应按汇票本息，借记应收账款科目，贷记银行存款科目。如果已贴现企业存款不足，银行作逾期贷款处理时，借记应收账款科目，贷记短期借款科目。

例 7-12：接例 7-11，假如已贴现的商业承兑汇票到期，付款人不能支付票款，银行直接从贴现企业存款账户中扣收票款，贴现企业收到退回的汇票和付款通知时，根据付款通知，账务处理为：

借：应收账款——中达科技有限公司 120 000

　　贷：银行存款 120 000

如果贴现企业存款不足，银行作逾期贷款处理时，根据银行通知单，账务处理为：

借：应收账款——中达科技有限公司 120 000

　　贷：短期借款 120 000

（三）赊销产品月内尚未开出发票时的账务处理

若赊销产品月内尚未开出发票时，没有确认收入的凭证，无法确认收入，但产品已经发出，为了使库存商品账实相符，月末应将已发出而未开发票的产品按其成本转作发出商品，借记发出商品科目，贷记库存商品科目。待开出发票时，再作确认收入处理，同时结转其销售成本。

例 7-13：永兴机械有限责任公司销售给大华工贸有限公司钢构件 1 000kg，一直到月末仍未开具发票。甲产品的账面加权平均单位成本为 20 元。

原始凭证如图 7-17 所示。

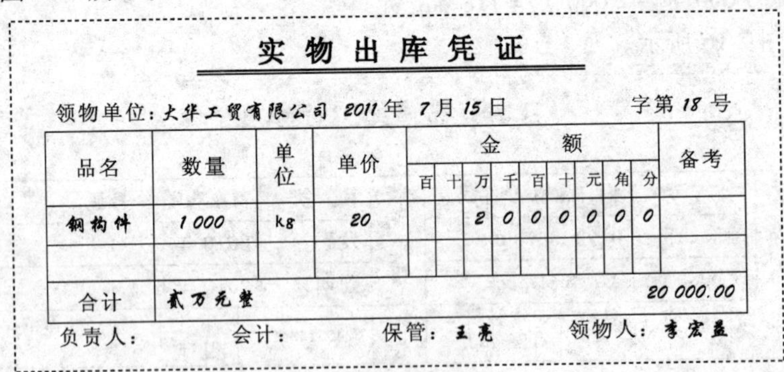

实 物 出 库 凭 证

领物单位：大华工贸有限公司 2011 年 7 月 15 日 字第 18 号

品名	数量	单位	单价	金额									备考
				百	十	万	千	百	十	元	角	分	
钢构件	1 000	kg	20			2	0	0	0	0	0	0	
合计	贰万元整											20 000.00	

负责人： 会计： 保管：王亮 领物人：李宏益

图 7-17

根据产品出库单，账务处理为：

借：发出商品——大华工贸有限公司 20 000

　　贷：库存商品——甲产品 20 000

接例 7-13，下月开出发票，单价为 30 元，金额为 30 000 元，增值税为 5 100 元。随即收回货款。

原始凭证如图 7-18 和图 7-19 所示。

6100042587 **陕西增值税专用发票** No 02383819

此联不作为报销、扣税凭证使用 开票日期：2011年8月18日

购货单位	名称：大华工贸有限公司 纳税人识别号：150024626475387 地址、电话：西安市高新路 029-88412587 开户行及账号：中行大庆路支行10101478868092225 8	密码区	（略）				
货物或应税劳务名称	规格型号	单位	数量	单价	金额	税率	税额
钢构件		kg	1 000	30.00	30 000.00	17%	5 100.00
合计					¥30 000.00		¥5 100.00
价税合计（大写）	叁万伍仟壹佰元整				（小写）¥35 100.00		
销货单位	名称：永兴机械有限责任公司 纳税人识别号：610188146622317 地址、电话：西安市高新区 029-36891245 开户行及账号：工行长安路支行 21371859091002	备注					

收款人： 复核： 开票人：张华 开票单位：（章）

图 7-18

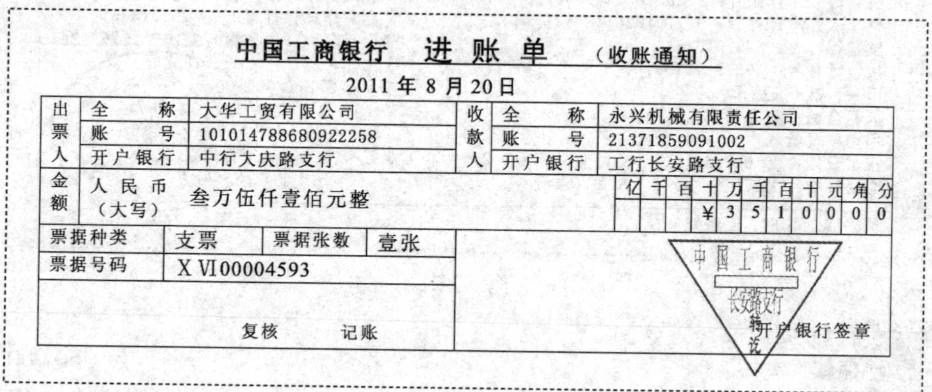

中国工商银行 进账单（收账通知）

2011年8月20日

出票人	全称	大华工贸有限公司	收款人	全称	永兴机械有限责任公司
	账号	101014788680922258		账号	21371859091002
	开户银行	中行大庆路支行		开户银行	工行长安路支行
金额	人民币（大写）	叁万伍仟壹佰元整		亿千百十万千百十元角分	¥3510000
票据种类	支票	票据张数	壹张		
票据号码	XⅥ00004593				
	复核 记账			开户银行签章	

中国工商银行 长安路支行 转讫

图 7-19

账务处理为：

借：银行存款 35 100

　　贷：主营业务收入 30 000

　　　　应交税费——应交增值税（销项税额） 5 100

同时，结转对大华工贸有限公司的销售成本。原始凭证如图7-20所示。

2011年7月15日产品出库单第18号

发给大华工贸有限公司钢构件1 000kg，单位成本20元，总成本20 000元。

2011年8月18日

图 7-20

账务处理为：

借：主营业务成本 20 000

　　贷：发出商品——大华工贸有限公司 20 000

三、预收货款销售的账务处理

预收货款销售，是买卖双方协议商定，由销货方预先向购货方收取部分或全部货款，然后再

发货的销售方式。

为了核算此种销售，企业应设置预收账款科目，贷方登记企业收到购货单位预付的货款，借方登记企业实际发出商品的价税金额，期末贷方余额，表示企业向购货单位预收的款项。该账户应按预付款单位设置明细账户。在预收货款不多的企业，也可以不设预收账款科目，而在应收账款科目中核算。

企业向购货单位预收货款时，借记银行存款科目，贷记预收账款或应收账款科目；企业发出商品，销售实现时，借记预收账款或应收账款科目，贷记主营业务收入、应交税费——应交增值税（销项税额）科目，按补收的货款，借记银行存款科目。

例 7-14：永兴机械有限责任公司按合同约定预收四新商贸有限公司的货款 60 000 元，转入银行账户。数天后，实际销售给四新商贸有限公司的产品价款为 80 000 元，增值税为 13 600 元，余款已补收。

（1）预收货款时，原始凭证如图 7-21 所示。

中国人民银行 支付系统专用凭证 陕 26-00559758

2011 年 07 月 23 日

付款人开户行账号：1022910182100012443　付款人名称：四新商贸有限公司
收款人开户行账号：312014601040002113　收款人名称：永兴机械有限责任公司
付款人开户行行号：302791025138　收款人开户行行号：103791013064
发起行行号：302791025138　发起行名称：中信银行宝鸡经二路支行
接收行行号：103791013064　接收行名称：工行长安路支行
币种：RMB 人民币　交易金额：60 000.00
大写金额：陆万元整
用途：付货款
报单日期：20100823　支付交易序号：2　业务种类：汇兑—普通汇兑
交易种类：大额　入账日志号：

第二联 客户入账通知　会计　复核　记账

图 7-21

账务处理为：

借：银行存款　　60 000

　　贷：预收账款——四新商贸有限公司　　60 000

（2）发出商品，开具增值税发票，并收到余款时，原始凭证如图 7-22 和图 7-23 所示。

6100042587　**陕西增值税专用发票**　№ 02383819

此联不作为报销、扣税凭证使用　开票日期：2011 年 8 月 8 日

购货单位	名　　称：四新商贸有限公司 纳税人识别号：150024626475012 地 址、电 话：宝鸡经二路 0917-8841258 开户行及账号：中信银行宝鸡经二路支行1022910182100012443	密码区	（略）			

货物或应税劳务名称	规格型号	单位	数量	单价	金额	税率	税额
钢模板		kg	8 000	10.00	80 000.00	17%	13 600.00
合　计					¥80 000.00		¥13 600.00
价税合计（大写）	玖万叁仟陆佰元整					（小写）¥93 600.00	

销货单位	名　　称：永兴机械有限责任公司 纳税人识别号：610188146622317 地 址、电 话：西安市高新区 029-36891245 开户行及账号：工行长安路支行 21371859091002	备注	

收款人：　复核：　开票人：张华　开票单位：（章）

图 7-22

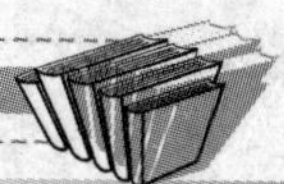

中国人民银行 支付系统专用凭证 陕 26-00559758

2011 年 8 月 10 日

付款人开户行账号：102291018210001244 3	付款人名称：四新商贸有限公司
收款人开户行账号：312014601040002113	收款人名称：永兴机械有限责任公司
付款人开户行行号：302791025138	收款人开户行行号：103791013064
发起行行号：302791025138	发起行名称：中信银行宝鸡经二路支行
接收行行号：103791013064	接收行名称：工行长安路支行
币种：RMB 人民币	交易金额：33 600.00
大写金额：叁万叁仟陆佰元整	
用途：付货款	
报单日期：20100910　支付交易序号：2	业务种类：汇兑—普通汇兑
交易种类：大额　入账日志号：	

第二联 客户入账通知　会计　复核　记账

图 7-23

账务处理为：

借：预收账款——四新商贸有限公司　60 000

银行存款　33 600

贷：主营业务收入　80 000

应交税费——应交增值税（销项税额）　13 600

四、销售折扣、折让的账务处理

销售折扣有商业折扣和现金折扣两种。商业折扣是指企业为了鼓励客户多买商品或产品而从价格上给予的优惠，购货量越大，折扣比例越大。商业折扣在交易当日即可确定折扣比例，发票是按折扣后的价格开具的，所以销售收入金额是按商业折扣后的发票金额确定的，账务处理与一般销售相同，无需特殊处理。

例 7-15：某企业向腾飞公司销售产品一批，按照正常价格计算，其售价金额为 20 000 元，由于批量较大，企业给予 10% 的商业折扣，开具发票的金额为 18 000 元，增值税为3 060元。货款尚未收到。根据发票，账务处理为：

借：应收账款——腾飞公司　21 060

贷：主营业务收入　18 000

应交税费——应交增值税（销项税额）　3 060

现金折扣是指企业为了鼓励客户在规定的期限内早日付款而给予的一种优惠，不同期限内付款享受的折扣比例不同，一般用符号“折扣率/付款期限”表示。如 2/10、1/20、N/30，其含义分别是 10 天内付款，享受 2% 的折扣；20 天内付款，享受 1% 的折扣；30 天内应全额付款，无折扣。由于现金折扣在交易当日无法确定付款时间即无法确定是否折扣和折扣比例，所以销售发票是按正常价格开具的，销售收入按全价确认。在实际收到货款时，若在折扣期限内，则将现金折扣作为一种理财费用记入当期财务费用。

例 7-16：永兴机械有限责任公司向朝阳物资经销公司销售产品一批，货款为 50 000 元，增值税为 8 500 元，规定的现金折扣条件为 2/10，N/20。产品已经交付并开出增值税专用发票，货款尚未收到。

原始凭证如图 7-24 所示。

6100048940 **陕西增值税专用发票** No 02383815

此联不作为报销、扣税凭证使用 开票日期：2011 年 7 月 15 日

购货单位	名称：朝阳物资经销公司 纳税人识别号：150024626425487 地址、电话：西安市太白南路 029-88430149 开户行及账号：建行太白路支行101014788680910458	密码区	（略）

货物或应税劳务名称	规格型号	单位	数量	单价	金额	税率	税额
钢模板		kg	2 000	10.00	20 000.00	17%	3 400.00
钢床架		kg	1 000	30.00	30 000.00	17%	5 100.00
合计					￥50 000.0		￥8 500.0
价税合计（大写）	伍万捌仟伍佰元整					（小写）￥58 500.00	

销货单位	名称：永兴机械有限责任公司 纳税人识别号：610188146622317 地址、电话：西安市高新区 029-36891245 开户行及账号：工行长安路支行 21371859091002	备注	

收款人： 复核： 开票人： 张华 开票单位：（章）

图 7-24

根据发票，账务处理为：

借：应收账款——朝阳物资经销公司 58 500

  贷：主营业务收入 50 000

    应交税费——应交增值税（销项税额） 8 500

例7-17：接例7-16，如果10 日内收到朝阳物资经销公司的货款，则按价款的2%给予折扣1 000元。原始凭证如图7-25 所示。

中国工商银行 **进 账 单** （收账通知）

2011 年 7 月 25 日

出票人	全称	朝阳物资经销公司	收款人	全称	永兴机械有限责任公司
	账号	101014788680910458		账号	21371859091002
	开户银行	建行太白路支行		开户银行	工行长安路支行
金额	人民币（大写）	伍万柒仟伍佰元整		￥57500.00	
票据种类	支票	票据张数	壹张		
票据号码	X Ⅵ00004549				

复核 记账 开户银行签章

图 7-25

账务处理为：

借：银行存款 57 500

  财务费用 1 000

  贷：应收账款——朝阳物资经销公司 58 500

如果超过10 日的折扣期限以后才收到朝阳物资经销公司的货款，则不予折扣，根据银行收账通知，账务处理为：

借：银行存款 58 500

  贷：应收账款——朝阳物资经销公司 58 500

销售折让是指因售出商品的质量不合格或规格与合同不符等原因而在售价上给予的减让，是企业销售商品给予购买方的折让。

销售折让可发生在销售收入确认之前，也可发生在销售收入确认之后。发生在开出发票之前的折让，按折让后的发票金额进行会计处理即可。

发生在开出发票之后的折让，如购货方未作账务处理，应将原发票联和抵扣联退还给销货方，销货方在发票联、抵扣联、记账联上注明“作废”字样，然后重新按折让后的金额开具发票；如果购货方已作账务处理，发票联和抵扣联无法退还，必须由购货方向当地主管税务机关申请开具“红字增值税专用发票通知单”，送交给销货方，销货方根据通知单开具负数(红字)发票，作为冲减原销售收入和销项税额的原始凭证，销货方根据开具的负数发票，作冲减原销售收入和销项税额的账务处理。

例 7-18：永兴机械有限责任公司销售一批产品给华盛建筑有限公司，开具的增值税发票上注明价款为 80 000 元，增值税为 13 600 元，货款尚未收到。货到后买方已经记账，才发现产品的质量不合格，要求在价格上给予 5% 的折让，经查明华盛建筑有限公司提出的销售折让要求符合原合同的约定，华盛建筑有限公司交来了“红字增值税专用发票通知单”，永兴机械有限责任公司开具了负数发票。

销售时，根据发票记账联，永兴机械有限责任公司的账务处理为：

借：应收账款——华盛建筑有限公司　　93 600

　贷：主营业务收入　　80 000

　　　应交税费——应交增值税(销项税额)　　13 600

根据负数发票给予折让时，原始凭证如图 7-26 所示。

6100042513　　**陕西增值税专用发票**　　No 02383829

此联不作为报销、扣税凭证使用　开票日期：2011 年 8 月 9 日

购货单位	名称：华盛建筑有限公司 纳税人识别号：150024626413984 地址、电话：汉中经二路 0915-8841258 开户行及账号：中国银行汉中经二路支行1351910182100010139	密码区	（略）

货物或应税劳务名称	规格型号	单位	数量	单价	金额	税率	税额
钢模板		kg	-8 000	0.50	-4 000.00	17%	-680.00
合计					¥-4 000.00		¥-680.00
价税合计（大写）	（负数）肆仟陆佰捌拾元整				（小写）¥-4 680.00		

销货单位	名称：永兴机械有限责任公司 纳税人识别号：610188146622317 地址、电话：西安市高新区 029-36891245 开户行及账号：工行长安路支行 21371859091002	备注	对应的正数发票代码 6100042511 号码 02383827

收款人：　　复核：　　开票人：张华　　开票单位：(章)

图 7-26

根据负数发票，永兴机械有限责任公司的账务处理为：

借：主营业务收入　　4 000

　　应交税费——应交增值税(销项税额)　　680

　贷：应收账款——华盛建筑有限公司　　4 680

实际收到货款时，根据收账通知，永兴机械有限责任公司的账务处理为：

借：银行存款　　88 920

　贷：应收账款——华盛建筑有限公司　　88 920

任务二 产品销售成本的计算和账务处理

任务目标

1. 掌握产品销售成本的计算和产品销售成本计算表的编制方法。
2. 掌握结转产品销售成本的账务处理方法。

知识储备

当月产品销售成本的结转一般在月末进行，月末将当月已销产品的出库单或发货单进行汇总，得出各产品的总销售量；然后再确定出各产品的单价(即单位成本)；两者相乘后计算出销售成本，进行成本结转。结转产品销售成本的原始凭证为出库单和产品销售成本计算表。

一、产品销售成本计算表的编制

月末，根据销售发票对应的产品出库单(不包括未开发票,转作“发出商品”的出库单)汇总出已销产品的销售量(如有退货单应减去退货量)，再按先进先出法、加权平均法等方法确定已销产品的单位成本，然后用销售量乘以单位成本计算出产品销售成本，编制当月产品销售成本计算表。

例7-19：永兴机械有限责任公司本月产品销售出库单和库存商品明细账如图7-27～图7-32所示。

实 物 出 库 凭 证

领物单位：中天贸易公司　　2011年 7月5日　　　　字第1号

品名	数量	单位	单价	金额									备考
				百	十	万	千	百	十	元	角	分	
钢模板	2 000	kg											
钢床架	1 000	kg											
合计													

负责人：　　会计：　　保管：王亮　　领物人：王青

图 7-27

实 物 出 库 凭 证

领物单位：天工机械厂　　2011年 7月8日　　　　字第2号

品名	数量	单位	单价	金额									备考
				百	十	万	千	百	十	元	角	分	
钢构件	2 000	kg											
合计													

负责人：　　会计：　　保管：王亮　　领物人：李伟

图 7-28

根据本月13张产品销售出库单汇总出的各种产品的销售量，填入计算表中。

根据库存商品明细账的记录，计算各产品的本月加权平均单位成本(单价)的方法为：

钢模板平均单位成本 = (4 500 + 170 400)元/(1 000 + 24 000)kg = 7.00 元/kg

钢床架平均单位成本 = (5 000 + 105 000)元/(500 + 5 000)kg = 20.00 元/kg

钢构件平均单位成本 = (13 500 + 170 800)元/(2 700 + 28 000)kg = 6.00 元/kg

实 物 出 库 凭 证

领物单位：宏大商贸有限公司　　2011年7月18日　　字第3号

品名	数量	单位	单价	金额									备考
				百	十	万	千	百	十	元	角	分	
钢构件	3 000	kg											
合计													

负责人：　　会计：　　保管：王亮　　领物人：刘辉

图 7-29

(本月其余10张产品销售出库单　略)

库存商品明细账

品名：钢模板

2011年		凭证号	摘要	借方			贷方			余额		
月	日			数量	单价	金额	数量	单价	金额	数量	单价	金额
			月初余额							1 000	4.50	4 500
7	31	25	完工入库	24 000	7.10	170 400						

图 7-30

库存商品明细账

品名：钢床架

2011年		凭证号	摘要	借方			贷方			余额		
月	日			数量	单价	金额	数量	单价	金额	数量	单价	金额
			月初余额							500	10	5 000
7	31	25	完工入库	5 000	21	105 000						

图 7-31

库存商品明细账

品名：钢构件

2011年		凭证号	摘要	借方			贷方			余额		
月	日			数量	单价	金额	数量	单价	金额	数量	单价	金额
			月初余额							2 700	5	13 500
7	31	25	完工入库	28 000	6.10	170 800						

图 7-32

将计算出的各产品的加权平均单位成本填入计算表中“单位成本”栏。

根据销售量、单位成本计算出销售成本，编制的产品销售成本计算表如表7-1。

表7-1　产品销售成本计算表

2011年7月　　　　金额单位：元

品　名	单　位	销 售 量	平均单位成本	销售成本
钢模板	kg	20 000	7.00	140 000
钢床架	kg	5 000	20.00	100 000
钢构件	kg	30 000	6.00	180 000
合计	—	—	—	420 000

二、结转产品销售成本的账务处理

产品销售成本，在主营业务成本科目核算，该科目借方登记结转已销产品的销售成本，贷方登记月末转入本年利润科目数及因销售退回而冲减的销售成本。结转产品销售成本时，借记主营业务成本科目，贷记库存商品科目。

以产品销售成本计算表及所附产品出库单为原始凭证，账务处理为：

借：主营业务成本　420 000
　贷：库存商品——钢模板　140 000
　　　　　　——钢床架　100 000
　　　　　　——钢构件　180 000

任务三　销售退回的账务处理

任务目标

1. 理解销售退回在不同情况下作不同处理的原理。
2. 掌握销售退回不同情况下的账务处理方法。

知识储备

销售退回，是指企业已售出的产品由于质量、品种、规格不符合合同要求等原因而发生的退货。销售退回因时间不同，账务处理可分为以下3种情形。

一、售出产品尚未开出发票的退回

产品销售后尚未开出发票的，月内退回时，只需将退货单与原出库单抵消即可，可不作账务处理；跨月退回时，只需将“发出商品”作转回处理即可。

例7-20：永兴机械有限责任公司上月向中兴机械有限公司发出钢构件500kg，尚未开发票，因质量问题本月退回。

上月的账务处理为：

借：发出商品——中兴机械有限公司　3 000
　贷：库存商品——钢构件　3 000

本月退回的原始凭证如图7-33所示。

本月退回的账务处理为：

借：库存商品——钢构件　3 000
　贷：发出商品——中兴机械有限公司　3 000

实物入库凭证

交物单位：中兴机械有限公司 2011年8月7日 退字第1号

品名	数量	单位	单价	金额									备考
				百	十	万	千	百	十	元	角	分	
钢构件	500	kg	6.00				3	0	0	0	0	0	退货
合计													

负责人： 会计： 保管：王亮 交物人：胡志辉

图 7-33

二、当月售出产品已开发票在当月退回

当月销售的产品，已开出发票，在月底前退回的，由于尚未结转其销售成本，所以只需冲销已确认的收入和销项税额即可。

退回商品时，如购货方未作账务处理、也未付款的情况下，应将原发票联和抵扣联退还给销货方，销货方在发票联、抵扣联、记账联上注明“作废”字样，再将退货单与原出库单抵消即可，可不作账务处理。

如果购货方已作账务处理并已付款，发票联和抵扣联无法退还，则必须由购货方向当地主管税务机关申请开具“红字增值税专用发票通知单”，送交给销货方。销货方根据通知单开具负数(红字)发票，将负数发票联和抵扣联交给购货方。将负数发票记账联作为冲销原销售收入和销项税额的原始凭证。

例 7-21：永兴机械有限责任公司当月 13 日销售钢构件给光明机械有限公司，价款10 000 元，增值税 1 700 元，发票已开，货款已收到。25 日光明机械有限公司以质量不合格为由退回该产品，但已进行了账务处理。永兴机械有限责任公司开具了负数发票，退还了货款。

根据原发票记账联和银行收账通知，作销售的账务处理：

借：银行存款 11 700

贷：主营业务收入 10 000

应交税费——应交增值税(销项税额) 1 700

退回产品后，开具的负数发票和退回货款的付款凭证如图 7-34 和图 7-35 所示。

6100035412 **陕西增值税专用发票** No 02383814

此联不作为报销、扣税凭证使用 开票日期：2011 年 7 月 25 日

购货单位	名称：光明机械有限公司 纳税人识别号：150024626475387 地址、电话：西安市高新路 029-88410120 开户行及账号：中行大兴路支行101014788680922258	密码区	（略）

货物或应税劳务名称	规格型号	单位	数量	单价	金额	税率	税额
钢构件		kg	-1 000	10.00	-10 000.00	17%	-1 700.00
合计					¥-10 000.0		¥-1 700.00
价税合计（大写）	（负数）壹万壹仟柒佰元整					（小写）¥-11 700.00	

销货单位	名称：永兴机械有限责任公司 纳税人识别号：610188146622317 地址、电话：西安市高新区 029-36891245 开户行及账号：工行长安路支行 21371859091002	备注	

收款人： 复核： 开票人：张华 开票单位：（章）

图 7-34

根据负数发票记账联和付款凭证，账务处理为：

借：主营业务收入　　　　　　　　10 000

　　应交税费——应交增值税（销项税额）

　　　　　　　　　　　　　　　　　1 700

　　贷：银行存款　　　　　　　　　　11 700

同时，将退货单与原出库单抵消。

三、以前月份售出产品本月退回

以前月份销售的产品，已经结转了销售成本，退回后，除了要开具负数发票冲销销售收入和销项税额外，还要冲销已结转的销售成本。

中国工商银行
转账支票存根
X Ⅵ00001260
附加信息
出票日期　2011年7月25日
收款人：光明机械有限公司
金　额：¥11 700.00
用　途：退货款
单位主管　　会计

图 7-35

例7-22：永兴机械有限责任公司于10月29日销售钢构件2 000kg，单价为10元，增值税为3 400元，发票已开，货款已收。11月15日，该产品因质量严重不合格被退回，永兴机械有限责任公司根据购货方交来的"红字增值税专用发票通知单"，开具了负数发票。收到退回的产品，并退回货款。该产品上月的销售成本计算表中平均单位成本为6元。

（1）冲销销售收入和销项税额，退回货款。原始凭证如图7-36和图7-37所示。

根据负数发票和支票存根，账务处理为：

借：主营业务收入　　　　　　　　20 000

　　应交税费——应交增值税（销项税额）

　　　　　　　　　　　　　　　　　3 400

　　贷：银行存款　　　　　　　　　　23 400

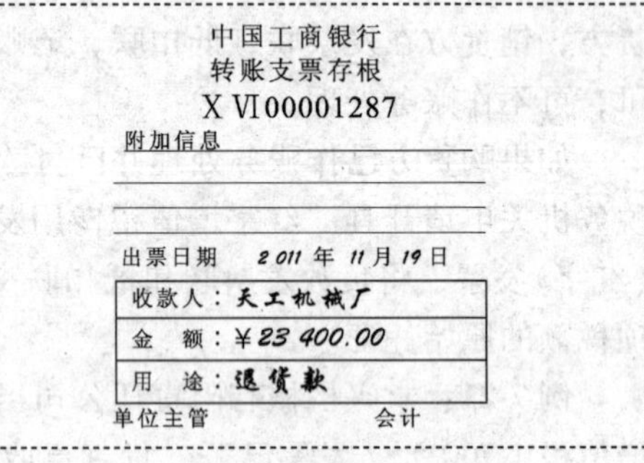

中国工商银行
转账支票存根
X Ⅵ00001287
附加信息
出票日期　2011年11月19日
收款人：天工机械厂
金　额：¥23 400.00
用　途：退货款
单位主管　　会计

图 7-36

6100023546　　**陕西增值税专用发票**　　No 02383830

此联不作为报销、扣税凭证使用　　开票日期：2011年11月19日

购货单位	名称：天工机械厂 纳税人识别号：15002462647534X 地址、电话：西安市长安北路　029-88414545 开户行及账号：中行长安路支行101014788680920011				密码区	（略）	
货物或应税劳务名称	规格型号	单位	数量	单价	金额	税率	税额
钢构件		kg	-2 000	10.00	-20 000.00	17%	-3 400.00
合　计					¥-20 000.00		¥-3 400.0
价税合计（大写）	（负数）贰万叁仟肆佰元整				（小写）¥-23 400.00		
销货单位	名称：永兴机械有限责任公司 纳税人识别号：610188146622317 地址、电话：西安市高新区 029-36891245 开户行及账号：工行长安路支行 21371859091002				备注		

收款人：　　复核：　　开票人：　张华　　开票单位：（章）

图 7-37

（2）退回产品入库，冲销已结转的销售成本。原始凭证如图7-38所示。

根据退回产品入库单，账务处理为：

借：库存商品——钢构件　　　　　　12 000

　　贷：主营业务成本　　　　　　　　12 000

实物入库凭证

交物单位：天工机械厂 2011年11月15日 退字第2号

品名	数量	单位	单价	金额 百	十	万	千	百	十	元	角	分	备考
钢构件	2 000	kg	6.00			1	2	0	0	0	0	0	退货
合计													

负责人： 会计： 保管：王亮 交物人：张国胜

图 7-38

任务四 销售材料和对外加工的账务处理

任务目标

1. 掌握销售材料业务的账务处理方法。
2. 掌握对外加工业务的账务处理方法。

知识储备

由于各种原因，有时企业原来购入的材料已经不需要或长期积压，造成资金占用，为加速资金周转，企业可将这些材料销售。材料销售属于其他业务。

企业对外加工业务，是指对外单位提供的原材料或半成品进行加工，收取加工费的业务。对外加工属于工业性劳务，也是工业企业的主营业务之一。

一、销售材料业务的账务处理

销售材料属于其他业务，其收入记入其他业务收入账户，材料成本记入其他业务成本账户。

例 7-23：永兴机械有限责任公司销售多余钢板 1 000kg，原购进单价为 7 元，销售单价为 8 元，销售额为 8 000 元，开出增值税专用发票列明的增值税额为 1 360 元。材料已发出，货款已转入银行账户。

原始凭证销售发票和收账通知如图 7-39 和图 7-40 所示。

6100035489 陕西增值税专用发票 No 02383824

此联不作为报销、扣税凭证使用 开票日期：2011 年 7 月 18 日

购货单位	名称：盛隆工业有限公司 纳税人识别号：150024626498720 地址、电话：西安市太白路 029-88413017 开户行及账号：中行太白路支行101014788680920123	密码区	（略）				
货物或应税劳务名称	规格型号	单位	数量	单价	金额	税率	税额
钢板		kg	1 000	8.00	8 000.00	17%	1 360.00
合计					¥8 000.00		¥1 360.00
价税合计（大写）	玖仟叁佰陆拾元整						（小写）¥9 360.00
销货单位	名称：永兴机械有限责任公司 纳税人识别号：610188146622317 地址、电话：西安市高新区 029-36891245 开户行及账号：工行长安路支行 21371859091002	备注					

收款人： 复核： 开票人：张华 开票单位：（章）

图 7-39

中国工商银行 进 账 单 （收账通知）

2011 年 7 月 20 日

出票人	全称	盛隆工业有限公司	收款人	全称	永兴机械有限责任公司
	账号	101014788680920123		账号	21371859091002
	开户银行	中行太白路支行		开户银行	工行长安路支行
金额	人民币（大写）	玖仟叁佰陆拾元整		亿千百十万千百十元角分	¥ 9 3 6 0 0 0
票据种类	支票	票据张数	壹张		
票据号码	X Ⅵ00004602				
复核 记账				开户银行签章	

图 7-40

根据发票和收账通知，账务处理为：

借：银行存款 9 360

贷：其他业务收入 8 000

应交税费——应交增值税（销项税额） 1 360

售出材料出库单如图 7-41 所示。

实物出库凭证

领物单位：盛隆工业有限公司 2011 年 7 月 17 日 字第 11 号

品名	数量	单位	单价	金额（百十万千百十元角分）	备考
钢板	1 000	kg	7.00	7 0 0 0 0 0	
合计					

负责人： 会计： 保管：王亮 领物人：李志敏

图 7-41

根据售出材料出库单，结转材料销售成本，账务处理为：

借：其他业务成本 7 000

贷：原材料——钢板 7 000

二、对外加工业务的账务处理

对外加工属于工业性劳务，是工业企业的主营业务。所以对外加工收取加工费记入主营业务收入账户；加工中发生的费用，先在生产成本科目归集，加工完毕交货后，结转加工成本时记入主营业务成本账户。

1. 发生加工成本

加工过程中发生的成本，记入生产成本账户。

例 7-24：永兴机械有限责任公司对外承接来料加工产品一批，加工过程中应负担的人工费用为 4 000 元，耗用辅助材料 1 500 元，应分配制造费用 500 元。

分担人工费用的原始凭证为工资结算表和工人工资分配表（来料加工产品与自产产品并列为一种产品），按照应分配的工资及其他薪酬，账务处理为：

借：生产成本——来料加工产品 4 000

贷：应付职工薪酬——工资等 4 000

耗用辅助材料，根据领料单或领料登记表，账务处理为：

借：生产成本——来料加工产品　　1 500
　　贷：原材料——某材料　　1 500

根据制造费用分配表，按照应分配的金额，账务处理为：

借：生产成本——来料加工产品　　500
　　贷：制造费用　　500

2. 收取加工费

收取加工费时，借记银行存款科目，贷记主营业务收入、应交税费——应交增值税(销项税额)科目。

接例7-24，加工完成后，收取加工费10 000元，开出增值税专用发票，增值税额为1 700元，款已收到。

原始凭证如图7-42和图7-43所示。

6100023058　　**陕西增值税专用发票**　　№ 02383824

此联不作为报销、扣税凭证使用　　开票日期：2011年7月23日

购货单位	名　　称：盛隆工业有限公司 纳税人识别号：150024626498720 地 址、电 话：西安市太白路　029-88413017 开户行及账号：中行太白路支行101014788680920123	密码区	（略）				
货物或应税劳务名称	规格型号	单位	数量	单价	金　额	税率	税　额
来料加工		件	500	20.00	10 000.00	17%	1 700.00
合　　计					￥10 000.00		￥1 700.00
价税合计（大写）	壹万壹仟柒佰元整				（小写）￥11 700.00		
销货单位	名　　称：永兴机械有限责任公司 纳税人识别号：610188146622317 地 址、电 话：西安市高新区 029-36891245 开户行及账号：工行长安路支行 21371859091002	备注					

收款人：　　复核：　　开票人：张华　　开票单位：（章）

图　7-42

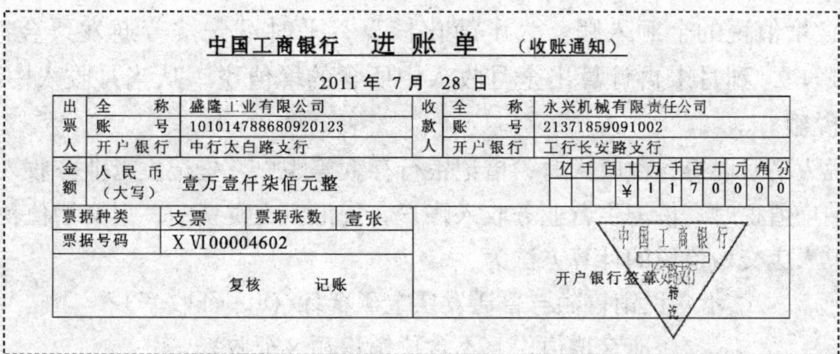
中国工商银行　进 账 单　（收账通知）

2011年7月28日

出票人	全　称	盛隆工业有限公司	收款人	全　称	永兴机械有限责任公司
	账　号	101014788680920123		账　号	21371859091002
	开户银行	中行太白路支行		开户银行	工行长安路支行
金额	人民币（大写）	壹万壹仟柒佰元整		亿千百十万千百十元角分	￥1170000
票据种类	支票	票据张数	壹张		
票据号码	XⅥ00004602				
复核　记账			开户银行签章		

图　7-43

账务处理为：

借：银行存款　　11 700
　　贷：主营业务收入　　10 000
　　　　应交税费——应交增值税(销项税额)　　1 700

3. 结转加工成本

加工过程中发生的成本，已记入生产成本账户。结转加工成本时，由生产成本账户转入主营业务成本账户，借记主营业务成本账户，贷记生产成本账户。

接例7-24，加工过程中，发生的加工成本共计6 000元，加工完成后，结转加工成本。

原始凭证如表7-2所示。

表7-2 产品成本计算单

产品：来料加工产品　　2011年7月　　单位：元

项目	直接材料	直接人工	制造费用	合计
生产总成本	1 500.00	4 000.00	500.00	6 000.00
完工产量/件				500
单位成本				12.00

账务处理为：

借：主营业务成本　　6 000

　　贷：生产成本——来料加工产品　　6 000

任务五 小规模纳税人销售业务的账务处理

任务目标

1. 掌握小规模纳税人销售产品的账务处理方法。
2. 明确小规模纳税人销售收入的入账金额。
3. 理解一般纳税人与小规模纳税人销售业务的账务处理的异同。

知识储备

小规模纳税人销售产品开具的是普通发票，发票金额属于含增值税的收入，但主营业务收入仍应按不含增值税的金额入账。为了简化核算，平时可先按普通发票金额(含税)记入主营业务收入账户，到月末再计算出全月收入中所含的增值税，从当月收入中减去，同时确认应交的增值税额。

小规模纳税人平时取得含税收入时，借记银行存款等账户，贷记主营业务收入账户。月末计算出当月应交纳增值税时，借记主营业务收入账户，贷记应交税费——应交增值税账户。

小规模纳税人应交增值税的计算方法为

$$不含税销售额 = 普通发票金额合计/(1 + 征收率)$$

$$应交增值税 = 不含税销售额 \times 征收率$$

例7-25：永昌工业有限责任公司为小规模纳税人，销售产品500件，价格为每件10元。货款已收。

原始凭证如图7-44和图7-45所示。

账务处理为：

借：银行存款　　5 000

　　贷：主营业务收入　　5 000

西安市工商企业普通发票

610402104221 记 账 联 国税（02）工商二联

2011年7月8日 No 0352634

购货单位（人）	名 称	三星实业有限公司	地 址	宝鸡市虹桥路68号电话 0917-3233022						
品名规格	单位	数量	单价	金 额						
				万	千	百	十	元	角	分
接触器	件	500	10		5	0	0	0	0	0
合计（大写）	伍仟元整			¥	5	0	0	0	0	0
销货单位	名称	永昌工业有限责任公司	纳税人识别号	765567462531875						
	地址	西安市太乙路16号	电 话	029-83269912						

开票人：刘芳 销货单位（章）

图 7-44

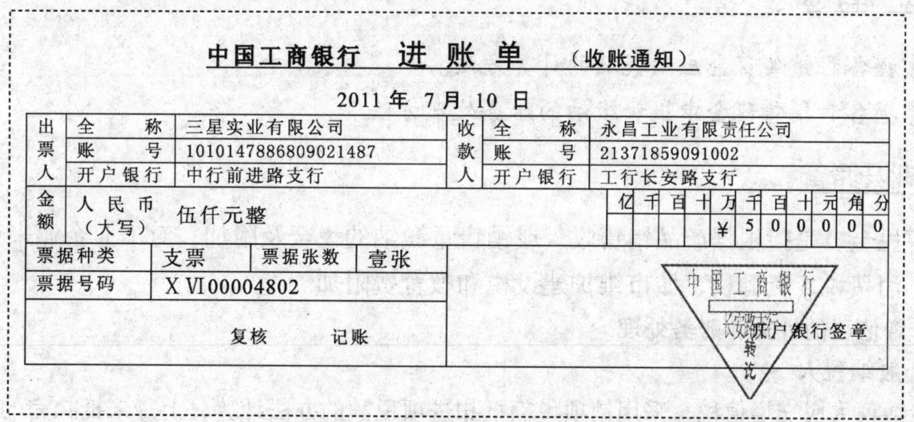

中国工商银行 进 账 单 （收账通知）

2011年7月10日

出票人	全 称	三星实业有限公司	收款人	全 称	永昌工业有限责任公司
	账 号	1010147886809021487		账 号	21371859091002
	开户银行	中行前进路支行		开户银行	工行长安路支行
金额	人民币（大写）	伍仟元整		亿千百十万千百十元角分	¥500000
票据种类	支票	票据张数	壹张		
票据号码	XⅥ00004802				
	复核 记账			开户银行签章	

图 7-45

例 7-26：接例 7-25，该企业月末汇总当月销售收入总额为 51 500 元，现行征收率为 3%，计算出当月应交增值税，并从主营业务收入账户中转出。则

不含税销售额 = 51 500 元/（1 + 3%）= 50 000 元

应交增值税 = 50 000 元 × 3% = 1 500 元

原始凭证如图 7-46 所示。

应交增值税计算单

含税销售额合计：51 500 元

不含税销售额=51 500/（1+3%）=50 000 元

应交增值税=50 000×3%=1 500 元

图 7-46

账务处理为：

借：主营业务收入 1 500

贷：应交税费——应交增值税 1 500

若向一般纳税人销售产品时请税务机关代开增值税专用发票，则应根据专用发票，直接以不含税销售额记主营业务收入账户，同时记应交增值税账户。

例 7-27：某小规模纳税人企业向某一般纳税人销售 A 产品 50 000 元，请税务机关代开增值税专用发票。代开的增值税专用发票上写明：金额 48 543.69 元[50 000/(1+3%)]，税率 3%，增值税 1 456.31 元(48 543.69×3%)。货款已转账收讫。

根据代开的增值税专用发票记账联和银行收账通知，账务处理为：

借：银行存款　　50 000

　　贷：主营业务收入　　48 543.69

　　　　应交税费——应交增值税　　1 456.31

小规模纳税人销售业务的其他账务处理与一般纳税人类似，只是平时按含增值税的金额记入主营业务收入，不记销项税额。

任务六　销售税金的计算和账务处理

任务目标

1. 掌握各种销售税金应纳税额的计算方法。
2. 掌握各种销售税金申报和缴纳的账务处理方法。

知识储备

销售税金，是指根据产品销售收入或销售量缴纳的税金及附加，对工业企业来说，包括增值税、消费税、资源税、城市维护建设税和教育费附加。

一、增值税的计算和账务处理

1. 一般纳税人

一般纳税人应交增值税，采用销项税额抵扣进项税额的办法计算，上月未抵扣完的进项税额可留给下月继续抵扣。具体计算公式为

应交增值税 = 当月销项税额合计 -（当月进项税额合计 - 进项税额转出数 + 上月进项税额余额）

当月销项税额、进项税额、上月进项税额余额、进项税额转出数，可从应交税费账户的应交增值税明细账户记录中取得。进项税额转出数是指购进的原材料用于企业内部在建工程、职工福利和材料非常损失按规定应从原进项税额转出的数额。

例 7-28：某增值税一般纳税人当月销项税额合计为 5 000 元，进项税额合计为 2 000 元，上月进项税额余额为 200 元，当月无进项税额转出数。计算申报本月应交增值税并缴款。则

本月应交增值税 = 5 000 元 -（2 000 + 200）元 = 2 800 元

缴纳增值税的原始凭证如图 7-47 所示。

账务处理为：

借：应交税费——应交增值税(已交税金)　　2 800

　　贷：银行存款　　2 800

2. 小规模纳税人

开具普通发票时，小规模纳税人应交增值税的计算公式为

不含税销售额 = 当月普通发票金额合计/(1 + 征收率)

应交增值税 = 不含税销售额 × 征收率

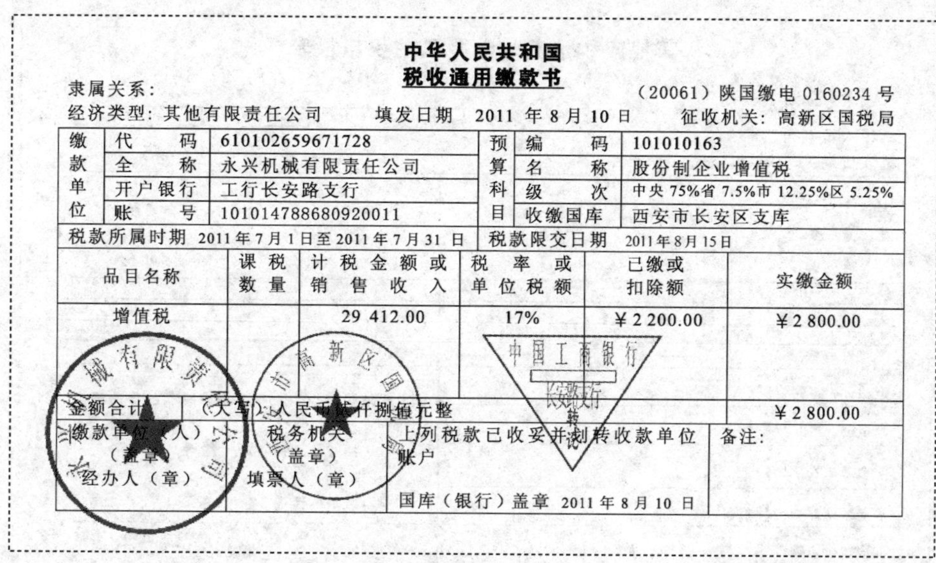

中华人民共和国
税收通用缴款书

隶属关系：　　　　　　　　　　　　　　　　（20061）陕国缴电 0160234 号

经济类型：其他有限责任公司　　填发日期　2011 年 8 月 10 日　　征收机关：高新区国税局

缴款单位			预算科目		
缴款单位	代码	610102659671728	预算科目	编码	101010163
	全称	永兴机械有限责任公司		名称	股份制企业增值税
	开户银行	工行长安路支行		级次	中央 75%省 7.5%市 12.25%区 5.25%
	账号	101014788680920011		收缴国库	西安市长安区支库
税款所属时期	2011 年 7 月 1 日至 2011 年 7 月 31 日		税款限交日期	2011 年 8 月 15 日	

品目名称	课税数量	计税金额或销售收入	税率或单位税额	已缴或扣除额	实缴金额
增值税		29 412.00	17%	¥2 200.00	¥2 800.00
金额合计	（大写）人民币贰仟捌佰元整				¥2 800.00
缴款单位（人）（盖章）经办人（章）	税务机关（盖章）填票人（章）	上列税款已收妥并划转收款单位账户 国库（银行）盖章 2011 年 8 月 10 日		备注：	

图 7-47

代开增值税专用发票时，以专用发票上标明的增值税额作为应交增值税额。

示例见例 7-26 和例 7-27。

缴纳税款的原始凭证缴款书与一般纳税人的相同。

以例 7-26 为例，账务处理为：

借：应交税费——应交增值税　　　　1 500

　　贷：银行存款　　　　1 500

二、消费税的计算和账务处理

消费税是国家对工业企业生产销售的一部分产品征收的一种税，目前应税产品包括烟、酒及酒精、鞭炮焰火、化妆品、成品油、贵重首饰及珠宝玉石、高尔夫球及球具、高档手表、游艇、木制一次性筷子、实木地板、汽车轮胎、摩托车和小汽车等 14 种。消费税是一种价内税，企业销售产品应交纳的消费税是对产品销售收入的抵减，因而企业应纳的消费税，应列入营业税金及附加科目，并通过应交税费——应交消费税科目核算。

消费税有从价计征和从量计征两种计算方法，从价计征以不含增值税的销售额为计税依据，从量计征以产品销售数量为计税依据。计算公式为

应交消费税 = 不含增值税的销售额 × 适用税率

或 = 销售量 × 单位税额

例 7-29：喜庆礼花厂为增值税一般纳税人，当月销售鞭炮焰火的总销售额（不含增值税）为 30 000 元。适用消费税税率为 15%。则

应交消费税 = 30 000 元 × 15% = 4 500 元

原始凭证（纳税申报表）如图 7-48 所示。

根据计算填制的应交消费税纳税申报表，账务处理为：

借：营业税金及附加　　　　4 500

　　贷：应交税费——应交消费税　　　　4 500

缴纳消费税的原始凭证缴款书格式与增值税的相同。根据缴款书，账务处理为：

借：应交税费——应交消费税　　　　4 500

　　贷：银行存款　　　　4 500

其他应税消费品消费税纳税申报表

税款所属期：2011 年 8 月 1 日至 2011 年 8 月 31 日

纳税人名称（公章）：喜庆礼花厂

纳税人识别号：1 0 0 3 2 5 1 0 8 9 7 4 5 3 2

填表日期：2011 年 9 月 5 日　　　　金额单位：元（列至角分）

项目 应税消费品名称	适用税率	销售数量	销售额	应纳税额
鞭炮焰火	15%		30 000.00	4 500.00
合计	——	——	——	

本期准予抵减税额： 本期减（免）税额： 期初未缴税额： 本期缴纳前期应纳税额： 本期预缴税额： 本期应补（退）税额：4 500.00 期末未缴税额：	声明 此纳税申报表是根据国家税收法律的规定填报的，我确定它是真实的、可靠的、完整的。 经办人（签章）：张华 财务负责人（签章）：王志宏 联系电话： （如果你已委托代理人申报，请填写） 授权声明 为代理一切税务事宜，现授权（地址）为本纳税人的代理申报人，任何与本申报表有关的往来文件，都可寄予此人。 授权人签章：

以下由税务机关填写

受理人（签章）：　　受理日期：2011 年 9月6日　　受理税务机关（章）：

图 7-48

三、资源税的计算和账务处理

资源税是对我国境内从事金属矿产品和原油、天然气、煤炭等非金属矿产品开采以及开采盐的单位和个人征收的一种税。资源税的应纳税额，按照矿产品和盐的销售数量或销售额和规定的税率计算，其计算公式为

$$应交资源税 = 销售量 \times 定额税率$$
$$或 = 销售额 \times 比例税率$$

例 7-30：大兴煤矿本月销售原煤 100t，定额税率为 5 元/t。

$$本月应交资源税 = 100t \times 5 元/t = 500 元$$

原始凭证（纳税申报表）如图 7-49 所示。

地方税（费）综合纳税申报表

税务登记证件号码：□□□□□□□□□□　　管理代码：□□□□□□□□

纳税人名称：大兴煤矿　税款所属时期：2011年7月1日至2011年7月31日　金额单位：元

税种	税目	计税依据	所属时期	计税金额或数量	税（征收）率	应纳税（费）额	减免税（费）额	已纳税额	补（退）税（费）额
资源税	原煤	销售量	7月	100 t	5元	500			
合计						500			

纳税人或代理人声明： 此纳税申报表是根据国家税收法律的规定填报的，我确定它是真实的、可靠的、完整的。	如纳税人填报，由纳税人填写以下各栏： 办税人员（签章）	财务负责人（签章）	法定代表人（签章）	联系电话	受理机关（签章）：
	如委托代理人填报，由代理人填写以下各栏： 代理人名称	经办人（签章）	联系电话	代理人（公章）	受理日期：2011 年 8 月 5 日

图 7-49

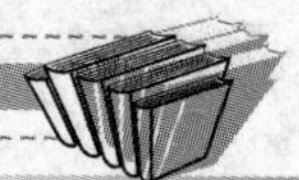

根据纳税申报表，账务处理为：

借：营业税金及附加　500

　　贷：应交税费——应交资源税　500

缴纳税款的缴款书与增值税的格式相同。根据缴款书，账务处理为：

借：应交税费——应交资源税　500

　　贷：银行存款　500

四、城市维护建设税和教育费附加的计算和账务处理

城市维护建设税（以下简称城建税），是以应交增值税、消费税和营业税的税额为计税依据征收的一种税，是一种附加税，其纳税人为应交增值税、消费税和营业税的单位和个人。

城建税按照纳税人所在地的不同实行地区差别税率，具体为：市区7%，县城、镇5%，其他地区1%。应交城建税额的计算公式为

应交城建税＝（应交增值税＋应交消费税＋应交营业税）×适用税率

教育费附加也是以应交增值税、消费税和营业税的税额为计税依据征收的一种附加税，税率为3%，与城建税一并缴纳。工业企业销售产品应纳教育费附加的计算公式为

应交教育费附加＝（应交增值税＋应交消费税＋应交营业税）×3%

例7-31：永兴机械有限责任公司地处市区，本月应交增值税为2 800元。不缴纳消费税和营业税。

应交城建税＝2800元×7%＝196元

应交教育费附加＝2800元×3%＝84元

原始凭证（纳税申报表）如图7-50所示。

地方税（费）综合纳税申报表

税务登记证件号码：□□□□□□□□□□　　管理代码：□□□□□□□□

纳税人名称：永兴机械有限责任公司　税款所属时期：2011年7月1日至2011年7月31日　金额单位：元

税种	税目	计税依据	所属时期	计税金额或数量	税（征收）率	应纳税（费）额	减免税（费）额	已纳税额	补（退）税（费）额
城建税		增值税	7月	2 800.00	7%	196.00			
教育费附加		增值税		2 800.00	3%	84.00			
合计						280.00			

<table>
<tr><td rowspan="4">纳税人或代理人声明：
此纳税申报表是根据国家税收法律的规定填报的，我确定它是真实的、可靠的、完整的。</td><td colspan="5">如纳税人填报，由纳税人填写以下各栏：</td><td rowspan="4">受理机关（签章）：
受理日期：2011年8月8日</td></tr>
<tr><td>办税人员（签章）</td><td>财务负责人（签章）</td><td>法定代表人（签章）</td><td>联系电话</td><td></td></tr>
<tr><td colspan="5">如委托代理人填报，由代理人填写以下各栏：</td></tr>
<tr><td>代理人名称</td><td>经办人（签章）</td><td>联系电话</td><td></td><td>代理人（公章）</td></tr>
</table>

图　7-50

账务处理为：

借：营业税金及附加　280

　　贷：应交税费——应交城建税　196

　　　　　　　　——应交教育费附加　84

缴纳税款的原始凭证如图7-51所示。

中华人民共和国
税收通用缴款书

隶属关系：　　　　　　　　　　　　　　　　　　（20061）陕地缴电 0160236 号

经济类型：其他有限责任公司　　填发日期　2011 年 8 月 11 日　　征收机关：高新区地税局

缴款单位	代码	610102659671728	预算科目	编码	101010165
	全称	永兴机械有限责任公司		名称	城建税、教育费附加
	开户银行	工行长安路支行		级次	市级
	账号	101014788680920011		收缴国库	西安市长安区支库
税款所属时期 2011 年 7 月 1 日至 2011 年 7 月 31 日			税款限交日期 2011 年 8 月 15 日		

品目名称	课税数量	计税金额或销售收入	税率或单位税额	已缴或扣除额	实缴金额
城建税 教育费附加		2 800.00 2 800.00	7% 3%		￥196.00 ￥ 84.00
金额合计	（大写）人民币贰佰捌拾元整				￥280.00
缴款单位（人）（盖章） 经办人（章）	税务机关（盖章）人（章）	上列税款已收妥并划转收款单位账户 国库（银行）盖章 2011 年 8 月 11 日		备注：	

图　7-51

账务处理为：

借：应交税费——应交城建税　　196

　　　　　　——应交教育费附加　　84

　　贷：银行存款　　280

项目训练

1. 根据下列原始凭证信息，作出茂源公司(一般纳税人)下列经济业务的账务处理。

(1) 增值税专用发票记账联：甲产品，金额 200 000 元，增值税 34 000 元。

银行收账通知：收款人茂源公司，货款 234 000 元。

(2) 增值税专用发票记账联：购货单位宏大公司，甲产品，金额 10 000 元，增值税1 700元。

(3) 增值税专用发票记账联：购货单位明远公司，乙产品，金额 60 000 元，增值税10 200元。

商业承兑汇票：付款人明远公司，收款人茂源公司，金额 70 200 元。

(4) 银行收账通知：汇款人宏大公司，收款人茂源公司，货款 11 700 元。

(5) 委托收款收账通知：付款人明远公司，收款人茂源公司，货款 70 200 元，托收凭据名称为商业承兑汇票。

(6) 产品出库单(12 号)：收货单位信诚公司，丙产品 2 000 件(月内未开发票,丙产品本月账面加权平均单位成本为 15 元)。

(7) (次月)增值税专用发票记账联：购货单位信诚公司，丙产品，数量 2 000 件，金额 40 000 元，增值税 6 800 元。

银行进账单收账通知：出票人信诚公司，收款人茂源公司，金额 46 800 元。

说明单：上月 12 号产品出库单，收货单位信诚公司，丙产品 2 000 件，单位成本 15 元。

(8) 银行收账通知：付款人光大公司，收款人茂源公司，用途为预付购货款，金额10 000元。

(9) 增值税专用发票记账联：购货单位光大公司，甲产品 100 件，单价 200 元，金额 20 000 元，增值税 3 400 元。

银行收账通知：付款人光大公司，收款人茂源公司，用途为货款，金额 13 400 元。

（10）增值税专用发票记账联：购货单位三鑫公司，甲产品，金额150 000元，增值税25 500元。

（11）次月，三鑫公司以质量不合格为由要求价格折让5%。

负数发票记账联：购货单位三鑫公司，甲产品，金额－7 500元，增值税－1 275元。

（12）增值税专用发票记账联：日期8月5日，购货单位胜达公司，乙产品，数量10 000件，单价20元，金额200 000元，增值税34 000元。

银行进账单收账通知：出票人胜达公司，收款人茂源公司，金额234 000元。

（13）8月20日，胜达公司购买的乙产品，因质量出现严重问题被退回。

负数发票记账联：日期8月23日，购货单位胜达公司，乙产品，金额－200 000元，增值税－34 000元。

转账支票存根：收款人胜达公司，金额234 000元，用途为退还货款。

（14）根据本月销货发货单汇总的产品销售量和根据库存商品明细账计算的各产品加权平均单位成本编制的产品销售成本计算表（先计算表7-3中的销售成本）。

表7-3 产品销售成本计算表

金额单位：元

品　名	单　位	销　售　量	平均单位成本	销售成本
甲产品	件	60 000	20	
乙产品	只	13 000	40	
丙产品	个	8 000	50	
合　计	—	—	—	

（15）负数增值税专用发票：购货单位天元公司，丙产品，－200件，金额－24 000元，增值税－4 080元（上月售出的产品退回）。

转账支票存根：收款人天元公司，金额28 080元，用途为退货款。

（16）退货入库单：交货单位天元公司，丙产品，200件（查上月销售成本计算表，平均单位成本为48元）。

（17）增值税专用发票记账联：购货单位商海公司，B材料2 000kg，单价10元，金额20 000元，增值税3 400元。

银行收账通知：付款人商海公司，金额23 400元，用途为货款。

（18）材料出库单：领物单位商海公司，B材料2 000kg（查原购进单价为9元）。

2. 某企业于2011年3月1日将所收到的华达公司签发的出票日期为2011年2月1日、期限为4个月、面值为200 000元的不带息商业承兑汇票到银行贴现，银行的年贴现率为8%。

要求：

（1）计算贴现利息及贴现净额。

（2）作出企业贴现的账务处理。

3. 利达公司接受红光公司来料加工丁产品500件，加工过程中有关的原始凭证信息如下，请据以进行账务处理。

（1）工资结算及分配表：其中丁产品应分配工资2 000元。

（2）领料单：加工丁产品用，D材料，金额1 000元。

（3）制造费用分配表：其中丁产品应分配500元。

（4）增值税专用发票记账联：加工费，金额5 000元，增值税850元。

银行进账单收账通知：收款人利达公司，出票人红光公司，金额5 850元。

（5）丁产品加工成本计算单：直接材料____元、直接人工____元、制造费用____元，合计____元（自行填写金额）。

4. 群星公司为小规模纳税人，根据其下列原始凭证进行账务处理。

（1）普通发票记账联：甲产品800件，单价30元，金额24 000元。

银行收账通知：收款人群星公司，货款金额24 000元。

（2）代开增值税专用发票记账联：乙产品1 000件，金额20 000元，增值税600元，合计20 600元。

（3）本月普通发票汇总：销售总金额为85 000元（计算其中本月应交增值税）。

（4）根据本月产品出库单汇总和根据库存商品明细账记录计算，编制的产品销售成本计算表：甲产品销售量3 000件，平均单位成本10元；乙产品销售量5 000件，平均单位成本8元。

5. 某一般纳税人企业当月销项税额共计8 000元，进项税额共计5 000元，月初进项税额无余额，本月未发生进项税额转出。本企业位于市区。

（1）计算本月应缴纳的增值税，根据缴款书进行账务处理。

（2）计算本月应交城建税和教育费附加，根据纳税申报表和缴款书分别进行账务处理。

项目八 财产清查业务的核算

财产清查，就是通过对实物资产、现金的实地盘点和对银行存款、债权债务的核对，确定财产物资、货币资金、债权债务的实存数与账面结存数的差异。对出现的差异应进行账务处理，以使账实相符。

财产清查应定期进行，若遇出纳、库管员交接，审计，非常损失等特殊情况可以随时进行清查。

任务一 存货清查的账务处理

任务目标

1. 学会存货盘存表的编制方法。
2. 掌握存货盘盈、盘亏的账务处理方法。

知识储备

存货清查，是指对原材料、库存商品、低值易耗品等的清查，也称为盘库。存货清查的结果，应编制盘存表，作为账务处理的原始凭证。清查结果有盘盈、盘亏两种情况，对于盘盈、盘亏，先调账并记入待处理财产损溢科目，待决策者拿出处理意见后，再转入有关科目。盘盈的存货转入营业外收入科目。盘亏的存货，应由责任人或保险赔偿的，转入其他应收款科目；其余情况，转入营业外支出科目。属于责任人、保险赔偿和非常损失的，还要转出存货的进项税额。

例 8-1：某工业企业材料库清查的盘存表如表 8-1 所示。表中，实存数大于账存数为盘盈，实存数小于账存数为盘亏，单价为清查当月材料加权平均单价。

表 8-1 原材料盘存表

2011 年 6 月 30 日　　金额单位：元

品 名	单 位	账存数	实存数	盘 盈			盘 亏		
				数量	单价	金额	数量	单价	金额
A 材料	件	500	495				5	16	80
B 材料	只	800	790				10	5	50
C 材料	kg	200	202	2	10	20			

（续）

品　名	单　位	账存数	实存数	盘　盈			盘　亏		
				数量	单价	金额	数量	单价	金额
D材料	kg	100	96				4	15	60
E材料	米	300	301	1	15	15			
F材料	个	1 000	900				100	4	400
G材料	个	600	600						
合　计	—	—	—	—	—	35	—	—	590

查明原因后经理批准的处理意见为：C、E材料盘盈属正常溢余；B、D材料盘亏属正常损耗；A材料盘亏属于库管员赵某的责任，应赔偿；F材料盘亏是被盗所致，企业未对材料库保险。该企业为增值税一般纳税人。

根据盘存表(原始凭证)，账务处理为：

借：原材料——C材料　　20
　　　　　——E材料　　15
　贷：待处理财产损溢　　35

借：待处理财产损溢　　590
　贷：原材料——A材料　　80
　　　　　　——B材料　　50
　　　　　　——D材料　　60
　　　　　　——F材料　　400

处理意见的原始凭证如图8-1所示。

关于6月末存货清查结果的处理意见

1. C、E材料盘盈属正常溢余。
2. B、D材料盘亏属正常损耗。
3. A材料盘亏属于库管员赵斌的责任，应赔偿。
4. F材料盘亏为被盗所致，按非常损失处理。

总经理：王振华

2011年7月10日

图8-1

处理盘盈盘亏的账务处理为：

借：待处理财产损溢　　35
　贷：营业外收入　　35

借：其他应收款——赵某　　(80＋80×17%)93.6
　　营业外支出　　(50＋60＋400＋400×17%)578
　贷：待处理财产损溢　　590

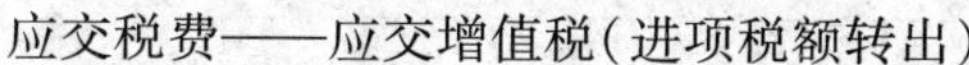

应交税费——应交增值税(进项税额转出)　　　　(480×17%)81.6

库存商品、低值易耗品清查的账务处理与原材料相同，只要将原材料科目改为库存商品或周转材料科目即可。只是库存商品的进项税额转出时，要换算为所耗材料的进项税额。

任务二　固定资产清查的账务处理

任务目标

1. 学会固定资产清查表的编制方法。
2. 掌握固定资产盘盈、盘亏的账务处理方法。

知识储备

固定资产清查，应编制固定资产清查表，作为账务处理的原始凭证。对于盘盈或盘亏的固定资产，先调账，并记入待处理财产损溢科目，待决策者批准处理时，盘盈的固定资产转入营业外收入科目；盘亏的固定资产，应由责任人赔偿的部分转入其他应收款科目，其余部分转入营业外支出科目。

盘盈的固定资产，按评估价值记入固定资产科目；盘亏的固定资产，按账面净值转出。

例 8-2：某企业固定资产清查表如表 8-2 所示。

表 8-2　固定资产清查表

2011 年 6 月 30 日　　　　金额单位：元

名　称	单位	账存数	实存数	盘　盈		盘　亏		
				数量	评估价值	数量	原　值	已提折旧
甲设备	台	20	20					
乙设备	台	10	10					
计算机	台	5	4			1	8 000	4 000
打印机	台	3	3					
文件柜	只	5	5					
传真机	台	2	2					
写字台	张	10	11	1	800			
合　计	—	—	—		800		8 000	4 000

根据清查表(原始凭证)，账务处理为：

借：待处理财产损溢　　　　4 000
　　累计折旧　　　　4 000
　　贷：固定资产——计算机　　　　8 000
借：固定资产——写字台　　　　800
　　贷：待处理财产损溢　　　　800

经理批准的处理意见为：盘盈的写字台转作收入；盘亏的计算机由管理人王强赔偿 2 000 元，剩余转作损失。

原始凭证如图 8-2 所示。

关于6月末固定资产清查结果的处理意见

1. 盘盈的写字台转作收入。
2. 盘亏的计算机系丢失，由管理人王强赔偿 2 000 元，剩余转作损失。

总经理：王振华　2011年7月10日

图 8-2

根据处理意见，账务处理为：

借：待处理财产损溢　　800
　　贷：营业外收入　　800

借：营业外支出　　2 000
　　其他应收款——王强　　2 000
　　贷：待处理财产损溢　　4 000

固定资产毁损的账务处理见项目四中任务六“固定资产报废”部分。

任务三　货币资金的清查及账务处理

任务目标

1. 掌握现金清查的账务处理方法。

2. 学会企业银行存款日记账与银行对账单对账的方法和银行存款余额调节表的编制方法。

知识储备

货币资金清查，包括现金和银行存款清查两部分。现金清查是指对库存现金进行清点，银行存款的清查就是与银行对账。

一、现金清查的账务处理

现金清查是指对库存现金进行清点，发现长、短款时，先调账并记入待处理财产损溢科目。待决策者批准处理时，长款记入营业外收入科目；短款一般应由出纳员赔偿，转入其他应收款科目；免除赔偿责任的，记入营业外支出科目；如因水灾、火灾、被盗等原因，转入营业外支出科目。

1. 长款的账务处理

例 8-3：永兴机械有限责任公司现金清查发现长款200元，原因不明，经批准转作收入。

清查结果的原始凭证如图 8-3 所示。

账务处理为：

借：库存现金　　200
　　贷：待处理财产损溢　　200

处理意见的原始凭证如图 8-4 所示。

根据处理意见，账务处理为：

现金清查结果

账面余额：1 000 元
实际库存：1 200 元
长　　款：　200 元

清查人：陈娟　李涛
2011 年 6 月 30 日

图 8-3

关于现金清查结果的处理意见

6 月 30 日现金清查长款 200 元，原因不明，转作收入。

总经理：王振华
2011 年 7 月 10 日

图 8-4

借：待处理财产损溢　　200
　　贷：营业外收入　　200

2. 短款的账务处理

例 8-4：永兴机械有限责任公司年末现金清查发现短款 500 元，经理批准的处理意见为：由出纳员李涛赔偿 400 元，免除 100 元的赔偿责任。

清查结果的原始凭证如图 8-5 所示。

现金清查结果

账面余额：5 500 元
实际库存：5 000 元
短　　款：　500 元

清查人：陈娟　李涛
2011 年 12 月 30 日

图 8-5

根据清查结果，短款的账务处理为：

借：待处理财产损溢　　500
　　贷：库存现金　　500

处理意见的原始凭证如图 8-6 所示。

关于年末现金清查结果的处理意见

由出纳员李涛赔偿 400 元，免除 100 元的赔偿责任。

总经理：王振华
2011 年 12 月 31 日

图 8-6

根据处理意见，账务处理为：

借：营业外支出　　100

　　其他应收款——李涛　　400

　　贷：待处理财产损溢　　500

例8-5：永兴机械有限责任公司因被盗丢失现金5 000元，经查确认为被盗，无法追回，经批准转作损失。

发现被盗的原始凭证如图8-7所示。

被盗损失报告

7月15日8时，发现财务室保险柜被盗，经查，丢失现金5 000元。

出纳员：李涛

2011年7月15日

图8-7

账务处理为：

借：待处理财产损溢　　5 000

　　贷：库存现金　　5 000

处理意见的原始凭证如图8-8所示。

根据处理意见，账务处理为：

借：营业外支出　　5 000

　　贷：待处理财产损溢　　5 000

关于现金丢失的处理意见

现金被盗属实，按非常损失处理。

总经理：王振华

2010年7月30日

图8-8

二、银行存款的清查

银行存款的清查，就是与银行对账。企业应在每月月末与银行核对银行存款账，即将银行存款日记账与银行对账单进行核对。银行对账单是银行记录企业在银行收、付款的明细账的打印联，由银行每月末打印供企业进行对账。若企业的银行存款日记账与银行对账单的余额一致，则说明账实相符，正确无误；若不一致，则需将本单位的银行存款日记账与银行送来的对账单逐笔核对，看双方有无漏记、重记或错记的地方，若有漏记、重记或错记，应进行更正，直至余额一致。余额不一致的情况除记账错误外，还可能存在未达账项。

所谓未达账项，是指由于双方记账时间不一致而发生的一方已入账、另一方尚未入账的事项。

企业与银行之间的未达账项，大致有以下 4 种情况：

（1）企业已经收款记账，而银行尚未收款记账的款项。例如，企业将收到的其他单位交来的转账支票，送存银行，当即作为存入款项记账，而银行尚未收到款项，尚未入账。

（2）企业已经付款记账，而银行尚未付款记账的款项。例如，企业开出的转账支票已交给销货单位，支付货款，根据支票存根作为银行存款付出记账，而销货单位尚未将支票送银行进账，因而银行尚未付款。

（3）银行已经收款记账，而企业尚未收款记账的款项。例如，企业委托银行代收的款项，银行已收妥入账，企业尚未接到收账通知因而未入账。

（4）银行已经付款记账，而企业尚未付款记账的款项。例如，其他单位委托银行向企业收取的款项，银行已作付款记账，企业尚未收到付款通知而未作付款记账。

为了消除各种未达账项对企业和银行双方存款余额的影响，企业在将银行存款日记账和银行对账单逐笔核对并纠正错账、漏账后，应对未达账项编制银行存款余额调节表进行调整。

下面举例说明银行存款余额调节表的编制方法。

例 8-6：某企业某月的银行存款日记账如表 8-3 所示，本月末银行打出的银行对账单如表 8-4 所示。

经过银行存款日记账和银行对账单逐笔核对，发现双方有下列未达账项：

（1）企业已收，银行未收的款项为 88 000 元。

（2）企业已付，银行未付的款项为 3 000 元。

（3）银行已收，企业未收的款项为 40 000 元。

（4）银行已付，企业未付的款项为 25 000 元。

根据企业的银行存款日记账的期末余额和银行的银行对账单的期末余额，以及发现的未达账项，编制银行存款余额调节表，如表 8-5 所示。

表 8-3 银行存款日记账

单位：元

2011 年		摘　要	结算凭证		对方科目	收　入	支　出	结　余
月	日		种　类	号　数				
9	1	期初余额						780 000
	3	销售产品	支票	00454	主营业务收入	340 000		1 120 000
	5	收到货款	支票	00527	应收账款	80 000		1 200 000
	10	支付货款	支票	00121	原材料		520 000	680 000
	16	销售产品	支票	00639	主营业务收入	120 000		800 000
	20	提取现金	支票	00122	现金		3 000	797 000
	29	支付购料款	支票	00123	应付账款		32 000	765 000
	30	销售产品	支票	00989	主营业务收入	8 000		773 000
		本月合计				548 000	555 000	773 000

表 8-4 银行对账单

单位：元

月	日	摘　要	结算凭证		收　入	支　出	结　余
			种　类	号　数			
9	1	结余					780 000
	3	存入	支票	00454	340 000		1 120 000
	11	支取	支票	00369		520 000	600 000
	17	存入	支票	00878	120 000		720 000
	26	支取	支票	00423		32 000	688 000
	27	存入	支票	00889	40 000		728 000
	30	支取	支票	00989		25 000	703 000
		本期合计			500 000	577 000	703 000

表 8-5 银行存款余额调节表

2011 年 9 月 30 日　　单位：元

项　目	金　额	项　目	金　额
企业银行存款账面余额	773 000	银行对账单余额	703 000
加：银行已收，企业未收	40 000	加：企业已收，银行未收	88 000
减：银行已付，企业未付	25 000	减；企业已付，银行未付	3 000
调节后的余额	788 000	调节后的余额	788 000

如果调节后的双方余额相等(如例 8-6)，则可以说明企业与银行的账簿记录都准确无误。若不相等，则说明企业与银行至少有一方记账有错误，应进一步核对，查实原因予以更正。

企业在进行银行存款清查时，对未达账项不做账务处理，待未达账项结算凭证到达后再作账务处理。

任务四　债权债务的清查及账务处理

任务目标

1. 学会往来款项对账单的编制和与对方对账的方法。
2. 掌握对不能收回的应收款项和无法偿还的应付款项的账务处理方法。

知识储备

债权债务清查也称往来款项清查，即应收、应付款项清查，主要是应收账款和应付账款的清查。应收账款和应付账款清查，采用与对方单位对账的方法，一般每月应对账一次。对账中发现双方不相符的地方，要查清问题所在并及时更正。

与对方单位对账时，应编制对账单，与对方当面核对或通过传真、电子邮件、邮寄等方式与对方核对。对账单的参考格式，如表 8-6 所示。

表 8-6 往来款项对账单

单位：元

对方单位：宏建公司

日　期	摘　要	发生金额	结清金额	余　额
5. 8	购货	50 000		
5. 15	付款		50 000	
5. 16	购货	80 000		
5. 25	购货	60 000		
5. 28	付款		120 000	
5. 31	购货	30 000		
	合计	220 000	170 000	50 000

编制单位：利达公司

清查中，对长期不能结清的应收、应付账款，应报管理当局批准核销。无法收回的应收账款，按坏账损失处理。无法偿还的应付款项，转作营业外收入。

例 8-7：永兴机械有限责任公司在进行应收账款清查中，发现有应收自力公司账款 8 000 元，已过 3 年且无法收回，报经总经理批准按坏账损失处理。

原始凭证如图 8-9 所示。

关于应收自力公司账款的处理意见

鉴于自力公司所欠 8 000 元货款已过 3 年，经多次催收仍无法收回，已无催收价值，建议作为坏账处理。妥否，请批示。

会计：陈娟
2011 年 7 月 5 日

同意　王振华　2011 年 7 月 15 日

图 8-9

账务处理为：

借：营业外支出　　8 000

　　贷：应收账款——自力公司　　8 000

例 8-8：永兴机械有限责任公司在进行应付账款的清查中，发现对三江公司一笔应付账款 2 000元已挂账 3 年多。经查，三江公司已注销，已无法偿还欠款。报经总经理批准后，将此笔应付账款予以转销。

原始凭证如图 8-10 所示。

关于对三江实业有限公司应付账款的处理意见

对三江公司一笔应付账款 2 000 元已挂账三年多。经查，三江公司已注销，已无法偿还欠款，建议予以转销。

会计：陈娟
2010 年 7 月 1 日

同意　王振华　2010 年 7 月 15 日

图 8-10

账务处理为：

借：应付账款——三江公司　　2 000

　　贷：营业外收入　　2 000

项目训练

1. 某企业成品库盘存表，如表 8-7 所示。

表 8-7　库存商品盘存表

金额单位：元

品　名	单　位	账存数	实存数	盘盈			盘亏		
				数　量	单　价	金　额	数　量	单　价	金　额
A 产品	件	500	500						
B 产品	件	800	810	10	5	50			
C 产品	件	1 000	990				10	4	40
D 产品	只	200	180				20	10	200
E 产品	只	300	300						
合　计	—	—	—	—	—	50	—	—	240

要求：

（1）根据盘存表，作出账务处理。

（2）经理批准的处理意见为：B产品按正常溢余处理，C产品按正常损耗处理，D产品由库管员赔偿。D产品材料成本占产品成本的60%，该企业为增值税一般纳税人。根据处理意见进行账务处理。

2. 某企业固定资产清查表，如表8-8所示。

表8-8　固定资产清查表

金额单位：元

名　称	单　位	账存数	实存数	盘　盈		盘　亏		
				数　量	评估价值	数　量	原　值	已提折旧
甲设备	台	10	10					
乙设备	台	8	8					
文件柜	个	5	6	1	900			
计算机	台	10	9			1	7 000	5 000
打印机	台	5	5					
合　计	—	—	—	—	900	—	7 000	5 000

要求：

（1）根据固定资产清查表，作出账务处理。

（2）报经理批准的处理意见为：文件柜转作收入；计算机系丢失，由使用保管人张某赔偿500元，剩余部分按损失处理。根据处理意见进行账务处理。

3. 某公司8月31日银行存款日记账的账面余额为2 800 000元，银行对账单余额为2 750 000元，经过核对，发现有以下几笔未达账项：

（1）8月29日，银行已付企业水电费5 000元，银行已经入账，企业尚未收到付款通知。

（2）8月29日，企业委托银行收款125 000元，银行已经入账，企业尚未收到收账通知。

（3）8月30日，企业将收到外单位转账支票一张，计176 000元，企业已入账，银行尚未入账。

（4）8月30日，企业开出转账支票一张支付货款，计6 000元，企业已入账，收款人尚未办理进账，银行尚未付款。

根据以上未达账项，编制银行存款余额调节表。

4. 在现金清查中，发现短款1 000元。经查系锁被撬失窃，报经批准的处理意见为：出纳吴某未及时将现金存银行，负有一定责任，应赔偿500元，剩余500元按非常损失处理。作出有关账务处理。

5. 某企业清查债权债务时，发现有一笔应收大河公司的应收账款5 000元，大河公司已破产，无法收回，经批准按坏账处理。还有一笔对丽彩公司的应付账款10 000元，因该公司已解散，无法偿还，经批准予以转销。作出有关账务处理。

项目九 期间费用的核算

期间费用，是指与生产过程无直接关系、不计入生产成本、直接计入当期损益的费用，对于工业企业而言，包括销售费用、管理费用和财务费用。本项目我们将学习各项期间费用的账务处理方法。

任务一 销售费用的账务处理

任务目标

1. 明确销售费用的范围。
2. 掌握销售费用的账务处理方法。

知识储备

销售费用是指企业在销售过程中发生的费用。包括专设销售机构(含销售网点、售后服务网点等)的职工薪酬、招待费、差旅费、专设销售机构的固定资产折旧费、销售过程中发生的运输费、装卸费、包装费、保险费、展览费、广告宣传费、售后服务费及其他费用等。

为了核算工业企业销售过程发生的费用，应设置销售费用科目，该科目属于损益类科目。企业发生销售费用时，记入销售费用科目，月末应将该账户的发生额转入本年利润科目，结转后无余额。本科目可按费用项目，设置多栏式明细账进行明细核算。

一、人工费用

人工费用是指销售机构职工和售后服务人员的薪酬。其账务处理见项目六中任务二“人工费用的计算和账务处理”。

二、折旧费用

折旧费用是指专设销售机构的固定资产(车辆、房屋、办公设备等)折旧费。其账务处理参见项目四中任务四“固定资产折旧的计提和账务处理”。

例 9-1：永兴机械有限责任公司在本月固定资产折旧计提表中，专设销售机构的固定资产的折旧费合计为 5 000 元。原始凭证为固定资产折旧计提表，其账务处理为：

借：销售费用　　5 000

　　贷：累计折旧　　5 000

三、运输费用

运输费用是指销售过程中支付的送货运输费。运输费可按7%作为进项增值税，剩余部分计入销售费用。

例9-2：永兴机械有限公司销售产品一批，以现金支付由本企业负担的运输费500元。原始凭证如图9-1和图9-2所示。

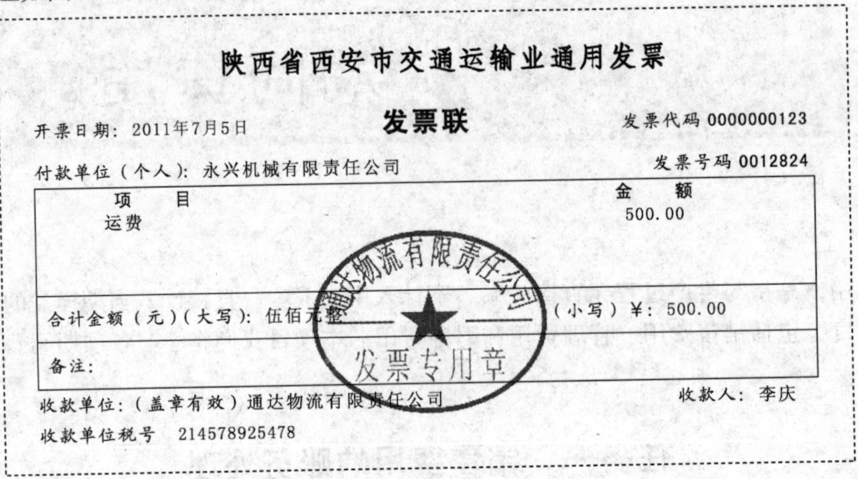

陕西省西安市交通运输业通用发票

发票联

开票日期：2011年7月5日　　发票代码 0000000123

付款单位（个人）：永兴机械有限责任公司　　发票号码 0012824

项　目	金　额
运费	500.00
合计金额（元）（大写）：伍佰元整	（小写）¥：500.00
备注：	

收款单位：（盖章有效）通达物流有限责任公司　　收款人：李庆

收款单位税号　214578925478

图9-1

现金付出凭证　　第二联　交会计

第3号

2011年7月5日

	备　注
付　给　通达物流有限责任公司运费　款	
计人民币（大写）伍佰元整	
领款人（签名）　赵大智	500.00元

负责人　　会计　张娟　　出纳　李涛

图9-2

账务处理为：

借：销售费用　465

　　应交税费——应交增值税（进项税额）　35

　　贷：库存现金　500

四、广告、宣传费用

广告、宣传费用就是为销售本企业的产品而支付的媒体广告费和宣传费等。

例9-3：永兴机械有限责任公司签发转账支票一张支付广告费9 000元。原始凭证如图9-3和图9-4所示。

账务处理为：

借：销售费用　9 000

　　贷：银行存款　9 000

五、售后服务费用

售后服务费用是指产品售出后，为客户提供的安装、免费保修服务等所发生的费用。

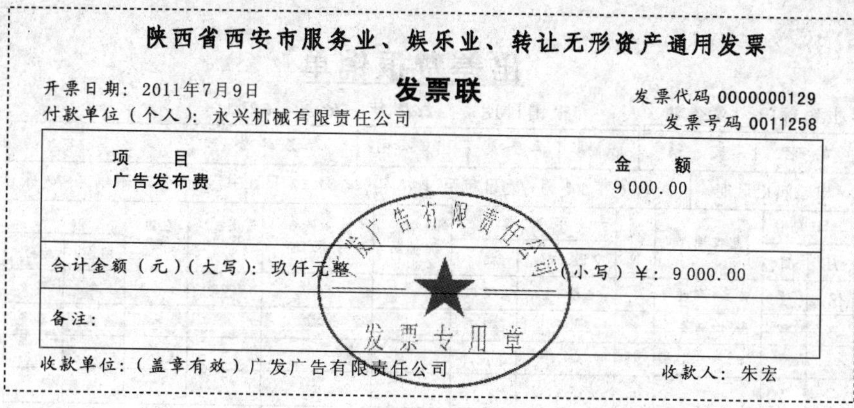

陕西省西安市服务业、娱乐业、转让无形资产通用发票

发票联

开票日期：2011年7月9日　　发票代码 0000000129

付款单位（个人）：永兴机械有限责任公司　　发票号码 0011258

项　目	金　额
广告发布费	9 000.00
合计金额（元）（大写）：玖仟元整	（小写）￥：9 000.00
备注：	

收款单位：（盖章有效）广发广告有限责任公司　　收款人：朱宏

（印章：广发广告有限责任公司 发票专用章）

图 9-3

例 9-4：某客户提出上月购买的本公司的产品出现故障，维修人员上门免费修理，消耗材料费共计 100 元。

原始凭证如图 9-5 所示。

账务处理为：

借：销售费用　　100

　　贷：原材料——配件　　100

六、其他费用

其他费用是指销售过程中发生的除上述费用外的销售费用。支付这些费用时，根据费用发票和付款凭证，账务处理为：

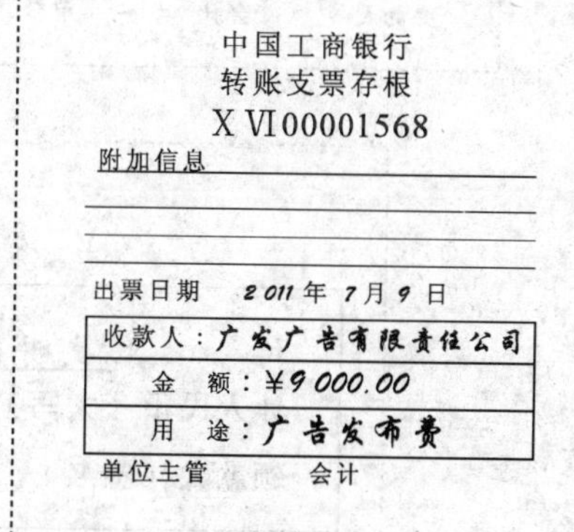

中国工商银行

转账支票存根

XⅥ00001568

附加信息

出票日期　2011 年 7 月 9 日

收款人：广发广告有限责任公司

金　额：￥9 000.00

用　途：广告发布费

单位主管　　会计

图 9-4

实 物 出 库 凭 证

领物单位：售后服务部　　2011 年 7 月 11 日　　字第 15 号

品名	数量	单位	单价	金额									备考
				百	十	万	千	百	十	元	角	分	
配件	50	件	2.00					1	0	0	0	0	
合计	壹佰元整												

负责人：　　会计：　　保管：王亮　　领物人：王志义

图 9-5

借：销售费用

　　贷：银行存款或库存现金

例 9-5：报销销售人员差旅费。

原始凭证如图 9-6 和图 9-7 所示。

账务处理为：

借：销售费用　　310

　　贷：库存现金　　310

出差费报销单

报销部门 销售部　　报销日期： 2011 年 10 月 20 日

姓名	史明	职别	业务员	出差事由	联系业务
出差起止日期	自 2011 年 12 月 19 日起至 2011 年 12 月 20 日止共 2 天			附单据 10 张	

日期		起讫地点	天数	车船费		火车硬席补贴	途中伙食补助费	宿费	住勤费	杂费	
月	日			交通工具	金额					用途	金额
10	19	西安-郑州	1	火车	80.0		30.0	100.0		公交	20.0
10	20	郑州-西安	2	火车	80.0		60.0			公交	30.0
合计（大写）	叁佰壹拾元整					总计	310.00				

审核意见：报销　王志宏　2011年10月20日

负责人　　会计　　审核　　部门主管 李强　　出差人 史明

图 9-6

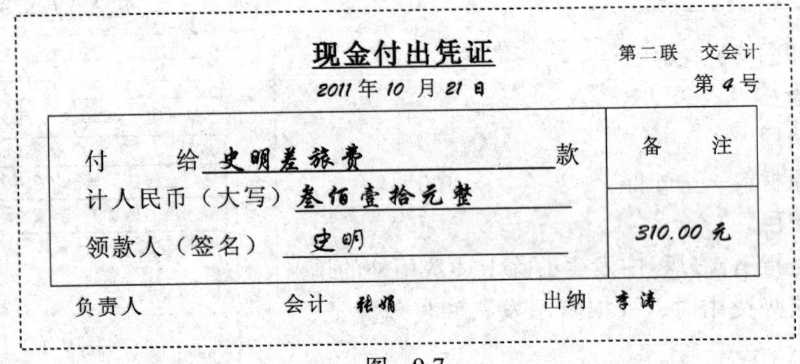

现金付出凭证　　第二联　交会计

2011 年 10 月 21 日　　第 4 号

	备注
付　给 史明差旅费 款	
计人民币（大写）叁佰壹拾元整	310.00 元
领款人（签名） 史明	

负责人　　会计 张娟　　出纳 李涛

图 9-7

任务二　管理费用的账务处理

任务目标

1. 明确管理费用的范围。
2. 掌握管理费用的账务处理方法。

知识储备

管理费用，是指企业在经营管理活动中所发生的费用，包括企业行政管理部门的职工薪酬、行政办公费、行政管理人员差旅费、办公水电费、管理用低值易耗品和长期待摊费用摊销、管理用固定资产修理费、管理用固定资产的折旧费、咨询费、诉讼费、财产保险费、业务招待费、非生产用无形资产摊销、技术研究费、筹建期间的开办费以及其他费用。

企业发生的管理费用在管理费用科目中核算，月末，将管理费用科目借方的净发生额转入本年利润科目的借方。

一、行政管理部门职工薪酬

行政管理部门职工薪酬，是指行政管理部门职工的工资和按其工资额的一定比例计提的职工

福利费、职工教育经费和社会保险费等。

管理人员薪酬是和生产人员、销售人员薪酬一并进行账务处理的，其账务处理及举例见项目六中任务二“人工费用的计算和账务处理”。

二、管理用固定资产折旧费

管理用固定资产折旧费，是指行政管理部门使用的固定资产的折旧费，包括办公用房屋、办公设备、办公家具等的折旧费。其会计处理见项目四中任务四“固定资产折旧的计提和账务处理”。

三、行政管理人员差旅费

行政管理人员差旅费，是指行政管理部门职工出差，予以报销的交通费、住宿费、伙食补助、会务费等费用。

例 9-6： 经理张宏预借差旅费现金 2 500 元，归来后应报销差旅费 2 000 元，多余 500 元交回。

张宏借款时，原始凭证如图 9-8 和图 9-9 所示。

借 款 单

2011 年 7 月 4 日　　　　第 1 号

工作部门	行政部		借款人姓名	张宏						
借款金额	（大写）贰仟伍百元整			万	千	百	十	元	角	分
				¥	2	5	0	0	0	0
用途	差旅费		还款日期	2011 年 7 月 25 日						
单位负责人		部门主管		部门负责人	李强 2011 年 7 月 4 日	财务负责人	王志宏 2011 年 7 月 4 日			

图 9-8

现金付出凭证　　第二联 交会计

2011 年 7 月 5 日　　第 5 号

付　给 张宏预借差旅费 款

计人民币（大写）贰仟伍佰元整

领款人（签名） 张宏

备　注

2 500.00 元

负责人　　会计 张娟　　出纳 李涛

图 9-9

账务处理为：

借：其他应收款——张宏　　2 500

　　贷：库存现金　　2 500

报销差旅费时，原始凭证如图 9-10 和图 9-11 所示。

账务处理为：

借：管理费用　　2 000

　　库存现金　　500

　　贷：其他应收款——张宏　　2 500

出差费报销单

报销部门 行政部　　报销日期：2011 年 7月 22日

姓名	张宏	职别	经理	出差事由	洽谈业务						
出差起止日期		自 2010 年 7 月 19 日起至 2010 年 7 月 21 日止共 3 天　附单据 9 张									
日期		起讫地点	天数	车船费		火车硬席补贴	途中伙食补助费	住宿费	住勤费	杂费	
月	日			交通工具	金额					用途	金额
7	19	西安-广州	1	飞机	700.0					公交	20.0
7	20	广州						500.0	60.0		
7	21	广州-西安	1	飞机	700.0					公交	20.0
合计（大写）		贰仟元整				总　计		2 000.00			
审核意见：报销　王振华　2011年7月22日											

负责人　　会计　　审核　　部门主管 李强　　出差人 张宏

图　9-10

现金收入凭证

第二联　交会计

2011 年 7 月 22 日

编号：3

交款人(单位)	张　宏							
摘　　要	交回差旅费余款							
金额（大写）	伍佰元整	万	千	百	十	元	角	分
			¥	5	0	0	0	0

主管　　会计　　出纳 李涛　　制票 陈娟

图　9-11

四、非生产用无形资产摊销

除生产使用的无形资产外，一般无形资产的摊销记入管理费用。

例 9-7：永兴机械有限责任公司购入的一项专营权买价为 100 000 元，按 5 年摊销。本月摊销额为 1 667 元。

原始凭证如图 9-12 所示。

7 月份专营权摊销计算单

专营权价值：100 000 元

摊 销 年 限：5 年

月摊销额 =100 000 元 ÷ 5 ÷ 12=1 667 元

图　9-12

账务处理为：

借：管理费用　　1 667

　　贷：累计摊销　　1 667

五、管理用低值易耗品摊销

管理用低值易耗品摊销，是指行政管理部门所用的、价值达不到固定资产条件的办公桌椅、饮水器、木制文件柜等一次购置价值较大的用具的价值摊销。这些用具在批量购入时，记入长期待摊费用科目，然后分年摊销。

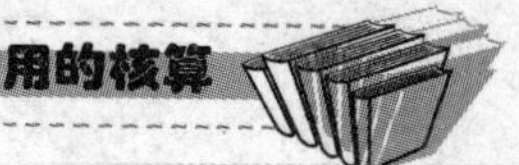

例 9-8：永兴机械有限责任公司一次购入办公桌椅 5 套，总价值 3 000 元，分 3 年摊销。本月应摊销 83 元。

购入时的账务处理为：

借：长期待摊费用——办公桌椅　　3 000

　　贷：银行存款　　3 000

每月摊销时，原始凭证如图 9-13。

7 月份办公桌椅摊销计算单

总 价 值：3 000 元

摊销年限：3 年

本月摊销额=3 000 元 ÷ 3 ÷ 12=83 元

图　9-13

账务处理为：

借：管理费用　　83

　　贷：长期待摊费用——办公桌椅　　83

关于低值易耗品的账务处理详见项目三中任务二。

六、管理有关的长期待摊费用摊销

管理有关的长期待摊费用摊销，主要是经营性租入管理用房屋装修费摊销，其账务处理见项目四中任务五“固定资产后续支出的账务处理”其中“固定资产改、扩建支出”部分。

七、管理用固定资产修理费

管理用固定资产的修理费，日常小修理费直接计入管理费用；大修理费支出，先计入长期待摊费用，然后在可使用年限内分年摊销计入管理费用。

账务处理见项目四中任务五“固定资产后续支出的账务处理”其中“固定资产修理支出”部分。

例 9-9：永兴机械有限责任公司支付办公室打印机修理费 200 元。

原始凭证如图 9-14 和图 9-15 所示。

陕西省西安市服务业、娱乐业、转让无形资产通用发票

发票联

开票日期：2011年7月16日　　发票代码 0000000159

付款单位（个人）：永兴机械有限责任公司　　发票号码 0251264

项　目	金　额
打印机修理	200.00
合计金额（元）（大写）：贰佰元整	（小写）¥：200.00
备注：	

收款单位：（盖章有效）华盛计算机维修部　　收款人：李中宏

图　9-14

现金付出凭证

2011 年 7 月 17 日　　第二联　交会计　第 15 号

	备　注
付　给 打印机修理费 款	
计人民币（大写）贰佰元整	
领款人（签名）王振华	200.00 元

负责人　　会计 张娟　　出纳 李涛

图　9-15

账务处理为：

借：管理费用 200

贷：库存现金 200

八、其他费用

除上述费用外，其他费用如办公费、邮电通信费、办公室水电费、办公室水电维修费、咨询费、诉讼费、财产保险费、业务招待费、小额低值易耗品费、研究费和开办费等。

支出时的原始凭证为发票和付款凭证，账务处理为：

借：管理费用

贷：银行存款或库存现金

例 9-10：永兴机械有限责任公司本月支付招待费 2 000 元，以现金支付。

原始凭证如图 9-16 和图 9-17 所示。

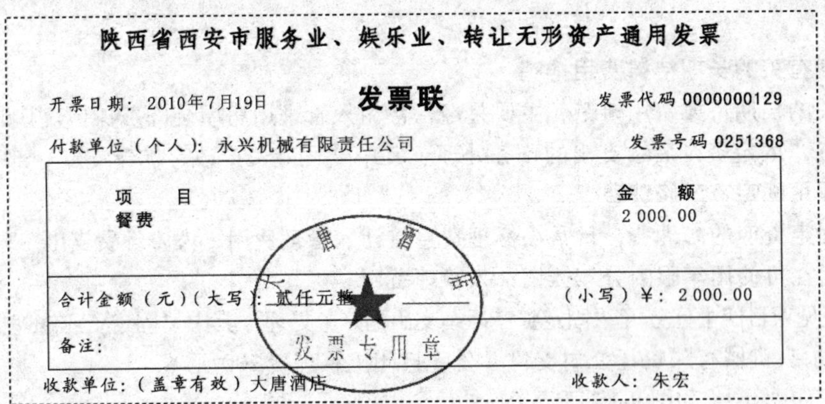

陕西省西安市服务业、娱乐业、转让无形资产通用发票

发票联

开票日期：2010年7月19日 发票代码 0000000129

付款单位（个人）：永兴机械有限责任公司 发票号码 0251368

项目	金额
餐费	2 000.00
合计金额（元）（大写）：贰仟元整	（小写）¥：2 000.00
备注：	

收款单位：（盖章有效）大唐酒店 收款人：朱宏

图 9-16

现金付出凭证

第二联 交会计

2010 年 7 月 20 日 第 16 号

	备注
付给 招待客户餐费 款	
计人民币（大写）贰仟元整	2 000.00 元
领款人（签名） 王振华	

负责人 会计 张娟 出纳 李涛

图 9-17

账务处理为：

借：管理费用 2 000

贷：库存现金 2 000

任务三 财务费用的账务处理

任务目标

1. 明确财务费用的范围。

2. 掌握财务费用的账务处理方法。

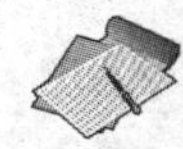

知识储备

财务费用是企业为筹集生产经营所需资金等而发生的费用。财务费用主要包括：应当作为期间费用的利息支出(减利息收入)、外币汇兑损失(减汇兑收益)以及银行相关手续费等。

发生的财务费用，记入财务费用科目的借方，月末向本年利润科目结转时记入其贷方。

一、借款利息支出

企业借入的用于生产经营的短期或长期借款的利息支出，除用于建造固定资产的专门借款在建造期间的利息外，均计入财务费用。

按月支付当月借款利息账务处理为：

借：财务费用

　　贷：银行存款

计提本月按季付息的借款利息的账务处理为：

借：财务费用

　　贷：应付利息

关于借款利息的账务处理详见项目一中任务二和任务三。

二、存款利息收入

企业银行存款的利息收入，作冲减财务费用处理。

例 9-11：永兴机械有限责任公司本月收到银行存款利息入账通知单，收到利息收入 300 元，转入企业银行账户。

原始凭证如图 9-18 所示。

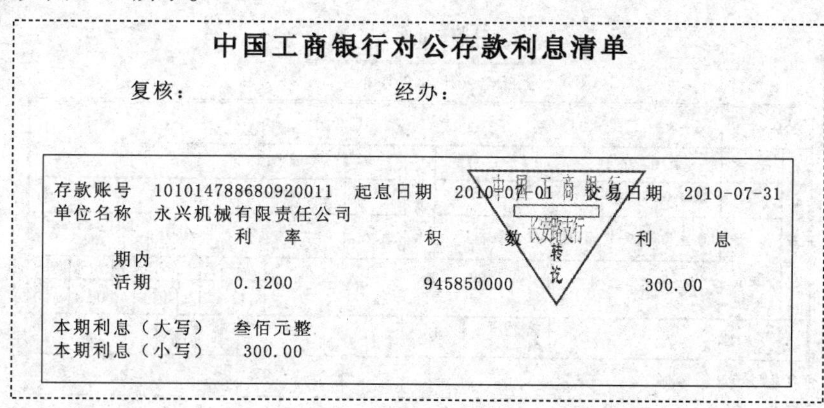

中国工商银行对公存款利息清单

复核：　　　　经办：

存款账号　101014788680920011　起息日期　2010-07-01　交易日期　2010-07-31

单位名称　永兴机械有限责任公司

	利率	积数	利息
期内 活期	0.1200	945850000	300.00

本期利息（大写）　叁佰元整

本期利息（小写）　300.00

图 9-18

账务处理为：

借：银行存款　　　　300

　　贷：财务费用　　　　300

三、带息票据利息

在采用商业汇票结算时，支付的带息票据利息计入财务费用，收到的带息票据利息冲减财务费用。

例 9-12：达利公司从东大商贸有限责任公司购货以商业汇票结算，票据到期，支付应付带息票据票面金额 20 000 元和利息 400 元。

原始凭证如图 9-19 所示。

托收凭证（付款通知）　5

委托日期 2010 年 7 月 6 日

业务类型	委托收款（□邮划、□电划）　托收承付（□邮划、□电划）				
付款人	全称	达利工贸有限公司	收款人	全称	东大商贸有限责任公司
	账号	20304015201200000361		账号	132571845092001
	地址	陕西省咸阳市县　开户行　工行人西办		地址	陕西省西安市县　开户行　工行民生路分理处
金额	人民币（大写）	贰万零肆佰元整	亿千百十万千百十元角分		¥2 0 4 0 0 0 0
款项内容	货款	托收凭据名称	银行承兑汇票	附寄单证张数	1
商品发运情况	已发运		合同名称号码		
备注：票款20 000元 利息400元 付款人开户银行收到日期 年 月 日 复核 记账	付款人开户银行签章 2010 年 7 月 7 日		付款人注意： 1. 根据支付结算办法，上列委托收款（托收承付）款项在付款期限内未提出拒付，即视为同意付款，以此代付款通知。 2. 如需提出全部或部分拒付，应在规定期限内，将拒付理由书并附债务证明退交开户银行。		

图 9-19

账务处理为：

借：应付票据——东大商贸有限责任公司　20 000

　　财务费用　400

　　贷：银行存款　20 400

依例9-12，东大商贸有限责任公司收到票款和利息时，原始凭证如图9-20所示。

托收凭证（收账通知）　4

委托日期 2010 年 7 月 6 日

业务类型	委托收款（□邮划、□电划）　托收承付（□邮划、□电划）				
付款人	全称	达利工贸有限公司	收款人	全称	东大商贸有限责任公司
	账号	20304015201200000361		账号	132571845092001
	地址	陕西省咸阳市县　开户行　工行人西办		地址	陕西省西安市县　开户行　工行民生路分理处
金额	人民币（大写）	贰万零肆佰元整	亿千百十万千百十元角分		¥2 0 4 0 0 0 0
款项内容	货款	托收凭据名称	银行承兑汇票	附寄单证张数	1
商品发运情况	已发运		合同名称号码		
备注：票款20 000元 利息400元 复核 记账	上列款项已划回收入你方账户内 收款人开户银行签章 2010 年 7 月 7 日				

图 9-20

账务处理为：

借：银行存款　20 400

　　贷：应收票据——达利工贸有限公司　20 000

　　　　财务费用　400

四、票据贴现利息

企业持商业汇票向银行贴现时，贴现利息计入财务费用。其账务处理见项目七中任务一，其中“商业汇票贴现”部分。

五、支付银行相关手续费

支付给银行相关手续费，计入财务费用。

例 9-13： 企业因银行承兑汇票结算，支付银行承兑手续费 200 元。

原始凭证如图 9-21 所示。

中国工商银行　　　　业务收费凭证

流水号 000120130189　　　　2011 年 7 月 20 日

付款人账号	101014788680920011		
付款人名称	永兴机械有限责任公司		
开户行名称	工行长安路支行		
收费金额	人民币贰佰元整 RMB200.00		
收费项目	金额（小写）	收费项目	金额（小写）
手续费	RMB200.00	邮电费	
工本费		保管箱或其他	
摘要： 承兑 200 000.00 中国工商银行 长安路支行 转讫 （银行盖章）		会计科目 借： 贷： 制作：　授权：　复核：　经办：	

图 9-21

账务处理为：

借：财务费用　　　　200

　　贷：银行存款　　　　200

六、现金折扣

给予购货方的现金折扣，借记财务费用；享受销货方的现金折扣，贷记财务费用。

给予购货方的现金折扣的账务处理，见项目七中任务一，其中“销售折扣、折让的账务处理”部分。

享受销货方的现金折扣的账务处理为：

借：应付账款——销货方（货款全额）

　　贷：银行存款（支付金额）

　　　　财务费用（现金折扣额）

项目训练

根据道同公司下列经济业务的原始凭证信息，分别作出账务处理。

1. 运输费发票：付款单位道同公司，运费 600 元。

现金付出凭证：付运费款 600 元。

2. 广告费发票：付款单位道同公司，广告费 5 000 元。

转账支票存根：收款人西安电视台，广告费 5 000 元。

3. 材料出库单：领物单位售后服务部，产品零配件 800 元。

4. 固定资产折旧计提表：生产用固定资产折旧费 2 000 元，销售用固定资产折旧费 900 元，管理用固定资产折旧费 1 200 元。

5. 差旅费报销单：业务员张大忠，参加展销会，合计金额1 200元(原预借备用金3 000元)。

6. 借款单：借款人李虎，用途为投标会差旅费，金额2 500元。

现金付出凭证：付给李虎预借差旅费款2 500元。

7. 差旅费报销单：行政经理李虎，参加投标会，合计金额3 000元。

现金付出凭证：付给李虎差旅费款500元。

8. 银行业务收费凭证：付款人道同公司，汇兑手续费20元。

9. 办公桌椅摊销计算单：总价值2 400元，摊销期限2年，本月摊销额100元。

10. 服务业发票：餐费，金额500元。

现金付出凭证：付给李虎招待费500元。

11. 普通发票：打印纸200元。

现金付出凭证：付给办公室购打印纸款200元。

12. 中国电信收费专用发票：道同公司，合计金额300元。

现金付出凭证：付给办公室电话费300元。

13. 土地使用权摊销计算单：本月摊销额2 000元。

14. 委托收款付款通知：付款人道同公司，收款人华美公司，金额40 500元(商业汇票面值40 000元、利息500元)。

15. 银行借款利息通知单：利息1 000元(按月付息)。

16. 借款利息计提计算单：本月应付利息3 000元(按季付息)。

17. 银行存款利息清单：单位名称道同公司，本期利息560元。

10 项目十 利润及其分配业务的核算

利润是指企业的经营成果，有了利润，就要缴纳企业所得税，每年终了后，还要进行利润分配。本项目我们就要学习利润核算及其分配有关业务的财务处理方法。

任务一　利润的计算和账务处理

任务目标

1. 懂得利润的计算原理和方法。
2. 明确营业外收支的范围和账务处理方法。
3. 掌握财产、行为税费的计算和账务处理方法。
4. 掌握利润结转的账务处理方法。
5. 学会企业所得税预缴的计算申报和账务处理方法。

知识储备

利润，是指企业在一定会计期间的经营成果，也是一定期间收入与费用配比的结果。如果一定期间的收入大于费用，则表现为利润，如果一定期间的收入小于费用，则表现为亏损。企业生产经营的最终目的是获取最大限度的利润，利润是衡量企业生产经营效果的综合指标。利润的计算公式为

利润总额 = 主营业务收入 + 其他业务收入 + 投资收益 + 营业外收入 − 主营业务成本 − 其他业务成本 − 营业税金及附加 − 销售费用 − 管理费用 − 财务费用 − 营业外支出

净利润 = 利润总额 − 所得税费用

一、营业外收支的账务处理

营业外收支是指企业发生的与其生产经营无直接关系的收入和支出。虽然它们与企业的生产经营没有直接联系，但它同样要影响到企业的利润，营业外收支净额也是利润的组成部分。

（一）营业外收入

1. 营业外收入的内容

营业外收入是指企业发生的与其生产经营无直接关系的各种收入。包括财产盘盈、固定资产处置和报废净收益、出售无形资产净收益、得到的损失赔偿和违约金收入、收到的捐赠收入、出

租包装物和商品的租金收入、逾期未退包装物押金收益、汇兑收益、政府补助、已作坏账损失处理又收回的应收账款以及无法支付的应付款项等。

2. 营业外收入的账务处理

主要的营业外收入项目的账务处理如下：

（1）财产盘盈、无法支付的应付款项。账务处理见项目八。

（2）固定资产处置和报废净收益。固定资产处置和报废净收益，是指固定资产出售、抵债和报废时取得的收入大于固定资产账面价值和处置费用的差额。

账务处理的程序和方法见项目四中任务六“固定资产减少的账务处理”。结转清理收益账务处理为：

借：固定资产清理

　　贷：营业外收入

（3）出售无形资产净收益。出售无形资产净收益，是指出售无形资产取得的收入大于无形资产账面价值、转让无形资产支付的相关费用及税金的差额。

账务处理见项目五中任务三“无形资产转让的账务处理”部分。

（4）得到的损失赔偿和违约金收入。得到的损失赔偿和违约金收入，是指在经济合同履行时，因对方违约而向本企业支付的损失赔偿款和违约金。

例 10-1：永兴机械有限责任公司在购销合同履行中，由于对方违约，按合同约定收到对方支付的违约金 20 000 元。

原始凭证如图 10-1 和图 10-2 所示。

中国工商银行　进账单　（收账通知）

2011 年 8 月10日

出票人	全称	中天机械厂	收款人	全称	永兴机械有限责任公司
	账号	101014788680920011		账号	21371859091002
	开户银行	中行长安路支行		开户银行	工行长安路支行
金额	人民币（大写）	贰万元整		亿千百十万千百十元角分	¥2000000
票据种类	支票	票据张数	壹张		
票据号码	XⅥ00001259				
	复核	记账			开户银行签章

图 10-1

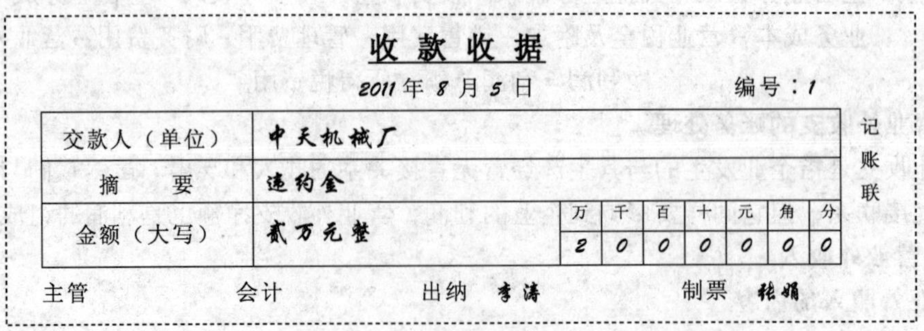

收款收据

2011 年 8 月 5 日　　编号：1

交款人（单位）	中天机械厂						
摘　要	违约金						
金额（大写）	贰万元整	万	千	百	十	元	角	分
		2	0	0	0	0	0	0

记账联

主管　　会计　　出纳 李涛　　制票 张娟

图 10-2

账务处理为：

借：银行存款　　　　　　　　　　　　　　　　　　　　　　　　20 000

　　贷：营业外收入　　　　　　　　　　　　　　　　　　　　　　　　20 000

（5）收到的捐赠。收到的货币捐赠，按实际金额入账。收到的非货币捐赠，按捐赠协议载明的价值入账；若捐赠协议未载明价值，则按市场价估价入账。

例 10-2：永兴机械有限责任公司得到捐赠车床一台，捐赠协议载明的价值为 20 000 元。

原始凭证如图 10-3 所示。

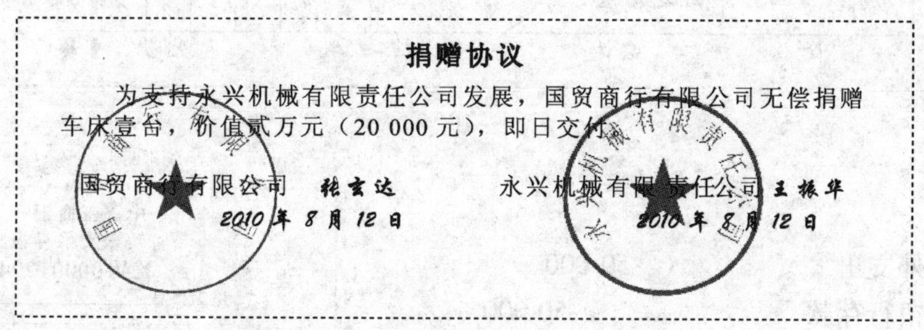

捐赠协议

为支持永兴机械有限责任公司发展，国贸商行有限公司无偿捐赠车床壹台，价值贰万元（20 000 元），即日交付。

国贸商行有限公司　张玄达　　　　永兴机械有限责任公司　王振华

2010 年 8 月 12 日　　　　2010 年 8 月 12 日

图 10-3

账务处理为：

借：固定资产——车床　　　　　　　　　　　　　　　　　　20 000

　　贷：营业外收入　　　　　　　　　　　　　　　　　　　　　　20 000

（6）政府补助、已作坏账损失处理又收回的应收账款。根据收款收账通知，收到款项的账务处理为：

借：银行存款

　　贷：营业外收入

（二）营业外支出

1. 营业外支出的内容

营业外支出，是指企业发生的与其生产经营无直接关系的各种支出。包括财产盘亏、固定资产处置和报废净损失、出售无形资产净损失、坏账损失、违约金和赔偿支出、税收滞纳金及罚款支出、被没收财产的损失、无法收回的长期投资损失、捐赠赞助支出和非常损失等。

2. 营业外支出的账务处理

主要的营业外支出项目的账务处理如下。

（1）财产盘亏、坏账损失。账务处理见项目八“财产清查业务的核算”。

（2）固定资产处置和报废净损失。固定资产处置和报废净损失，是指固定资产出售、抵债和报废时取得的收入小于固定资产账面价值和处置费用的差额。

账务处理的程序和方法见项目四中任务六“固定资产减少的账务处理”。

（3）出售无形资产净损失。出售无形资产净损失，是指出售无形资产取得的收入小于无形资产账面价值、转让无形资产支付的相关费用及税金的差额。

账务处理见项目五中任务三“无形资产转让的账务处理”部分。

（4）违约金和赔偿支出。违约金和赔偿支出，是指在经济合同履行时，因本企业违约而向对方支付的损失赔偿款和违约金。

例 10-3：永兴机械有限责任公司在履行一供货合同时违约，按合同约定支付对方违约金和损失赔偿共 50 000 元。

原始凭证如图 10-4 和图 10-5 所示。

收款收据

2011年8月9日　　　　编号：4

交款人（单位）	永兴机械有限责任公司								客户报销联
摘　　要	违约金及赔偿款								
		万	千	百	十	元	角	分	
金额（大写）	伍万元整	[illegible]	0	0	0	0	0	0	

主管　　会计　　出纳　王华　　制票　李玲

图10-4

中国工商银行
转账支票存根
XⅥ00001294

附加信息

出票日期　2011年8月10日

收款人：大明商贸有限责任公司
金　额：¥50 000.00
用　途：违约金及赔偿款

单位主管　　会计

图10-5

账务处理为：

借：营业外支出　　50 000

　　贷：银行存款　　50 000

（5）税收滞纳金及罚款支出。税收滞纳金及罚款支出，是指企业因违法经营或违反税收法规等，被国家有关部门处以罚款和加收滞纳金等而发生的支出。

例10-4：永兴机械有限责任公司因拖延纳税，以银行存款支付税收滞纳金2 000元。

原始凭证如图10-6所示。

账务处理为：

借：营业外支出　　2 000

　　贷：银行存款　　2 000

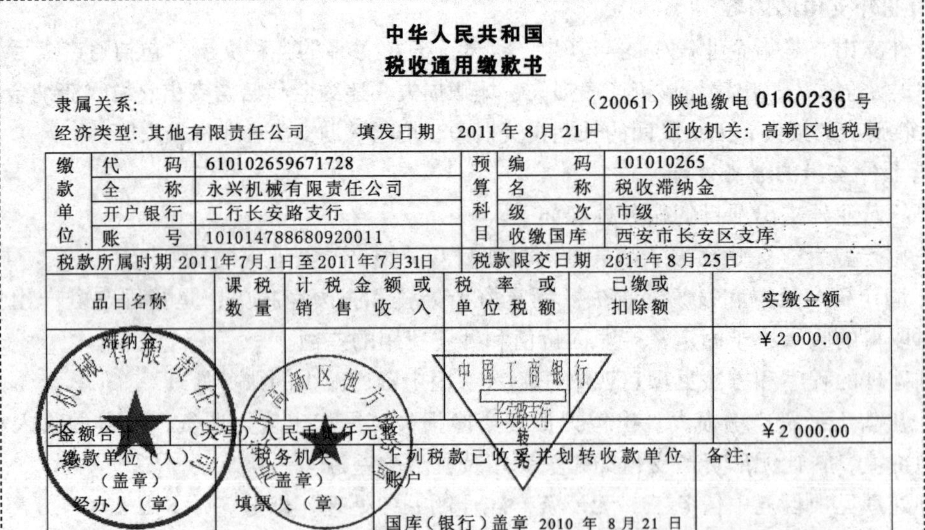

中华人民共和国
税收通用缴款书

隶属关系：　　　　（20061）陕地缴电 0160236 号

经济类型：其他有限责任公司　　填发日期　2011年8月21日　　征收机关：高新区地税局

缴款单位	代码	610102659671728	预算科目	编码	101010265
	全称	永兴机械有限责任公司		名称	税收滞纳金
	开户银行	工行长安路支行		级次	市级
	账号	101014788680920011		收缴国库	西安市长安区支库
税款所属时期 2011年7月1日至2011年7月31日			税款限交日期 2011年8月25日		

品目名称	课税数量	计税金额或销售收入	税率或单位税额	已缴或扣除额	实缴金额
滞纳金					¥2 000.00
金额合计	（大写）人民币贰仟元整				¥2 000.00
缴款单位（人）（盖章）经办人（章）	税务机关（盖章）填票人（章）	上列税款已收妥并划转收款单位账户 国库（银行）盖章 2010年8月21日		备注：	

图10-6

（6）被没收财产的损失。

例10-5：永兴机械有限责任公司因产品质量不合格，被西安市质量技术监督局没收钢构件产品2 000件，产品单位成本为10元。该批产品消耗材料200kg，材料单价为30元，购买发票上的增值税率为 17%。

原始凭证如图 10-7 和图 10-8 所示。

西安市质量技术监督局处罚单

2011 年 8 月 13 日

处罚理由：产品质量不合格

处罚结论：没收不合格钢构件产品 2 000 件。

处罚单位盖章：

图 10-7

实 物 出 库 凭 证

领物单位：西安市质量技术监督局　2011 年　8 月 13 日　　字第 19 号

品名	数量	单位	单价	金额									备考
				百	十	万	千	百	十	元	角	分	
钢构件	2 000	件	10			2	0	0	0	0	0	0	
合计	贰万元整			20 000.00									

负责人：　　会计：　　保管：王亮　　领物人：王志坚

注：该批产品耗钢材200kg，单价 30 元，价值 6 000 元，进项增值税 1 020 元

图 10-8

该批产品消耗材料的进项增值税 = 200kg × 30 元/kg × 17% = 1 020 元

由于产品被没收，无法产生销项税额，因此所消耗材料的进项税额 1 020 元则不得抵扣，应予转出。没收产品的损失为产品成本和转出的进项税额之和。账务处理为：

借：营业外支出　　21 020

　　贷：库存商品——钢构件　　20 000

　　　　应交税费——应交增值税(进项税额转出)　　1 020

(7) 捐赠赞助支出。捐赠赞助支出，是指企业对外无偿捐赠或赞助的资产价值。以货币捐赠或赞助时，以实际金额计入营业外支出；以产品捐赠或赞助时，应视同销售处理。

例 10-6：永兴机械有限责任公司通过西安市民政局向灾区捐赠 30 000 元，款项已转账。

原始凭证如图 10-9 和图 10-10 所示。

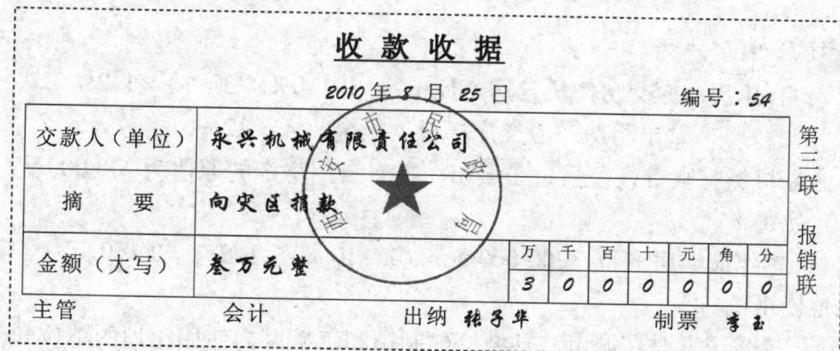

收 款 收 据

2010 年 8 月 25 日　　编号：54

交款人（单位）	永兴机械有限责任公司							
摘　要	向灾区捐款							
金额（大写）	叁万元整	万	千	百	十	元	角	分
		3	0	0	0	0	0	0

第三联　报销联

主管　　会计　　出纳 张子华　　制票 李玉

图 10-9

账务处理为：

借：营业外支出　　　　　　　　30 000

　　贷：银行存款　　　　　　　　30 000

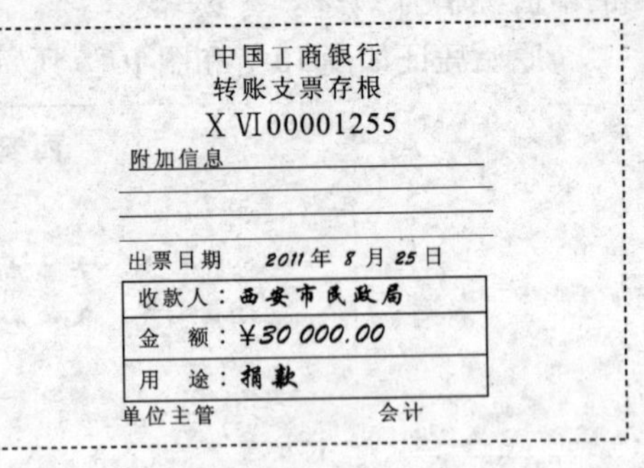
中国工商银行
转账支票存根
X Ⅵ00001255
附加信息

出票日期　2011年8月25日

收款人：西安市民政局
金　额：¥30 000.00
用　途：捐款

单位主管　　　会计

图 10-10

例 10-7：永兴机械有限责任公司向灾区捐赠钢床架产品 100 件，单位售价为 50 元，适用增值税率为 17%。

原始凭证如图 10-11 所示。

账务处理为：

借：营业外支出　　　　　　　　5 850

　　贷：主营业务收入　　　　　　5 000

　　　　应交税费——应交增值税(销项税额)

　　　　　　　　　　　　　　　　850

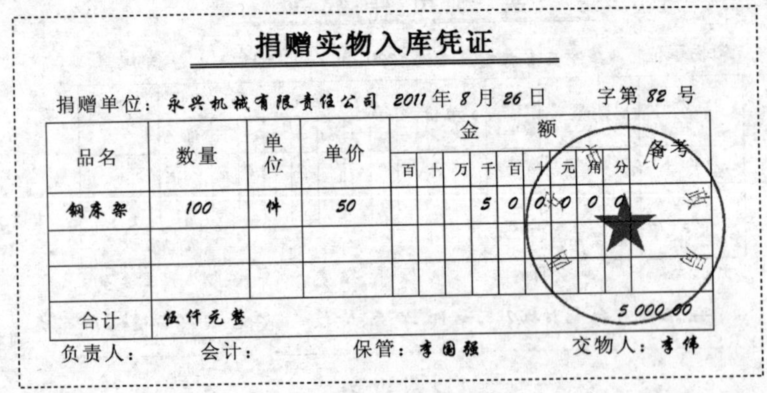
捐赠实物入库凭证

捐赠单位：永兴机械有限责任公司　2011年8月26日　　字第82号

品名	数量	单位	单价	金额 百	十	万	千	百	十	元	角	分
钢床架	100	件	50				5	0	0	0	0	0
合计	伍仟元整			5 000.00								

负责人：　　会计：　　保管：李国强　　交物人：李伟

图 10-11

(8) 非常损失。非常损失，是指企业因自然灾害(如地震、台风、水灾等)、火灾、事故和失窃等而造成的资产损失，损失数额扣除责任人或保险公司赔偿后的差额计入营业外支出。

账务处理见项目八“财产清查业务的核算”。

二、财产、行为税费的计算和账务处理

财产、行为税费，是指房产税、城镇土地使用税、车船税、印花税、水利建设基金、矿产资源补偿费和排污费等。

(一) 财产、行为税费的计算

1. 房产税

房产税是国家对城市、县城、建制镇和工矿区内拥有房产的单位和个人征收的一种税，按年征收。

应交房产税的计算公式为

$$自用房产应交房产税 = 房产原值 \times (1 - 10\% \sim 30\%) \times 1.2\%$$

$$出租房产应交房产税 = 租金收入 \times 12\%$$

例 10-8：永兴机械有限责任公司位于城市，拥有自用房产的原值为 200 000 元，经税务机关核定的减除比例为 10%。

$$本年应交房产税 = 200\ 000 元 \times (1 - 10\%) \times 1.2\% = 2\ 160 元$$

2. 城镇土地使用税

城镇土地使用税是国家对在城市、县城、建制镇和工矿区内使用土地的单位和个人征收的一种税，按年征收。

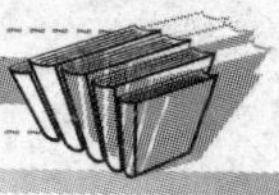

应交城镇土地使用税的计算公式为

$$应交城镇土地使用税 = 使用土地的面积(m^2) \times 适用单位税额$$

例 10-9：永兴机械有限责任公司位于中等城市，占用土地面积 10 000 m^2，所处地段每平方米税额为 5 元。

$$本年应交城镇土地使用税 = 10\ 000\ m^2 \times 5 元/m^2 = 50\ 000 元$$

3. 车船税

车船税是对拥有并使用车船的单位和个人征收的一种税，按年征收。它以应税车船为征税对象，以车船的实物量(辆、吨位)为计税依据。应交车船税的计算公式为

$$载人汽车应交车船税 = 辆数 \times 每辆税额$$

$$载货汽车应交车船税 = 自重吨数 \times 每吨税额$$

$$船舶应交车船税 = 净吨位数 \times 每吨税额$$

例 10-10：永兴机械有限责任公司拥有小汽车 1 辆，每辆税额为 100 元；有载货汽车 1 辆，自重 5t，每吨税额为 50 元。

$$本年应交车船税 = 1 \times 100 元 + 5 \times 50 元 = 350 元$$

4. 印花税

印花税是对订立合同、订立产权转移书据、立账簿、领证照的行为征收的一种税，合同、书据按所载金额计税，总分类账按实收资本和资本公积合计金额计税，其他账簿、证照按件数计税。印花税实际中一般按月缴纳。应交印花税的计算公式为

$$合同、书据、总分类账应交印花税 = 计税金额 \times 适用比例税率$$

$$其他账簿、证照应交印花税 = 件数 \times 5 元$$

例 10-11：永兴机械有限责任公司本月购销合同总金额为 800 000 元，适用税率为 0.3‰。

$$本月应交购销合同印花税 = 800\ 000 元 \times 0.3‰ = 240 元$$

5. 水利建设基金

水利建设基金按照企业收入总额的 0.8‰缴纳，按月征收，计算方法为

$$应交水利建设基金 = 收入总额 \times 0.8‰$$

例 10-12：永兴机械有限责任公司本月销售收入总额为 500 000 元。

$$本月应交水利建设基金 = 500\ 000 元 \times 0.8‰ = 400 元$$

矿产资源补偿费和排污费，小企业较少涉及，不再介绍。

（二）财产、行为税费的账务处理

1. 房产税、城镇土地使用税、车船税的账务处理

这几种税按年申报缴纳。

根据例 10-8 ~ 例 10-10，年度纳税申报表(原始凭证)如图 10-12 所示。

根据纳税申报表，账务处理为：

借：营业税金及附加　　52 510

　　贷：应交税费——应交房产税　　2 160

　　　　——应交土地使用税　　50 000

　　　　——应交车船税　　350

缴纳税款的缴款书(原始凭证)如图 10-13 所示。

账务处理为：

借：应交税费——应交房产税　　2 160

——应交土地使用税 50 000

——应交车船税 350

贷：银行存款 52 510

地方税（费）综合纳税申报表

税务登记证件号码：□□□□□□□□□□□ 管理代码：□□□□□□□□

纳税人名称：永兴机械有限责任公司 税款所属时期：2011年1月1日至2011年12月31日 金额单位：元

税种	税目	计税依据	所属时期	计税金额或数量	税(征收)率	应纳税(费)额	减免税(费)额	已纳税额	补(退)税(费)额
房产税	自用	余值	2011	180 000元	1.2%	2 160.00			
土地使用税	中城市	面积	2011	10 000 m²	5/(元/m²)	50 000.00			
车船税	载人车	数量	2011	1辆	100/(元/辆)	100.00			
车船税	载货车	自重	2011	5t	5/(元/t)	250.00			
合计						52 510.00			

纳税人或代理人声明：	如纳税人填报，由纳税人填写以下各栏：				受理机关（签章）：
此纳税申报表是根据国家税收法律的规定填报的，我确定它是真实的、可靠的、完整的。	办税人员（签章）	财务负责人（签章）	法定代表人（签章）	联系电话	
	如委托代理人填报，由代理人填写以下各栏：				
	代理人名称	经办人（签章）	联系电话	代理人（公章）	受理日期：2011年12月28日

图 10-12

中华人民共和国
税收通用缴款书

（20061）陕地缴电 0160238 号

隶属关系：

经济类型：其他有限责任公司 填发日期 2011 年 12 月 28日 征收机关：高新区地税局

缴款单位			预算科目		
代码	610102659671728		编码	101010165	
全称	永兴机械有限责任公司		名称	地方税	
开户银行	工行长安路支行		级次	市级	
账号	101014788680920011		收缴国库	西安市长安区支库	
税款所属时期2011年1月1日至2011年12月31日			税款限交日期 2011 年 12 月 31 日		

品目名称	课税数量	计税金额或销售收入	税率或单位税额	已缴或扣除额	实缴金额
房产税		180 000.00	1.2%		￥2 160.00
土地使用税	10 000		5		￥50 000.00
车船税					￥350.00
金额合计	（大写）人民币伍万贰仟伍佰壹拾元整				￥52 510.00
缴款单位（人）（盖章）经办人（章）	税务机关（盖章）填票人（章）	上列税款已收妥并划转收款单位账户 国库(银行)盖章 2011 年 12 月 29 日		备注：	

图 10-13

2. 印花税、水利建设基金的账务处理

这两种税按月缴纳。根据例 10-11 和例 10-12，月度纳税申报表(原始凭证)如图 10-14 所示。根据纳税申报表，账务处理为：

借：营业税金及附加 640

贷：应交税费——应交印花税 240

——应交水利基金 400

地方税（费）综合纳税申报表

税务登记证件号码：□□□□□□□□□□　　管理代码：□□□□□□□□

纳税人名称：永兴机械有限责任公司　税款所属时期：2011年7月1日至2011年7月31日金额单位：元

税种	税目	计税依据	所属时期	计税金额或数量	税（征收）率	应纳税（费）额	减免税（费）额	已纳税额	补（退）税（费）额
印花税	购销合同	合同金额	7月	800 000元	0.3‰	240.00			
水利基金	企业	收入	7月	500 000元	0.8‰	400.00			
合计						640.00			

纳税人或代理人声明： 此纳税申报表是根据国家税收法律的规定填报的，我确定它是真实的、可靠的、完整的。	如纳税人填报，由纳税人填写以下各栏： 办税人员（签章）　财务负责人（签章）　法定代表人（签章）　联系电话 如委托代理人填报，由代理人填写以下各栏： 代理人名称　经办人（签章）　联系电话　代理人（公章）	受理机关（签章）： 受理日期：2011年8月5日

图 10-14

缴款书如图 10-15 所示。

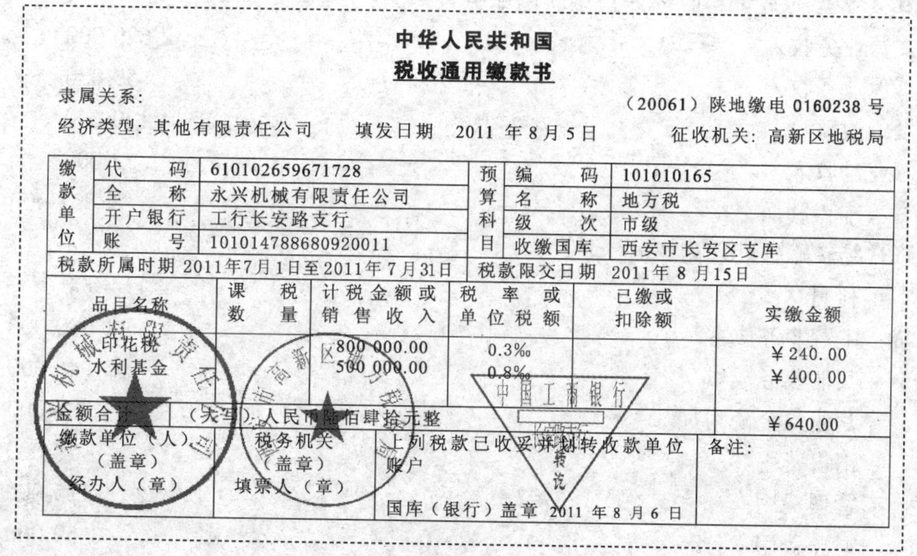

中华人民共和国
税收通用缴款书

隶属关系：　　　　（20061）陕地缴电 0160238 号

经济类型：其他有限责任公司　　填发日期　2011 年 8 月 5 日　　征收机关：高新区地税局

缴款单位		预算科目	
代码	610102659671728	编码	101010165
全称	永兴机械有限责任公司	名称	地方税
开户银行	工行长安路支行	级次	市级
账号	101014788680920011	收缴国库	西安市长安区支库

税款所属时期 2011年7月1日至2011年7月31日　税款限交日期 2011年8月15日

品目名称	课税数量	计税金额或销售收入	税率或单位税额	已缴或扣除额	实缴金额
印花税		800 000.00	0.3‰		¥240.00
水利基金		500 000.00	0.8‰		¥400.00
金额合计	（大写）人民币陆佰肆拾元整				¥640.00

缴款单位（人）（盖章） 经办人（章）	税务机关（盖章） 填票人（章）	上列税款已收妥并划转收款单位账户 国库（银行）盖章 2011 年 8 月 6 日	备注：

图 10-15

根据缴款书，账务处理为：

借：应交税费——应交印花税　　240

　　　　　　——应交水利基金　　400

　贷：银行存款　　640

三、损益类账户结转的账务处理

每月末，应将损益类账户的发生净额结转至本年利润账户。将各项收入账户的贷方发生净额结转至本年利润账户的贷方，将各项费用账户的借方发生净额结转至本年利润账户的借方，结转后，损益类账户的余额为0。所谓发生净额，就是账户借方或贷方发生额减去其反方发生额的差额。损益类账户结转后，本年利润账户贷方大于借方的差额，表示本月实现的利润数额；借方大于贷方的差额，表示当月发生的亏损数额。本年利润账户的期末贷方余额表示本年累计实现的利润数，借方余额表示本年累计实现的亏损数。

例 10-13：根据总分类账的记录，永兴机械有限责任公司 8 月份损益类账户发生净额如表 10-1所示。

表 10-1 永兴机械有限责任公司 8 月份损益类账户发生净额 单位：元

账户名称	借或贷	发生净额	账户名称	借或贷	发生净额
主营业务收入	贷方	2 620 000	主营业务成本	借方	1 680 000
其他业务收入	贷方	59 000	其他业务成本	借方	45 000
投资收益	贷方	120 000	营业税金及附加	借方	89 000
营业外收入	贷方	32 000	销售费用	借方	78 000
			管理费用	借方	125 000
			财务费用	借方	59 000
			营业外支出	借方	38 000
合计		2 831 000	合计		2 114 000

以表 10-1 为原始凭证，收入账户结转的账务处理为：

借：主营业务收入　　2 620 000
　　其他业务收入　　59 000
　　投资收益　　120 000
　　营业外收入　　32 000
　　贷：本年利润　　2 831 000

费用账户结转账务处理为：

借：本年利润　　2 114 000
　　贷：主营业务成本　　1 680 000
　　　　其他业务成本　　45 000
　　　　营业税金及附加　　89 000
　　　　销售费用　　78 000
　　　　管理费用　　125 000
　　　　财务费用　　59 000
　　　　营业外支出　　38 000

本月实现的利润总额 = 2 831 000 元 − 2 114 000 元 = 717 000 元

四、预交企业所得税的申报和账务处理

企业所得税按年计算，分月或分季预缴。

1. 预交企业所得税的计算

预交企业所得税，一般采用据实预缴办法，即按当月或当季的实际利润总额计算，计算公式为

月(季)应预交所得税 = 本月(季)累计利润总额 × 所得税税率 −
本月(季)累计已缴所得税额

按当月或当季的利润总额计算预交有困难的，也可以按上一年度应纳税所得额的 1/12 或 1/4 计算，计算公式为

月(季)应预交所得税 = 上一年度应纳税所得额 ×1/12(或 1/4) × 所得税税率

2. 预交企业所得税的申报和账务处理

依例 10-13，永兴机械有限责任公司按月预交所得税，采用据实预缴办法。8 月份利润总额为 717 000 元，1 ~ 7 月累计利润总额为 2 300 000 元，1 ~ 7 月累计已缴所得税额为 575 000 元。所得税税率为 25%。

8 月份应预交所得税 = (2 300 000 + 717 000)元 ×25% − 575 000 元
= 3 017 000 元 ×25% − 575 000 元
= 754 250 元 − 575 000 元
= 179 250 元

根据以上资料，填制的预交所得税纳税申报表如表 10-2 所示。

表 10-2　中华人民共和国企业所得税月(季)度预缴纳税申报表(A 类)

税款所属期间：2011 年 1 月 1 日至 2011 年 8 月 31 日

纳税人地税计算机代码：□□□□□□□□□

纳税人识别号：□□□□□□□□□□□□□□□□□

○ 汇总纳税：	○ 总机构	⊙ 独立纳税
	○ 分支机构	

纳税人名称：永兴机械有限责任公司　　　　金额单位：人民币元(列至角分)

行次	项　目		本期金额	累计金额
1	一、据实预缴			
2	营业收入		2 679 000.00	9 657 200.00
3	营业成本		1 725 000.00	5 236 100.00
4	实际利润额		717 000.00	3 017 000.00
5	税率(25%)		25%	25%
6	应纳所得税额(4 行 ×5 行)		179 250.00	754 250.00
7	减免所得税额			
8	实际已预缴所得税额		—	575 000.00
9	应补(退)的所得税额(6 行 −7 行 −8 行)		—	179 250.00
10	二、按照上一纳税年度应纳税所得额的平均额预缴			
11	上一纳税年度应纳税所得额		—	
12	本月(季)应纳税所得额(11 行 ÷12 或 11 行 ÷4)			
13	税率(25%)		—	—
14	本月(季)应纳所得税额(12 行 ×13 行)			
15	三、按照税务机关确定的其他方法预缴			
16	本月(季)确定预缴的所得税额			
17	总分机构纳税人			
18	总机构	总机构应分摊的所得税额(9 行或 14 行或 16 行 ×25%)		
19	总机构	中央财政集中分配的所得税额(9 行或 14 行或 16 行 ×25%)		
20	总机构	分支机构分摊的所得税额(9 行或 14 行或 16 行 ×50%)		
20.1	总机构	其中：总机构缴纳其独立生产经营部门分摊的所得税额		

（续）

行次	项 目		本期金额	累计金额
21	分支机构	分配比例		
22		分配的所得税额(20行×21行)		

谨声明：此纳税申报表是根据《中华人民共和国企业所得税法》、《中华人民共和国企业所得税法实施条例》和国家有关税收规定填报的，是真实的、可靠的、完整的。

法定代表人(签字)：王振华　　　　2011年9月8日

纳税人公章： 会计主管：王志宏 填表日期：2011年9月7日	代理申报中介机构公章： 经办人： 经办人执业证件号码： 代理申报日期： 年 月 日	主管税务机关受理专用章： 受理人： 受理日期：2011年9月10日

以预交所得税纳税申报表为原始凭证，账务处理为：

借：所得税费用　　179 250

　　贷：应交税费——应交所得税　　179 250

同时，将本月所得税费用结转至本年利润科目的借方，账务处理为：

借：本年利润　　179 250

　　贷：所得税费用　　179 250

所得税费用结转后：

$$本月净利润 = 717\ 000元 - 179\ 250元 = 537\ 750元$$

缴纳本月所得税时，原始凭证如图10-16所示。

中华人民共和国
税收通用缴款书

（20061）陕地缴电0160245号

隶属关系：

经济类型：其他有限责任公司　　填发日期 2011年9月10日　　征收机关：高新区地税局

缴款单位	代码	610102659671728	预算科目	编码	101010168
	全称	永兴机械有限责任公司		名称	企业所得税
	开户银行	工行长安路支行		级次	市级
	账号	101014788680920011		收缴国库	西安市长安区支库
税款所属时期	2010年8月1日至2010年8月31日		税款限交日期 2011年9月15日		

品目名称	课税数量	计税金额或销售收入	税率或单位税额	已缴或扣除额	实缴金额
企业所得税		3 017 000.00	25%	575 000.00	¥179 250.00
金额合计	（大写）人民币壹拾柒万玖仟贰佰伍拾元整				¥179 250.00
缴款单位（人）（盖章） 经办人（章）	税务机关（盖章） 填票人（章）	上列税款已收妥并划转收款单位账户 国库(银行)盖章 2011年9月11日		备注：	

图10-16

账务处理为：

借：应交税费——应交所得税　　179 250

　　贷：银行存款　　179 250

五、年末本年利润账户结转的账务处理

每年年度终了，企业应将本年度净利润或亏损从本年利润账户结转至利润分配账户。若本年

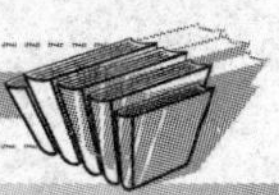

利润账户年末为贷方余额，表示当年盈利，则结转至利润分配账户的贷方；若本年利润账户年末为借方余额，表示当年亏损，则结转至利润分配账户的借方。结转后，本年利润账户的余额为0。

例10-14：永兴机械有限责任公司2011年本年利润账户年末贷方余额为620 000元，当年盈利，向利润分配账户结转的账务处理为：

借：本年利润　　620 000

　　贷：利润分配　　620 000

例10-15：永兴机械有限责任公司次年本年利润账户年末借方余额为50 000元，当年亏损，向利润分配账户结转的账务处理为：

借：利润分配　　50 000

　　贷：本年利润　　50 000

任务二　利润分配的账务处理

任务目标

1. 明确利润分配的内容和顺序。
2. 掌握利润分配的账务处理方法。

知识储备

利润分配是指企业根据公司法和企业章程或协议，对企业净利润所进行的分配。根据我国公司法及会计准则等有关法规的规定，以企业当年实现的净利润，加上年初未分配利润（或减去年初未弥补亏损）和盈余公积转入后的金额，即可为当年可供分配利润。企业的可供分配利润应按照公司法规定的顺序和要求进行分配。

一、利润分配的内容和顺序

企业的可供分配利润应按下列顺序分配。

1. 弥补以前年度亏损

企业当年实现的净利润，首先要弥补以前年度尚未弥补完的亏损，弥补亏损后如果还有剩余利润，才能进行后面的分配；如果没有剩余利润，则不能进行后面的分配。

2. 提取法定盈余公积

法定盈余公积按弥补亏损后剩余净利润的10%提取。当法定盈余公积累计余额超过实收资本余额的50%时可不再提取。

3. 提取任意盈余公积

任意盈余公积根据股东会决议提取，没有法定比例要求。

4. 向股东分配股利

提取盈余公积后的剩余净利润，根据利润分配方案，按股东的出资比例进行分配。

若企业当年亏损，则一般不进行利润分配。

二、利润分配的账务处理

为反映企业利润的分配或亏损的弥补情况，设置利润分配账户，该账户为所有者权益账户，借方登记已分配的利润及年度亏损的转入数，贷方登记年度利润的转入数和亏损弥补数，其余额在借方表示未弥补亏损，余额在贷方表示未分配利润。

由于利润分配一年只有一次，因此，为了简化账簿，利润分配可不设明细账，利润分配记账时只要在利润分配总账账户逐笔登记，即可代替明细账。

1. 弥补以前年度亏损

以当年利润弥补亏损时，不需专门进行账务处理，年终将当年净利润从本年利润科目结转至利润分配科目时，就自然达到了亏损弥补的目的。

若没有利润可以弥补亏损，用盈余公积弥补亏损时，账务处理为：

借：盈余公积

　　贷：利润分配

2. 提取法定盈余公积

账务处理为：

借：利润分配

　　贷：盈余公积——法定盈余公积

3. 提取任意盈余公积

账务处理为：

借：利润分配

　　贷：盈余公积——任意盈余公积

4. 向股东分配股利

账务处理为：

借：利润分配

　　贷：应付利润

例 10-16：永兴机械有限责任公司 2011 年弥补以前年度亏损后的净利润为 519 250 元，按 10% 提取法定盈余公积，按 20% 提取任意盈余公积，剩余利润向股东分配。

原始凭证如图 10-17 所示。

永兴机械有限责任公司 2011 年度利润分配方案

（2012 年 3 月 2 日股东会议通过）

2011 年度净利润	529 250 元
弥补以前年度亏损	10 000 元
全年可供分配利润	519 250 元
提取法定盈余公积	51 925 元
提取任意盈余公积	103 850 元
分配股利	363 475 元

董事长：王振华

2012 年 3 月 2 日

图 10-17

根据利润分配方案，账务处理为：

借：利润分配　　　　　　　　　　　　　　51 925

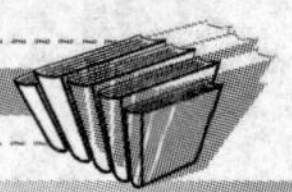

贷：盈余公积——法定盈余公积　　　　51 925

借：利润分配　　　　103 850

贷：盈余公积——任意盈余公积　　　　103 850

借：利润分配　　　　363 475

贷：应付利润　　　　363 475

任务三　企业所得税的汇算清缴和账务处理

任务目标

1. 理解和明确企业所得税纳税调整项目的内容和计算方法。
2. 掌握应纳税所得额和应纳所得税额的计算方法。
3. 掌握应退、补企业所得税的账务处理方法。

知识储备

企业所得税实行月(季)预交、年终汇算清缴的征收办法，企业所得税汇算清缴，应于年度终了5个月内报送年度纳税申报表，计算出本年实际应交纳的所得税，与本年内累计已预交的所得税比较，多退少补，予以结清。

一、企业所得税汇算清缴的计算

企业所得税汇算清缴的计算公式为

全年应交所得税 = 全年应纳税所得额 × 适用所得税税率 − 应减免所得税额

应补(退)所得税 = 全年应交所得税 − 年内已预交所得税 − 上年应退未退所得税额

全年应交所得税的计算，关键是确定全年应纳税所得额。应纳税所得额与利润总额基本相同，但也有所不同。利润总额是按会计准则计算的，而应纳税所得额是按税法规定计算的，所以二者计算的口径不完全相同，在计算应交所得税时，就需要对利润总额进行调整。但如果进行会计处理时，在不违反会计准则的前提下，尽可能按税法规定处理，就会减少两者的差异，避免大量的调整。全年应纳税所得额的确定公式为

全年应纳税所得额 = 全年利润总额 + 调整增加项目金额 − 调整减少项目金额

按本书所讲的会计处理办法，小企业的调整项目主要有以下几项内容。

1. 调整增加项目

调整增加项目，是指会计列入费用、支出，而税法有限额或不准列支的项目。因而要对会计多列支的费用或支出导致的所得额减少予以调增。调整增加项目主要有以下几项：

(1) 借款利息支出。税法规定，支付给金融机构的利息支出可以据实列支，支付给非金融机构的利息支出超过按金融机构同类同期贷款利率计算的利息的部分不得列支。故其调增金额的计算公式为

调增金额 = 支付给非金融机构的利息 − 向非金融机构借款额 × 金融机构同类同期贷款利率

(2) 公益救济性捐赠。企业通过国内非营利性社会团体和国家机关进行的公益救济性捐赠，

不超过年度利润总额12%的，可以据实列支，超过部分不得列支。故其调增金额的计算公式为

调增金额=公益救济性捐赠金额-年度利润总额×12%

（3）业务招待费。全年发生的业务招待费，按照发生额的60%列支，但最高不超过当年销售(营业)收入的5‰，超过部分不得列支。

业务招待费限额=全年发生的业务招待费×60%（实际费用的60%未超过销售收入5‰时）

=当年销售收入×5‰(实际费用的60%超过销售收入5‰时)

调增金额=全年发生的业务招待费-业务招待费限额

（4）广告宣传费。全年发生的广告宣传费，超过当年销售(营业收入)的15%的部分，当年不得列支，但可结转下年列支。因此，当年调增金额的计算公式为

调增金额=全年发生的广告宣传费-当年销售收入×15%

（5）职工福利费、职工教育经费。当年分别按照工资总额的14%和2.5%计提的福利费和教育经费，当年未使用完的部分，属于多列支的费用，应当调增。这时，调增的计算方法为

福利费调增金额=当年计提的职工福利费总额-福利费实际支出额

教育经费调增金额=当年计提的教育经费总额-教育经费实际支出额

当年职工福利费、职工教育经费实际支出额超过计提额的部分，仍在应付职工薪酬账户列支，不必调整，待下年计提时会自动弥补。但按税法规定，职工教育经费实际支出额超过计提额的部分，可在下年继续扣除，因此，当年超过的部分应当作为下年实际支出额。

（6）因违法经营而被国家机关罚款和没收财产的损失、税收滞纳金和罚款，不得列支，应全额调增。

（7）未通过国内非营利性社会团体和国家机关进行的公益救济性捐赠、非公益救济性捐赠和各种赞助支出，不得列支，应全额调增。

2. 调整减少项目

调整减少项目，就是会计计入利润总额，而按税法规定不计入应纳税所得额或免于征税的收益项目。因而，这部分收益在计算应纳税所得额时，需要从利润总额中减去。调整减少项目主要有以下几项：

（1）国债投资利息收益。

（2）从国内企业取得的股利收益(不需补税的)。

（3）技术转让净收益不超过500万元的部分，超过500万元的部分减半。

（4）治理“三废”收益。

（5）弥补以前年度(5年内)亏损。企业当年若盈利，可以先弥补以前年度(不超过5年)的亏损，以弥补亏损后剩余的利润再计算确定应纳税所得额。

例10-17：永兴机械有限公司2011年利润总额为700 000元，其中投资收益为国债投资利息收入30 000元。营业外支出中有支付的税收滞纳金10 000元，为文化艺术节赞助500元。管理费用中，全年业务招待费支出为20 000元(本年营业收入为1 500 000)。2009年亏损，到2010年末尚有未弥补的亏损10 000元。再无其他调整项目。适用的企业所得税税率为25%。年内已预交所得税80 000元。无减免税事项，没有上年未退所得税。进行企业所得税年度汇算清缴。

调增项目有：

（1）支付的税收滞纳金10 000元。

（2）为文化艺术节赞助500元。

（3）业务招待费超限额部分=20 000元-1 500 000元×5‰=12 500元。(因为20 000×

60% =12 000 >1 500 000 ×5‰）

调减项目有：

（1）国债投资利息收入 30 000 元。

（2）弥补 2009 年亏损 10 000 元。

$$
\begin{aligned}
\text{应纳税所得额} &= \text{利润总额} + \text{调整增加项目金额} - \text{调整减少项目金额} \\
&= (700\,000 + 10\,000 + 500 + 12\,500 - 30\,000 - 10\,000)\text{元} \\
&= 683\,000\text{元}
\end{aligned}
$$

$$\text{全年应交所得税} = 683\,000\text{元} \times 25\% = 170\,750\text{元}$$

$$\text{应补(退)所得税} = 170\,750\text{元} - 80\,000\text{元} = 90\,750\text{元}$$

即，应补交所得税 90 750 元。

二、应退、补企业所得税的会计处理

由于当年企业所得税汇算清缴是在第 2 年进行的，此时，当年利润已经结转至利润分配账户，所以，因退、补企业所得税而对当年净利润的影响，应在利润分配账户调整。

应退、补企业所得税的原始凭证为企业所得税年度汇算清缴申报表。

应补交企业所得税时，账务处理为：

借：利润分配

　　贷：应交税费——应交所得税

应退还企业所得税时，账务处理为：

借：应交税费——应交所得税

　　贷：利润分配

依例 10-17，汇算清缴申报表如表 10-3 所示，其账务处理为：

借：利润分配　　90 750

　　贷：应交税费——应交所得税　　90 750

表 10-3　中华人民共和国企业所得税年度纳税申报表（A 类）

税款所属期间：2011 年 1 月 1 日至 2011 年 12 月 31 日

纳税人名称：永兴机械有限责任公司

纳税人识别号：□□□□□□□□□□□□□□□□□□□□　　单位：元

类别	行次	项　目	金　额
利润总额计算	1	一、营业收入（填附表一）	8 000 000.00
	2	减：营业成本（填附表二）	6 000 000.00
	3	营业税金及附加	500 000.00
	4	销售费用（填附表二）	100 000.00
	5	管理费用（填附表二）	600 000.00
	6	财务费用（填附表二）	70 000.00
	7	资产减值损失	
	8	加：公允价值变动收益	
	9	投资收益	10 000.00
	10	二、营业利润	740 000.00
	11	加：营业外收入（填附表一）	10 000.00
	12	减：营业外支出（填附表二）	50 000.00
	13	三、利润总额（10 +11 -12）	700 000.00

（续）

类别	行次	项目	金额
应纳税所得额计算	14	加：纳税调整增加额（填附表三）	23 000.00
	15	减：纳税调整减少额（填附表三）	30 000.00
	16	其中：不征税收入	
	17	免税收入	30 000.00
	18	减计收入	
	19	减、免税项目所得	
	20	加计扣除	
	21	抵扣应纳税所得额	
	22	加：境外应税所得弥补境内亏损	
	23	纳税调整后所得（13+14-15+22）	693 000.00
	24	减：弥补以前年度亏损（填附表四）	10 000.00
	25	应纳税所得额（23-24）	683 000.00
应纳税额计算	26	税率（25%）	25%
	27	应纳所得税额（25×26）	170 750.00
	28	减：减免所得税额（填附表五）	
	29	减：抵免所得税额（填附表五）	
	30	应纳税额（27-28-29）	170 750.00
	31	加：境外所得应纳所得税额（填附表六）	
	32	减：境外所得抵免所得税额（填附表六）	
	33	实际应纳所得税额（30+31-32）	170 750.00
	34	减：本年累计实际已预缴的所得税额	80 000.00
	35	其中：汇总纳税的总机构分摊预缴的税额	
	36	汇总纳税的总机构财政调库预缴的税额	
	37	汇总纳税的总机构所属分支机构分摊的预缴税额	
	38	合并纳税（母子体制）成员企业就地预缴比例	
	39	合并纳税企业就地预缴的所得税额	
	40	本年应补（退）的所得税额（33-34）	90 750.00
附列资料	41	以前年度多缴的所得税额在本年抵减额	
	42	以前年度应缴未缴在本年入库所得税额	

纳税人公章： 经办人：陈娟 申报日期：2012年2月25日	代理申报中介机构公章： 经办人及执业证件号码： 代理申报日期： 年 月 日	主管税务机关受理专用章： 受理人： 受理日期：2012年2月28日

项目训练

根据大明公司下列原始凭证信息，作出账务处理。

（1）民政局捐款收据报销联：向地震灾区捐款300 000元。

转账支票存根：收款人民政局，金额300 000元，用途为捐款。

（2）财产清查结果处理决定：盘亏电脑一台，账面净值35 000元，作为损失。

（3）收款收据记账联：收到宏达公司违约金40 000元。

银行收账通知：付款人宏达公司，金额 40 000 元。

（4）应付账款核销报告单：欠东风公司货款 3 000 元，已过 3 年，东风公司已注销，无法偿还。批准转销。

（5）收款收据报销联：收到大明公司违约金 10 000 元。

转账支票存根：金额 10 000 元，用途为违约金。

（6）税收罚款单：事由为偷税，罚款 5 000 元。

税收缴款书：罚款金额 5 000 元。

（7）地方税纳税申报表：应交房产税 800 元、城镇土地使用税 500 元、车船税 200 元、印花税 700 元。

（8）11 月各损益账户发生净额如下：

主营业务收入	500 000 元(贷)
营业税金及附加	30 000 元(借)
主营业务成本	300 000 元(借)
销售费用	10 000 元(借)
管理费用	50 000 元(借)
财务费用	10 000 元(借)
其他业务收入	60 000 元(贷)
其他业务成本	40 000 元(借)
投资收益	8 000 元(贷)
营业外收入	20 000 元(贷)
营业外支出	18 000 元(借)

要求进行以下计算或账务处理：

1）将各损益账户发生净额向本年利润科目结转。

2）计算企业本月实现的利润总额。

3）按本月利润总额计算应预交企业所得税，并作账务处理。

4）计算本月实现的净利润。

5）缴纳本月应预交的企业所得税。

（9）年末本年利润科目贷方余额为 700 000 元。本年利润总额 875 000 元，适用企业所得税税率为 25%，全年已预交企业所得税 175 000 元。

本年度主营业务收入和其他业务收入共计 1 600 000 元。

全年业务招待费支出 25 000 元。

税务检查中被罚款 20 000 元。

企业通过民政局向灾区捐赠 10 000 元。

上年亏损 20 000 元，年初利润分配科目借方余额为 20 000 元。

从所投资的大秦公司分得股利 50 000 元，大秦公司适用企业所得税税率为 25%。

要求：

1）将年末本年利润科目余额结转至利润分配科目。

2）进行本年度所得税汇算清缴，计算应补(退)所得税额并清缴，进行账务处理。

3）进行本年度利润分配，任意盈余公积按 20% 提取，剩余净利润向股东分配。进行账务处理。

11 项目十一 财务报表的编制

财务报表，是对企业财务状况、经营成果和现金流量的结构性表述，是会计核算的最终成果和报告。企业财务报表至少包括资产负债表、利润表、现金流量表及附注，此外，企业还可以自行设置内部报表。

任务一 资产负债表的编制

任务目标

1. 懂得资产负债表的性质和作用。
2. 明确资产负债表的结构和编报周期。
3. 掌握资产负债表的编制方法。

知识储备

资产负债表是企业的基本财务报表之一，反映企业期末的财务状况，即期末(月末、年末)各项资产、负债、所有者权益的实存数，按总账账户及有关明细账户期末余额填列，属于时点数。由于资产负债表反映的是期末当日的财务状况，因而属于静态报表。

资产负债表有以下两个作用：①反映资产总额及构成：反映流动资产与长期资产(非流动资产)的构成和内部各项资产的构成。②反映筹资结构：反映负债和权益资金的结构，以及短期资金(流动负债)与长期资金(长期负债、所有者权益)的结构。

资产负债表是考察企业财务状况，进行财务分析的基本依据。

资产负债表是按“资产 = 负债 + 所有者权益”这一会计等式设计的，左方为资产，右方为负债和所有者权益，左方和右方总计相等，即左右平衡。

在左、右两方，是按流动性大小排列的，流动性强的在前，流动性小的在后。资产的流动性是按周转时间长短划分的，流动资产周转时间短(1 年以内)，排在前面，固定资产、无形资产和长期投资等非流动资产周转时间长(1 年以上)，排在后面。负债的流动性是按偿还期限划分的，流动负债偿还期在 1 年以内，排在前面，长期负债(非流动负债)偿还期在 1 年以上，排在后面。所有者权益是永久性资金，是无期限的，所以排在负债之后。

资产负债表一般有月报和年报之分，即每月编制 1 次月报，年末编制 1 次年报，季报其

实就是每季最后 1 个月的月报。

资产负债表中的年初余额，就是上年年报表中的期末余额，只要从上年年报表中抄写下来即可作为对比之用。期末余额，月报就是月末余额，年报就是年末余额。资产负债表的编制，就是填列期末余额。

资产负债表各项目的填列方法如下：

一、资产

1. 流动资产

（1）货币资金：按银行存款、库存现金及其他货币资金 3 个总账账户的余额之和填列。

（2）应收账款：根据应收账款账户的借方余额填列，如果为贷方余额，则计入预收账款项目。

（3）预付账款：根据预付账款账户的借方余额填列，如果为贷方余额，则计入应付账款项目。超过 1 年期以上的预付账款借方余额，计入其他非流动资产项目。

（4）存货：根据原材料、周转材料、库存商品、发出商品及生产成本等总账账户余额之和填列。

其中：原材料、库存商品、周转材料项目，分别根据该总账账户余额填列，在产品项目根据生产成本总账账户余额填列。

（5）其他流动资产：根据长期债券投资账户余额中将在未来 1 年（12 个月）内到期的部分填列。

（6）其余项目：按总账账户余额直接填列即可。

2. 非流动资产

（1）长期债券投资：根据长期债券投资账户余额减去将于未来 1 年内到期部分的差额填列。

（2）固定资产账面价值：按固定资产账户余额减去累计折旧账户余额的差额填列。

（3）固定资产清理：按固定资产清理账户借方余额填列，如为贷方余额则以负数填列。

（4）无形资产：按无形资产账户余额减去累计摊销账户余额的差额填列。

（5）开发支出：根据研发支出账户余额填列。

（6）其他非流动资产：根据超过 1 年期以上的预付账款借方余额填列。

（7）其余项目：按总账账户余额直接填列即可。未设置账户的项目则不填。

资产总计 = 流动资产合计 + 非流动资产合计

二、负债和所有者权益

1. 流动负债

（1）应付账款：根据应付账款账户的贷方余额填列。如果为借方余额，则记入预付账款项目。

（2）预收账款：根据预收账款账户贷方余额填列。如果为借方余额，则记入应收账款项目。超过 1 年期以上的预收账款贷方余额，记入其他非流动负债项目。

（3）其他流动负债：根据长期借款、长期应付款账户余额中将在未来 1 年（12 个月）内到期的部分填列。

（4）其余项目：按总账账户余额直接填列即可。

2. 非流动负债

（1）长期借款：根据长期借款账户余额减去将于未来 1 年内到期部分的差额填列。

（2）长期应付款：根据长期应付款账户余额减去将于未来 1 年内到期部分的差额填列。

（3）其他非流动负债：根据超过 1 年期以上的预收账款贷方余额填列。

（4）其余项目：按总账账户余额直接填列即可。

负债合计 = 流动负债合计 + 非流动负债合计

3. 所有者权益

（1）未分配利润：根据利润分配账户余额（贷方余额为正，借方余额为负）和本年利润账户余额（贷方余额为正，借方余额为负）的代数和填列。

（2）其余项目：按总账账户余额直接填列即可。

负债和所有者权益总计 = 负债合计 + 所有者权益合计

最后，应达到左右平衡，即

资产总计 = 负债和所有者权益总计

例 11-1：永兴机械有限责任公司6月末结账后的总账科目余额表如表11-1所示。

表 11-1 总账科目余额表

2011年6月

单位：元

科目	借方余额	贷方余额	科目	借方余额	贷方余额
库存现金	2 390		长期待摊费用	4 000	
银行存款	164 600		短期借款		20 000
应收账款	94 800		应付账款		177 680
预付账款	86 800		应付职工薪酬		12 460
其他应收款	4 000		应交税费		92 443
原材料	223 000		应付利润		5 400
库存商品	70 850		其他应付款		4 200
发出商品	35 000		长期借款		120 000
固定资产	1 150 700		实收资本		1 000 000
累计折旧		389 700	盈余公积		46 390
无形资产	10 700		本年利润		22 067
累计摊销		3 000	利润分配	46 500	
			合计	1 893 340	1 893 340

根据总账科目余额编制的资产负债表如表11-2所示（年初余额略）。

表 11-2 资产负债表

会小企01表

编制单位：永兴机械有限责任公司 2011年6月30日 单位：元

资产	期末余额	年初余额	负债和所有者权益（或股东权益）	期末余额	年初余额
流动资产：			流动负债：		
货币资金	166 990		短期借款	20 000	
短期投资			应付票据		
应收票据			应付账款	177 680	
应收账款	94 800		预收账款		
预付账款	86 800		应付职工薪酬	12 460	
应收股利			应交税费	92 443	
应收利息			应付利息		
其他应收款	4 000		应付利润	5 400	
存货	328 850		其他应付款	4 200	
其中：原材料	223 000		其他流动负债		

（续）

资　　产	期末余额	年初余额	负债和所有者权益（或股东权益）	期末余额	年初余额
在产品			流动负债合计	312 183	
库存商品	70 850				
周转材料			非流动负债：		
其他流动资产			长期借款	120 000	
流动资产合计	681 440		长期应付款		
非流动资产：			递延收益		
长期债券投资			其他非流动负债		
长期股权投资			非流动负债合计	120 000	
固定资产原价	1 150 700		负债合计	432 183	
减：累计折旧	389 700				
固定资产账面价值	761 000				
在建工程					
工程物资					
固定资产清理					
生产性生物资产			所有者权益（或股东权益）：		
无形资产	7 700		实收资本（或股本）	1 000 000	
开发支出			资本公积		
长期待摊费用	4 000		盈余公积	46 390	
其他非流动资产			未分配利润	－24 433	
非流动资产合计	772 700		所有者权益（或股东权益）合计	1 021 957	
资产总计	1 454 140		负债和所有者权益（或股东权益）总计	1 454 140	

任务二　利润表的编制

任务目标

1. 懂得利润表的性质和作用。
2. 明确利润表的结构和编报周期。
3. 掌握利润表的编制方法。

知识储备

1. 利润表的性质和作用

利润表是企业的基本财务报表之一，反映企业在一定时期（月、年）内的经营成果，即盈亏情况。利润表按损益类账户当期发生额填列，属于时期数，为动态报表。

利润表的作用在于反映盈亏情况及其形成原因，为企业盈利能力分析和业绩变动分析提供依据。

2. 利润表的结构

利润表的结构为多步式，按营业利润、利润总额、净利润的次序分步显示不同范围下的利润数额。按照“收入－费用＝利润”的原理编制而成。

3. 利润表的编报周期

利润表一般有月报和年报之分，即每月编制一次，全年编制一次。如需季报，则将季度内3个月的数目相加即可。

4. 利润表的编制方法

本月金额根据本月损益类账户记录或计算填列；本年累计金额为本年1月至本月的累计数，根据上月累计加本月金额填列。编制年报时，将本月金额改为上年金额，填列上年累计金额。

编制利润表时，首先将各损益类账户当月发生净额（即借、贷发生额之差）填入表内，然后按表中提示计算填列各步利润。

利润表的填列方法为

营业收入＝主营业务收入＋其他业务收入

营业成本＝主营业务成本＋其他业务成本

营业税金及附加、销售费用、管理费用、财务费用、投资收益、营业外收入、营业外支出、所得税费用等项目，按当月发生净额填列。

营业税金及附加项目下“其中”的各项目，按照应交税费各明细账户借方发生额填列。

销售费用、管理费用、财务费用、营业外收入、营业外支出项目下“其中”的各项目，按照其明细账户或总账账户记录填列。

营业利润＝营业收入－营业成本－营业税金及附加－销售费用－管理费用

－财务费用＋投资收益

利润总额＝营业利润＋营业外收入－营业外支出

净利润＝利润总额－所得税费用

例11-2：永兴机械有限责任公司6月份损益类账户发生净额如表11-3所示。编制的利润表如表11-4所示（上期金额略）。

表11-3 损益类账户发生净额

单位：元

账　　户	借方发生额	账　　户	贷方发生额
主营业务成本	750 000	主营业务收入	1 250 000
其他业务成本	30 900	其他业务收入	35 900
营业税金及附加	2 000	投资收益	31 500
销售费用	20 000	营业外收入	50 000
管理费用	157 100		
财务费用	41 500		
营业外支出	19 700		
所得税费用	86 550		

表11-4 利润表

会小企02表

编制单位：永兴机械有限责任公司　　××××年6月　　单位：元

项　　目	本年累计金额	本月金额
一、营业收入		1 285 900

（续）

项目	本年累计金额	本月金额
减：营业成本		780 900
营业税金及附加		2 000
其中：消费税		
营业税		
城建税		1 200
资源税		
土地增值税		
城镇土地使用税、房产税、车船税、印花税		300
教育费附加、矿产资源补偿费、排污费		500
销售费用		20 000
其中：商品维修费		3 000
广告费和业务宣传费		15 000
管理费用		157 100
其中：开办费		
业务招待费		2 000
研究费用		
财务费用		41 500
其中：利息费用（收入以"－"号填列）		41 000
加：投资收益（损失以"－"号填列）		31 500
二、营业利润（亏损以"－"号填列）		315 900
加：营业外收入		50 000
其中：政府补助		
减：营业外支出		19 700
其中：坏账损失		10 000
无法收回的长期债券投资损失		
无法收回的长期股权投资损失		
自然灾害等不可抗力因素造成的损失		
税收滞纳金		3 000
三、利润总额（亏损总额以"－"号填列）		346 200
减：所得税费用		86 550
四、净利润（净亏损以"－"号填列）		259 650

任务三 现金流量表的编制

任务目标

1. 懂得现金流量表的性质和作用。
2. 明确现金流量表的结构和编报周期。
3. 掌握现金流量表的编制方法。

知识储备

一、现金流量表概述

1. 现金流量表的性质和作用

现金流量表是反映一定时期现金(库存现金、银行存款和其他货币资金)流入、流出(即收入、支出)量的报表，属于动态报表。

利用现金流量表，可以反映企业的支付能力和偿债能力；它能补充利润表的不足，评价利润的质量。为分析财务状况提供重要信息。

现金流量表对于小企业来说，不是基本报表，通常可以不编，但若有需要可以编制。

2. 现金流量表的结构

现金流量表由3个部分组成：经营活动产生的现金流量、投资活动产生的现金流量和筹资活动产生的现金流量。每部分内容均包括现金流入量、流出量和净额。最后为3个部分现金净流量的总和，并与现金的账面余额相对照。

3. 现金流量表的编报周期

现金流量表按月、按年编报。

二、现金流量表的编制方法

现金流入、流出的信息，可从现金日记账和银行存款日记账中取得，也可以从记账凭证核算形式下的库存现金、银行存款总账账户中的记录取得。根据账面记录，可以逐笔辨认出各种现金流入(收入)、流出(支出)量的金额，然后加以汇总即可填入表中。但需要强调的是，货币资金内部转化(将现金存入银行、从银行提取现金、银行存款转为其他货币资金、其他货币资金转回银行存款)不计算现金流入、流出量。

本月金额根据本月账簿记录计算填列；本年累计金额为本年1月至本月的累计数，根据上月累计加本月金额填列。编制年报时，将本月金额改为上年金额，填列上年累计金额。

(一) 经营活动产生的现金流量

1. 销售产成品、商品、提供劳务收到的现金

此项内容是指企业主营业务收入和其他业务收入收到的现金，包括收到的现销款、收回的应收账款(赊销款)、收到的应收票据款(包括票据利息)、收到的代销商品款、预收的货款或劳务款以及销售材料款，但要减去因销售退回而退还的货款。

2. 收到其他与经营活动有关的现金

此项内容包括收到的合同违约金和赔偿款、存货损失保险赔偿和责任人赔偿款、收取的押金、退回的预借差旅费余款、收到的税费返还等。

3. 购买材料、商品、接受劳务支付的现金

此项内容包括支付的购进存货的现款、支付的购进存货的应付账款和应付票据款(包括票据利息)、预付的购货款、支付的水电费、支付的加工费、支付的固定资产小修理费、支付的运输费以及支付的加油费等，减去购进存货退回而收回的货款。

4. 支付的职工薪酬

此项内容包括支付给职工的工资、奖金、各种津贴、补贴、福利费和为职工缴纳的社会保险费，不包括在建工程人员的工资。

5. 支付的税费

此项内容包括缴纳的各种税金及附加、各种费(不减税费返还)；但不包括计入固定资产价

值的有关税金，如耕地占用税、车辆购置税、契税、购买固定资产的印花税、进口固定资产的关税和消费税等。

6. 支付的其他与经营活动有关的现金

此项内容包括支付的罚款、违约金、滞纳金、差旅费或预借差旅费、招待费、保险费、办公费、邮电费、广告费、捐赠赞助款、押金、经营租赁租金、研究开发费用和代垫运杂费等。

经营活动产生的现金流量净额 =1 +2 −3 −4 −5 −6

（二）投资活动产生的现金流量

1. 收回短期投资、长期债券投资和长期股权投资收到的现金

此项内容包括转让股份和长期股票、债券收回的现金，债券到期收回的本金(面值)，转让短期证券收回的现金。

2. 取得投资收益收到的现金

此项内容包括收到的现金股利、分回的利润和收到的债权投资利息，不包括证券投资价差收益。

3. 处置固定资产、无形资产和其他非流动资产收回的现金净额

此项内容包括出售、报废、毁损固定资产收到的现金减去支付的清理费和有关税金后的差额，出售无形资产的现金收入减去支付相关税费后的差额。

4. 短期投资、长期债券投资和长期股权投资支付的现金

此项内容包括购买股票、债券的价款和税费支出，向有限责任公司的现金出资。

5. 购建固定资产、无形资产和其他非流动资产支付的现金

此项内容包括：①购置固定资产的价款和运杂费支出、支付的相关税费和安装调试费、建造固定资产支付的购买工程物资款、支付给施工企业的工程款、用于建造工程的人员工资及津贴，不包括购建固定资产的资本化利息支出。②购买无形资产的价款和税费支出、自创无形资产按规定应资本化的现金支出。③固定资产大修理和改扩建现金支出。④经营租入固定资产改良的现金支出。

投资活动产生的现金流量净额 =1 +2 +3 −4 −5

（三）筹资活动产生的现金流量

1. 取得借款收到的现金

此项内容包括各种借款收到的现金。

2. 吸收投资者投资收到的现金

此项内容为接受股东的现金出资。

3. 偿还借款本金支付的现金

此项内容是指偿还借款本金而支付的现金。

4. 偿还借款利息支付的现金

此项内容是指支付的借款利息(包括购建固定资产的资本化利息)支付的现金。

5. 分配利润支付的现金

此项内容是指向股东分配股利或利润支付的现金。

筹资活动产生的现金流量净额 =1 +2 −3 −4 −5

例 11-3：永兴机械有限责任公司 8 月份的银行存款日记账、库存现金日记账记录如图 11-1 和图 11-2 所示，以 8 月份为例说明现金流量表的编制方法。

银行存款日记账

××××年		凭证编号	摘要	借方										贷方										余额									
月	日			千	百	十	万	千	百	十	元	角	分	千	百	十	万	千	百	十	元	角	分	千	百	十	万	千	百	十	元	角	分
			期初余额																							6	0	0	0	0	0	0	0
8	2	银收1	销售甲产品				1	6	0	0	0	0	0													6	1	6	0	0	0	0	0
8	3	银付1	购买设备															5	0	0	0	0	0			6	1	1	0	0	0	0	0
8	5	银付2	支付电话费															2	5	0	0	0	0			6	0	8	5	0	0	0	0
8	6	银付3	购买办公品															1	0	0	0	0	0			6	0	7	5	0	0	0	0
8	9	银收2	销售乙产品			2	2	0	0	0	0	0	0													8	2	7	5	0	0	0	0
8	12	银付4	支付水费															1	5	0	0	0	0			8	2	6	0	0	0	0	0
8	16	银付5	支付广告费														1	0	0	0	0	0	0			8	1	6	0	0	0	0	0
8	18	银付6	购买材料															6	0	0	0	0	0			8	1	0	0	0	0	0	0
8	26	银付7	偿还借款														1	0	0	0	0	0	0			8	0	0	0	0	0	0	0
8	28	银收3	收到投资款			1	0	0	0	0	0	0	0													9	0	0	0	0	0	0	0
8	29	银付8	购买电脑															5	0	0	0	0	0			8	9	5	0	0	0	0	0
8	31	银付9	购买材料															5	0	0	0	0	0			8	9	0	0	0	0	0	0
			本月合计			3	3	6	0	0	0	0	0				4	6	0	0	0	0	0			8	9	0	0	0	0	0	0

图 11-1

库存现金日记账

××××年		凭证编号	摘要	对方科目	借方										贷方										余额									
月	日				千	百	十	万	千	百	十	元	角	分	千	百	十	万	千	百	十	元	角	分	千	百	十	万	千	百	十	元	角	分
			期初余额																										9	0	0	0	0	0
8	2	现付1	发岗位津贴																1	2	0	0	0	0					8	0	0	0	0	0
8	5	现付2	购买文具																		2	0	0	0					7	9	8	0	0	0
8	6	现收1	租车收入						2	0	0	0	0	0															9	9	8	0	0	0
8	12	现付3	缴存银行																2	0	0	0	0	0					7	7	8	0	0	0
8	16	现付4	预支差旅费																2	0	0	0	0	0					5	7	8	0	0	0
8	20	现收2	出售机床						1	5	0	0	0	0															7	2	8	0	0	0
8	25	现付5	购买办公品																	6	0	0	0	0					6	6	8	0	0	0
			本月合计						3	5	0	0	0	0					5	8	2	0	0	0					6	6	8	0	0	0

图 11-2

对账面发生额记录逐笔进行辨认并汇总的结果如下：

销售产成品、商品、提供劳务收到的现金 =（16 000 +220 000 +2 000）元
=238 000 元

购买材料、商品、接受劳务支付的现金 =（1 500 +6 000 +5 000 +2 000）元
=14 500 元

支付的职工薪酬 =1 200 元

支付的其他与经营活动有关的现金 =（2 500 +1 000 +10 000 +20 +2 000 +600）元
=16 120 元

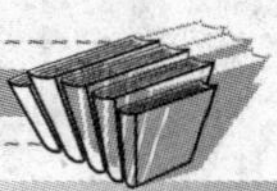

$$购建固定资产、无形资产和其他非流动资产支付的现金 = (5\,000 + 5\,000)元 = 10\,000 元$$

$$处置固定资产、无形资产和其他非流动资产收回的现金净额 = 1\,500 元$$

$$吸收投资者投资收到的现金 = 100\,000 元$$

$$偿还借款本金支付的现金 = 10\,000 元$$

现金缴存银行不计算现金流量。

将汇总结果填入现金流量表中(见表11-5)，并计算各类现金流量净额。最后几项的计算公式为

$$现金净增加额 = 经营活动产生的现金流量净额 + 投资活动产生的现金流量净额 + 筹资活动产生的现金流量净额$$

$$期初现金余额 = 银行存款期初余额 + 库存现金期初余额 + 其他货币资金期初余额$$

$$期末现金余额 = 银行存款期末余额 + 库存现金期末余额 + 其他货币资金期末余额$$

最后，应满足下面的等式

$$现金净增加额 + 期初现金余额 = 期末现金余额$$

表11-5 现金流量表

会小企03表

编制单位：永兴机械有限责任公司　　××××年8月　　单位：元

项　　目	本年累计金额	本月金额
一、经营活动产生的现金流量		
销售产成品、商品，提供劳务收到的现金		238 000
收到其他与经营活动有关的现金		
购买材料、商品，接受劳务支付的现金		14 500
支付的职工薪酬		1 200
支付的税费		
支付的其他与经营活动有关的现金		16 120
经营活动产生的现金流量净额		206 180
二、投资活动产生的现金流量		
收回短期投资、长期债券投资和长期股权投资收到的现金		
取得投资收益收到的现金		
处置固定资产、无形资产和其他非流动资产收回的现金净额		1 500
短期投资、长期债券投资和长期股权投资支付的现金		
购建固定资产、无形资产和其他非流动资产支付的现金		10 000
投资活动产生的现金流量净额		-8 500
三、筹资活动产生的现金流量		
取得借款收到的现金		
吸收投资者投资收到的现金		100 000
偿还借款本金支付的现金		10 000
偿还借款利息支付的现金		
分配利润支付的现金		
筹资活动产生的现金流量净额		90 000
四、现金净增加额		287 680
加：期初现金余额		609 000
五、期末现金余额		896 680

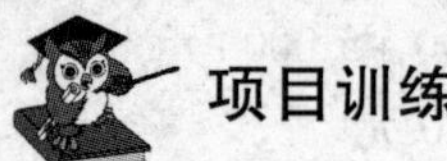

项目训练

宏建电工有限责任公司××××年10月的总账科目余额表(见表11-6)、损益类账户发生净额(见表11-7)和银行存款日记账、库存现金日记账资料如图11-3和图11-4所示。

要求：编制10月份资产负债表、利润表和现金流量表(填入表11-8～表11-10中,年初余额、本年累计金额略)。

表11-6　总账科目余额表　　单位：元

科目名称	借方余额	贷方余额	科目名称	借方余额	贷方余额
库存现金	1 763		短期借款		2 115 000
银行存款	100 100		应付票据		641 550
应收票据	593 650		应付账款		846 000
应收账款	3 989 375		预收账款		84 157
预付账款	528 750		应付职工薪酬		1 521
其他应收款	516 412		应交税费		264 375
原材料	2 696 625		应付利润		120 000
周转材料	70 500		其他应付款		623 925
库存商品	1 515 750		长期借款		9 812 500
固定资产	10 011 000		实收资本		5 434 784
在建工程	680 325		盈余公积		607 475
无形资产	477 637		本年利润		55 000
长期待摊费用	315 488		利润分配		412 500
累计摊销		18 947	合　计	22 398 384	22 398 384
累计折旧		1 360 650			

补充资料：长期借款中1年内到期的部分有500 000元。

表11-7　损益类账户发生净额　　单位：元

科　目	借方发生额	科　目	贷方发生额
主营业务成本	11 829 900	主营业务收入	18 083 250
其他业务成本	588 250	其他业务收入	764 500
营业税金及附加	1 092 750	投资收益	125 700
销售费用	981 250	营业外收入	931 288
管理费用	639 255		
财务费用	705 620		
营业外支出	531 013		
所得税费用	884 175		

补充资料：

1. 应交税费明细账户贷方发生额：城建税700 000元，教育费附加390 000元，车船税2 000元，印花税250元，营业税500元。
2. 销售费用明细账：产品保修费5 000元，广告费15 000元。
3. 管理费用明细账：业务招待费5 000元。
4. 财务费用中：利息费用700 000元。
5. 营业外支出中：坏账损失500 000元。
6. 营业外收入中无政府补助。

银行存款日记账

月	日	凭证编号	摘要	借方（千百十万千百十元角分）	贷方（千百十万千百十元角分）	余额（千百十万千百十元角分）
10			月初余额			17360000
	1	收 1	收胜利厂投资	20000000		37360000
	2	付 1	付购材料款		4680000	
	2	付 2	付广告费		450000	32230000
	3	付 4	购国库券		2000000	30230000
	5	付 5	购机床一台		2000000	28230000
	8	收 2	收伟光公司货款	3000000		
	8	付 6	付财产保险费		360000	30870000
	9	收 3	收商贸公司货款	30888000		
	9	付 7	付购材料款		4671500	57086500
	10	付 8	提现金		2820000	
	10	付 10	交税		16720000	37546500
	12	付 12	付利达公司货款		21000000	16546500
	13	收 4	银行借款	30000000		46546500
	14	付 13	购买办公用品		60000	46486500
	15	收 5	销售产品	27612000		74098500
	18	付 15	归还借款		8000000	66098500
	19	付 16	付设备维修费		200000	65898500
	20	收 6	银行借款	20000000		85898500
	22	收 7	出售股票	6090000		91988500
	23	付 17	付车间电费		620000	91368500
			本月合计	137590000	63581500	91368500

图 11-3

库存现金日记账

月	日	凭证编号	摘要	借方（千百十万千百十元角分）	贷方（千百十万千百十元角分）	余额（千百十万千百十元角分）
10			月初余额			300000
	2	付 3	预借差旅费		50000	250000
	8	收 8	宗良交回差旅费余额	3000		253000
	10	付 8	提现金	2820000		
	10	付 9	发放工资		2820000	253000
	11	付 11	付办公用品费		22000	231000
	18	付 14	报销医疗费		43000	188000
	23	付 18	支付招待费		70000	118000
			本月合计	2823000	3005000	118000

图 11-4

表 11-8　资产负债表

会小企 01 表

编制单位：　　　　　　　　　　年　月　日　　　　　　　　　　单位：元

资　　产	期末余额	年初余额	负债和所有者权益（或股东权益）	期末余额	年初余额
流动资产：			流动负债：		
货币资金			短期借款		
短期投资			应付票据		
应收票据			应付账款		
应收账款			预收账款		
预付账款			应付职工薪酬		
应收股利			应交税费		
应收利息			应付利息		

（续）

资　　产	期末余额	年初余额	负债和所有者权益（或股东权益）	期末余额	年初余额
其他应收款			应付利润		
存货			其他应付款		
其中：原材料			其他流动负债		
在产品			流动负债合计		
库存商品					
周转材料			非流动负债：		
其他流动资产			长期借款		
流动资产合计			长期应付款		
非流动资产：			递延收益		
长期债券投资			其他非流动负债		
长期股权投资			非流动负债合计		
固定资产原价			负债合计		
减：累计折旧					
固定资产账面价值					
在建工程					
工程物资					
固定资产清理					
生产性生物资产			所有者权益（或股东权益）：		
无形资产			实收资本（或股本）		
开发支出			资本公积		
长期待摊费用			盈余公积		
其他非流动资产			未分配利润		
非流动资产合计			所有者权益（或股东权益合计）		
资产总计			负债和所有者权益（或股东权益）总计		

表 11-9　利润表

会小企 02 表

编制单位：　　　　　　　　　　年　月　　　　　　　　　　单位：元

项　　目	本年累计金额	本月金额
一、营业收入		
减：营业成本		
营业税金及附加		
其中：消费税		
营业税		
城建税		
资源税		
土地增值税		
城镇土地使用税、房产税、车船税、印花税		
教育费附加、矿产资源补偿费、排污费		
销售费用		
其中：商品维修费		
广告费和业务宣传费		
管理费用		

（续）

项　　目	本年累计金额	本月金额
其中：开办费		
业务招待费		
研究费用		
财务费用		
其中：利息费用（收入以“－”号填列）		
加：投资收益（损失以“－”号填列）		
二、营业利润（亏损以“－”号填列）		
加：营业外收入		
其中：政府补助		
减：营业外支出		
其中：坏账损失		
无法收回的长期债券投资损失		
无法收回的长期股权投资损失		
自然灾害等不可抗力因素造成的损失		
税收滞纳金		
三、利润总额（亏损总额以“－”号填列）		
减：所得税费用		
四、净利润（净亏损以“－”号填列）		

表 11-10　现金流量表

会小企03表

编制单位：　　　　　　　　年　月　　　　　　　　单位：元

项　　目	本年累计金额	本月金额
一、经营活动产生的现金流量		
销售产成品、商品，提供劳务收到的现金		
收到其他与经营活动有关的现金		
购买材料、商品，接受劳务支付的现金		
支付的职工薪酬		
支付的税费		
支付的其他与经营活动有关的现金		
经营活动产生的现金流量净额		
二、投资活动产生的现金流量		
收回短期投资、长期债券投资和长期股权投资收到的现金		
取得投资收益收到的现金		
处置固定资产、无形资产和其他非流动资产收回的现金净额		
短期投资、长期债券投资和长期股权投资支付的现金		
购建固定资产、无形资产和其他非流动资产支付的现金		
投资活动产生的现金流量净额		
三、筹资活动产生的现金流量		
取得借款收到的现金		
吸收投资者投资收到的现金		
偿还借款本金支付的现金		
偿还借款利息支付的现金		
分配利润支付的现金		
筹资活动产生的现金流量净额		
四、现金净增加额		
加：期初现金余额		
五、期末现金余额		

12 项目十二 商业企业的会计核算

商业企业是指从事商品流通活动的企业，通俗地说，就是从事商品(货物)购、销活动的企业，包括：批发商业企业和零售商业企业，经营生产资料的商业企业和经营消费资料的商业企业，从事工业品购销的商业企业和从事农产品购销的商业企业。

与工业企业不同，商业企业没有生产活动，只有商品采购和销售活动，因而其会计核算中没有成本核算业务。与工业企业会计相比，商业企业会计除了采购业务和销售业务的核算有所不同且没有成本核算业务外，其余业务的核算方法相同。所以本项目只学习商品购、销业务的核算方法，与工业企业会计相同的业务不再重复。

商业企业会计的核算有进价核算和售价核算两种形式，本项目只学习常用的进价核算形式。

任务一　商品采购业务的账务处理

任务目标

1. 明确购入商品入账价值的内容。
2. 掌握商品采购在不同情况下账务处理的方法。

知识储备

商业企业为增值税的纳税人。一般纳税人采购商品的入账价值为购货增值税专用发票上的商品买价金额(不含增值税额)。

小规模纳税人采购商品的入账价值为取得普通发票上的买价金额。

商品的入账价值可不包括运杂费。

一、一般纳税人的账务处理

商品采购业务可分为以下几种类型。

1. 商品已入库，发票已收到，货款已付

凡在月内商品入库、发票收到、已付款的情况下，均属此类。

例 12-1：永盛商贸有限责任公司向中天商贸有限责任公司购入钢材，中天商贸有限责任公司开来的增值税专用发票如图 12-1 所示，商品入库单如图 12-2 所示，用转账支票付款后的支票存根如图 12-3 所示。

6100042151 **陕西增值税专用发票** No 12345841

发票联 开票日期：2011 年 10 月 5 日

购货单位	名　　称：永盛商贸有限责任公司 纳税人识别号：150024626475340 地 址、电 话：西安市高长安南路 029-88430586 开户行及账号：工行长安路支行 101014788680920011	密码区	（略）

货物或应税劳务名称	规格型号	单位	数量	单价	金额	税率	税额
钢材		kg	5 000	10.00	50 000.00	17%	8 500.00
合　计					¥50 000.00		¥8 500.00
价税合计（大写）	伍万捌仟伍佰元整				（小写）¥58 500.00		

销货单位	名　　称：中天商贸有限责任公司 纳税人识别号：610188146622317 地 址、电 话：西安市高新区 029-86891245 开户行及账号：中行高新区支行 21371859091002	备注	发票专用章

收款人： 复核： 开票人：张华 开票单位：（章）

图 12-1

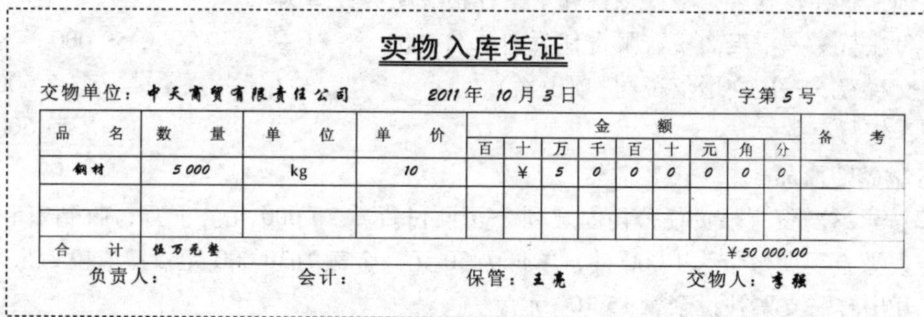

实物入库凭证

交物单位：中天商贸有限责任公司 2011 年 10 月 3 日 字第 5 号

品名	数量	单位	单价	百	十	万	千	百	十	元	角	分	备考
钢材	5 000	kg	10		¥	5	0	0	0	0	0	0	
合计	伍万元整									¥50 000.00			

负责人： 会计： 保管：王亮 交物人：李强

图 12-2

根据这 3 张原始凭证，账务处理为：

借：库存商品——钢材　　50 000

　　应交税费——应交增值税（进项税额）　　8 500

　　贷：银行存款　　58 500

2. 商品已入库，发票已收到，货款未付

依例 12-1，如果月内货款未付，则根据发票和入库单，账务处理为：

借：库存商品——钢材　　50 000

　　应交税费——应交增值税（进项税额）　　8 500

　　贷：应付账款——中天商贸有限公司　　58 500

中国工商银行
转账支票存根
X Ⅵ00001253

附加信息

出票日期 2011 年 10 月 6 日

收款人：中天商贸有限责任公司
金　额：¥58 500.00
用　途：货款

单位主管 会计

图 12-3

将来支付货款时，根据支票存根，账务处理为：

借：应付账款——中天商贸有限公司　　58 500

　　贷：银行存款　　58 500

若永盛商贸有限责任公司向中天商贸有限责任公司签发了商业汇票，则根据商业汇票第 1 联、发票和入库单，账务处理为：

借：库存商品——钢材　　50 000

　　应交税费——应交增值税（进项税额）　　8 500

贷：应付票据——中天商贸有限责任公司　58 500

到期支付票款时，根据付款通知，账务处理为：

借：应付票据——中天商贸有限责任公司　58 500

贷：银行存款　58 500

其商业汇票、付款通知的样式与项目七中的相同。

3. 商品已入库，发票未收到，货款未付

在月内可等到销货方开来发票后，再按上述办法处理。如果到月末仍未收到发票，则可先作入库处理。

仍依例12-1，如果到月末仍未收到发票，则根据入库单和议定的价格，账务处理为：

借：库存商品——钢材　50 000

贷：应付账款——中天商贸有限责任公司　50 000

下月收到发票并付款后，根据发票和支票存根，账务处理为：

借：应付账款——中天商贸有限责任公司　50 000

应交税费——应交增值税(进项税额)　8 500

贷：银行存款　58 500

4. 预付货款购商品

例12-2：永盛商贸有限责任公司向宏利公司预付货款20 000元。下月，收到宏利公司发来的A商品，发票上写明数量为1 000件，单价为30元，金额为30 000元，增值税为5 100元。商品已入库，开出转账支票补付余款15 100元。

预付货款时，根据转账支票存根，账务处理为：

借：预付账款(或应付账款)——宏利公司　20 000

贷：银行存款　20 000

收到商品后，根据发票、入库单和支票存根，账务处理为：

借：库存商品——A商品　30 000

应交税费——应交增值税(进项税额)　5 100

贷：预付账款(或应付账款)　20 000

银行存款　15 100

二、小规模纳税人的账务处理

小规模纳税人购进商品收到的是普通发票，没有进项增值税，因此，购进商品时按发票上的金额入账即可，不记入应交税费科目。其余处理与一般纳税人类同。

例12-3：某小规模纳税人商业企业购入大成贸易有限责任公司B商品，取得的普通发票上写明数量为1 000件，单价为20元，金额为20 000元。货款已转账支付，商品已入库。

根据普通发票(样式与项目七中的相同)、入库单和付款凭证，账务处理为：

借：库存商品——B商品　20 000

贷：银行存款　20 000

如果月内货款未付，根据发票和入库单，账务处理为：

借：库存商品——B商品　20 000

贷：应付账款——大成贸易有限责任公司　20 000

偿还应付账款时，根据付款凭证，账务处理为：

借：应付账款——大成贸易有限责任公司　20 000

贷：银行存款　　20 000

任务二　商品销售业务的账务处理

任务目标

1. 明确销售额(主营业务收入)的构成。
2. 掌握商品销售和结转销售成本的账务处理方法。

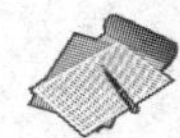

知识储备

商业企业商品销售业务的原始凭证和账务处理与工业企业基本相同，只是零售商业销售多为普通发票，须将含税销售额换算为不含税销售额。对与工业企业相同的原始凭证和账务处理，不再介绍。

一、一般纳税人商品销售的账务处理

1. 销售商品开具增值税专用发票

向工商企业一般纳税人销售商品时，需开具增值税专用发票。这时，按不含增值税的价款记主营业务收入科目，按增值税记销项税额。账务处理为：

借：银行存款(或应收账款、应收票据)

　贷：主营业务收入

　　应交税费——应交增值税(销项税额)

例 12-4：某批发商业企业向宏业商场销售某商品，开具的增值税专用发票上写明的数量为 2 000件，单价为 50 元，金额为 100 000 元，增值税为 17 000 元。已收到银行的收账通知。根据发票记账联和收账通知，账务处理为：

借：银行存款　　117 000

　贷：主营业务收入　　100 000

　　应交税费—— 应交增值税(销项税额)　　17 000

2. 销售商品开具普通发票

向工商企业小规模纳税人、非增值税纳税人、非营利组织和个人销售商品时，开具的是普通发票。

(1) 开具增值税普通发票时，账务处理与开具增值税专用发票的相同。增值税普通发票的样式如图 12-4 所示。

(2) 在开具一般普通发票的情况下，需将普通发票上的金额换算为不含税销售额，再根据不含税销售额计算出增值税销项税额，以不含税销售额记主营业务收入。计算公式为

$$\text{不含税销售额} = \text{普通发票金额}/(1 + \text{税率})$$

$$\text{增值税销项税额} = \text{不含税销售额} \times \text{税率}$$

例 12-5：广发家电商店向顾客销售一台冰箱，开具的普通发票上记载的金额为 5 000 元(见图 12-5)，货款已收存银行。

$$\text{不含税销售额} = 5\ 000\text{元}/(1 + 17\%) = 4\ 273.50\text{元}$$

$$\text{增值税销项税额} = 4\ 273.50\text{元} \times 17\% = 726.50\text{元}$$

610004231503　　**陕西增值税普通发票**　　No 02383813

此联不作为报销、扣税凭证使用　　开票日期：2011年7月8日

购货单位	名　　称：胜利机械厂 纳税人识别号：15002462647534X 地 址、电 话：西安市友谊北路　029-88414578 开户行及账号：建行友谊路支行 101014788680920154	密码区	（略）				
货物或应税劳务名称	规格型号	单位	数量	单价	金额	税率	税额
钢材		kg	200	10.00	2 000.00	17%	340.00
合　计					¥2 000.00		¥340.00
价税合计（大写）	贰仟叁佰肆拾元整						（小写）¥2 340.00
销货单位	名　　称：永盛商贸有限责任公司 纳税人识别号：610188146622317 地 址、电 话：西安市高新区 029-36891245 开户行及账号：工行长安路支行 21371859091002	备注					

收款人：　　复核：　　开票人：　万子华　　开票单位：（章）

图　12-4

西安市零售商业普通发票

610402104221　　记　账　联　　国税（02）商业二联

2011年9月18日　　No 0352887

购货单位（人）	名称	朱彭年	地址	延安市宝塔路38号电话0913-5233022						
品名规格	单位	数量	单价	金额						
				万	千	百	十	元	角	分
电冰箱	台	1	5 000.00		5	0	0	0	0	0
合计（大写）	伍仟元整			¥	5	0	0	0	0	0
销货单位	名称：广发家电商店	纳税人识别号	765567462531875							
	地址：西安市汉城路20号	电　话	029-83263865							

开票人：李华　　销货单位（章）

图　12-5

账务处理为：

借：银行存款　　5 000

　　贷：主营业务收入　　4 273.50

　　　　应交税费——应交增值税(销项税额)　　726.50

对于零售商业一般纳税人来说，平时开具的均为一般普通发票，为了简化核算，平时可先按一般普通发票金额(含税)记主营业务收入。到月末再计算出全月收入中所含的增值税，从当月收入中减去，同时确认增值税销项税额，计算公式为

不含税销售额 = 本月普通发票总金额/(1 + 税率)

增值税销项税额 = 不含税销售额 × 税率

例12-6：某百货超市某月含税销售总额200 000元。

平时销售的账务处理为：

借：库存现金

贷：主营业务收入

月末计算：

不含税销售额 = 200 000 元/(1 + 17%) = 170 940.17 元

增值税销项税额 = 170 940.17 元 × 17% = 29 059.83 元

根据计算结果，账务处理为：

借：主营业务收入　　29 059.83

　贷：应交税费——应交增值税(销项税额)　　29 059.83

二、小规模纳税人商品销售的账务处理

商业企业小规模纳税人销售商品，一般只能开具一般普通发票，发票金额为含税金额，但主营业务收入仍应按不含增值税的金额入账。为了简化核算，平时可先按普通发票金额(含税)记主营业务收入，到月末再计算出全月收入中所含的增值税，从当月收入中减去，同时确认应交的增值税额。计算公式为

不含税销售额 = 普通发票金额合计/(1 + 征收率)

应交增值税 = 不含税销售额 × 征收率

例 12-7：某小规模纳税人商业企业，销售某商品开具的普通发票上载明的数量为 50 件，单价为 10 元，金额为 500 元，货款以现金收取。账务处理为：

借：库存现金　　500

　贷：主营业务收入　　500

仍依例 12-7，如该商业企业当月共开具普通发票 150 张，金额合计为 20 000 元，月内均以普通发票金额计入主营业务收入科目。月末计算如下：

本月不含税销售额 = 20 000 元/(1 + 3%) = 19 417.48 元

本月应交增值税 = 19 417.48 元 × 3% = 582.52 元

或 = (20 000 − 19 417.48)元 = 582.52 元

账务处理为：

借：主营业务收入　　582.52

　贷：应交税费——应交增值税　　582.52

若向一般纳税人销售商品时请税务机关代开增值税专用发票，则应根据专用发票，直接以不含税销售额记主营业务收入，同时确认应交增值税。

例 12-8：某小规模纳税人商业企业向某一般纳税人销售 B 商品 10 000 元，请税务机关代开增值税专用发票。代开的专用发票上写明的金额为 9 708.74 元[10 000/(1 + 3%)]，税率为 3%，增值税额为 291.26 元(9 708.74 × 3%)。货款已转账收讫。

根据代开的专用发票和银行收账通知，账务处理为：

借：银行存款　　10 000

　贷：主营业务收入　　9 708.74

　　应交税费——应交增值税　　291.26

三、销售成本的结转

月末，应结转当月已销商品的销售成本。月末，应将当月销售商品的发货单(或出库单)加以汇总，汇总出各种商品的销售总量，再根据商品进价，计算编制发货汇总表(或销售成本计算表)，作为账务处理的依据。销售成本的计算公式为

商品销售成本 = 销售量 × 单位进价

式中的单位进价，可采用个别计价法、先进先出法、加权平均法中的任一种方法确定。

例 12-9：某商业企业当月商品销售成本计算表如表 12-1 所示。销售量为发货单汇总的数量，单位进价是根据库存商品明细账记录按加权平均法计算确定的。

表 12-1　商品销售成本计算表

××××年××月

品　名	销售量/件	单位进价/元	销售成本/元
A 商品	1 000	10	10 000
B 商品	500	20	10 000
C 商品	2 000	15	30 000
D 商品	200	40	8 000
合　计	—	—	58 000

根据表 12-1，账务处理为：

借：主营业务成本　　58 000
　　贷：库存商品——A 商品　　10 000
　　　　　　　——B 商品　　10 000
　　　　　　　——C 商品　　30 000
　　　　　　　——D 商品　　8 000

任务三　销售费用和销售税金的账务处理

任务目标

1. 明确销售费用的内容。
2. 掌握销售费用和销售税金的账务处理方法。

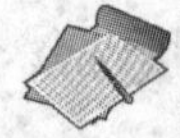

知识储备

商业企业的商品销售费用，包括采购和销售过程中发生的相关费用。销售税金包括增值税、城建税和教育费附加。

一、销售费用的账务处理

销售费用是指在商品采购、销售过程中发生的费用。

1. 商品采购、销售、保管人员薪酬

此项内容包括采购人员、销售人员、营业员、导购员和收银员等人员的工资、津贴和奖金，计提的福利费，社会保险费以及职工教育经费等。

例 12-10：某商场当月采购、销售、保管人员工资合计为 10 000 元，行政管理人员工资合计为 5 000 元，按 14% 计提福利费，按 2.5% 计提职工教育经费，按 20% 计提应缴社会保险费。

(1) 结算工资(含津贴、奖金)。根据工资结算表，账务处理为：

借：销售费用　　10 000
　　管理费用　　5 000

贷：应付职工薪酬——工资　15 000

（2）计提职工福利费、职工教育经费、社会保险费。原始凭证如表12-2所示。

表12-2　职工福利费、教育经费、社会保险费计提表

××××年××月　单位：元

职工类别	工资总额	福利费(14%)	教育经费(2.5%)	社会保险费(20%)	三费合计
销售人员	10 000	1 400	250	2 000	3 650
管理人员	5 000	700	125	1 000	1 825
合　计	15 000	2 100	375	3 000	5 475

账务处理为：

借：销售费用　3 650

　管理费用　1 825

　贷：应付职工薪酬——职工福利费　2 100

　　——职工教育经费　375

　　——社会保险费　3 000

2. 商品购、销运杂费

此项内容包括购、销商品过程中支付的运费、装卸搬运费等。其中支付的运费，一般纳税人可按7%作为进项增值税。小规模纳税人支付的运杂费全额计入销售费用。

例12-11：某商业企业为增值税一般纳税人，采购商品以现金支付货运公司运费500元、装卸费100元。根据发票和现金付出凭证，账务处理为：

借：销售费用　[500×(1-7%)+100]565

　应交税费——应交增值税(进项税额)　(500×7%)35

　贷：库存现金　600

3. 商品包装费

包装费是指在销售活动中为客户或顾客无偿包装商品的包装物消耗，如塑料袋、纸袋等。

例12-12：某商场本月为顾客包装商品共领用塑料袋10 000个，每个进价为0.1元，共计金额1 000元。根据出库单，账务处理为：

借：销售费用　1 000

　贷：包装物——塑料袋　1 000

4. 营业场所水电费

支付水电费，一般纳税人按价款计入销售费用，增值税计入进项税额；小规模纳税人按价税合计计入销售费用。

例12-13：某商场为增值税一般纳税人，本月转账支付营业大厅电费1 000元，增值税为170元。根据增值税专用发票和转账支票存根，账务处理为：

借：销售费用　1 000

　应交税费——应交增值税(进项税额)　170

　贷：银行存款　1 170

5. 营业用固定资产折旧费

营业用固定资产包括场店房屋、运输车辆、收银机及其他设备等。其折旧费应计入销售费用。

例 12-14：某商场计提的本月营业用各项固定资产折旧费共计 5 000 元，管理用固定资产折旧费 2 000 元，根据折旧费计提表，账务处理为：

借：销售费用　　5 000
　　管理费用　　1 000
　　贷：累计折旧　　6 000

6. 馈赠商品

商业企业为了促销向顾客馈赠的商品，作为销售费用。

例 12-15：某商场（增值税一般纳税人）促销活动向顾客赠送 C 商品 200 件，单位进价为 10 元，售价为 12 元。按规定以视同销售处理，根据出库单，账务处理为：

借：销售费用　　2 408
　　贷：库存商品——C 商品　　2 000
　　　　应交税费——应交增值税（销项税额）　　（200×12×17%）408

7. 商品自然损耗

商品在采购、储存和销售过程中的自然损耗，如碰坏、溶化和变质等，应作为销售费用处理。

例 12-16：某商业企业购进 A 商品 200 件，单位进价为 10 元，增值税为 340 元，在装卸时损坏商品 5 件，按 195 件办理了入库手续。货款已转账支付。

购买入库时，账务处理为：

借：库存商品——A 商品　　1 950
　　待处理财产损溢　　50
　　应交税费——应交增值税（进项税额）　　340
　　贷：银行存款　　2 340

批准按合理损耗处理时，账务处理为：

借：销售费用　　50
　　贷：待处理财产损溢　　50

8. 采购、销售人员差旅费

从事商品采购和销售的业务人员的差旅费，属于商品购销过程中发生的费用，应作销售费用处理。

例 12-17：业务员王世杰报销差旅费 1 200 元，对王世杰规定的定额备用金为 2 000 元，在定额内报销以现金补足。根据差旅费报销单，账务处理为：

借：销售费用　　1 200
　　贷：库存现金　　1 200

接例 12-17，假如不实行定额备用金制度，王世杰预借差旅费 2 000 元，报销时应退回余款 800 元。根据差旅费报销单和现金收入凭证，账务处理为：

借：销售费用　　1 200
　　库存现金　　800
　　贷：其他应收款——王世杰　　2 000

9. 广告费、促销费、售后服务费、商品保险费、代购代销手续费和包装物租金支出等

支付上述费用时，根据发票和付款凭证，账务处理为：

借：销售费用

贷：银行存款或库存现金

二、销售税金的账务处理

商业企业的销售税金，包括增值税、城建税和教育费附加。增值税的计算缴纳与项目七相同。应交的城建税和教育费附加，记入营业税金及附加账户。

应纳城建税 = 缴纳增值税的税额 × 适用税率

应纳教育费附加 = 缴纳增值税的税额 × 3%

例 12-18：某商业企业当月缴纳增值税为 5 000 元，企业位于城市市区，适用城建税税率为 7%。

应纳城建税 = 5 000 元 × 7% = 350 元

应纳教育费附加 = 5 000 元 × 3% = 150 元

根据纳税申报表，账务处理为：

借：营业税金及附加 500

　贷：应交税费——应交城建税 350

　　　　　——应交教育费附加 150

缴纳税款后，根据缴款书，账务处理为：

借：应交税费——应交城建税 350

　　　　　——应交教育费附加 150

　贷：银行存款 500

项目训练

1. 根据原始凭证信息，分别作出某一般纳税人商业企业下列经济业务的账务处理。

（1）增值税专用发票：甲商品，数量 1 000 件，单价 5 元，金额 5 000 元，增值税 850 元。

入库单：甲商品，数量 1 000 件，单价 5 元，金额 5 000 元。

转账支票存根：货款，金额 5 850 元。

（2）增值税专用发票：乙商品，数量 500 件，单价 20 元，金额 10 000 元，增值税 1 700 元。

入库单：乙商品，数量 500 件，单价 20 元，金额 10 000 元。销货单位为东方公司。

（3）入库单：供货单位惠民商贸公司，丙商品，数量 100kg，单价 20 元(到月末未收到发票,未付款)。

（4）增值税专用发票：丙商品，数量 100kg，单价 20 元，金额 2 000 元，增值税 340 元，销货单位惠民商贸公司。

转账支票存根：货款，金额 2 340 元。

（5）增值税专用发票记账联：购货单位华美公司，甲商品，数量 500 件，单价 8 元，金额 4 000元，增值税 680 元。

银行收账通知：付款人华美公司，金额 4 680 元。

（6）增值税普通发票记账联：购货单位明德公司，乙商品，数量 200 件，单价 21. 367 5 元，金额 4 273. 5 元，增值税 726. 5 元，价税合计 5 000 元。

银行收账通知：付款人明德公司，金额 5 000 元。

（7）月末汇总发货单后，编制的销售成本计算表如表 12-3 所示。根据销售量和平均进价，计算商品的销售成本，并结转。

表12-3　销售成本计算表　　　　金额单位：元

品　名	单　位	销 售 量	平均进价	销售成本
甲	个	300	5	
乙	台	500	20	
丙	件	200	20	
合　计	—	—	—	

（8）运输业发票：运费200元。

现金付出凭证：付运费200元。

（9）折旧费计提表：营业用固定资产折旧1 000元，管理用折旧200元。

2. 根据原始凭证信息，作出某小规模纳税人商业企业下列经济业务的账务处理。

（1）普通发票：A商品，数量500件，单价5元，金额2 500元。

入库单：A商品，数量500件，单价5元，金额2 500元。

转账支票存根：货款，金额2 500元。

（2）普通发票记账联：A商品，数量100件，单价7元，金额700元。

现金收入凭证：销货款700元。

（3）本月销售普通发票总金额为50 000元，计算本月应交增值税。

（4）运输业发票：运费100元。

现金付出凭证：付运费100元。

（5）增值税普通发票：电费，金额500元，增值税85元，合计585元。

转账支票存根：电费，金额585元。

项目十三 旅游、餐饮服务企业的会计核算

旅游、餐饮服务企业包括：旅行社、旅馆、饭馆、宾馆、饭店、酒店、招待所、会馆、娱乐业和洗浴业等。这类企业的经营业务为提供服务劳务，没有生产活动。因此，这类企业的会计核算没有生产成本核算业务，除了营业收入、营业成本和营业费用业务外，其余会计业务与工业企业相同。所以本章只学习营业收入、营业成本和营业费用业务的核算，其他业务不再重复。

任务一　营业收入和营业成本业务的账务处理

任务目标

1. 明确营业收入和营业成本的内容。
2. 掌握营业收入和营业成本业务的账务处理方法。

知识储备

一、营业收入和营业成本概述

1. 营业收入的内容

旅游、餐饮服务企业营业收入的内容包括：

（1）旅行社向游客收取的旅游费收入。

（2）饭店、酒店和宾馆等的餐饮收入和客房住宿费收入。

（3）娱乐业和洗浴业等的收费收入。

2. 营业成本的内容

这类企业的营业成本是指为提供服务劳务而发生的直接成本，主要包括以下几方面的内容。

（1）旅行社为游客支付的景点门票、食宿费和交通费等。

（2）餐饮原料支出。

（3）客房服务用品支出。

（4）娱乐业、洗浴业的食品、茶水、音像制品、药料和水费等的支出。

二、营业收入业务的账务处理

取得上述营业收入的账务处理为：

借：银行存款或库存现金

　　贷：主营业务收入

若客户未能当即付款，账务处理为：

借：应收账款——某客户

　　贷：主营业务收入

例 13-1：长城饭店承办一次宴会收入 5 000 元，收到转账支票，已进账。

原始凭证如图 13-1 和图 13-2 所示。

陕西省西安市服务业、娱乐业、转让无形资产通用发票

记账联

开票日期：2011 年 10 月15日　　发票代码 12000010421

付款单位（个人）：通达实业有限责任公司　　发票号码 5412219

项　目	金　额
宴席	5 000.00
合计金额（元）（大写）：伍仟元整	（小写）¥：5 000.00
备注：	

收款单位：（盖章有效）长城饭店　　收款人：刘欢

收款单位税号　614578900247

图　13-1

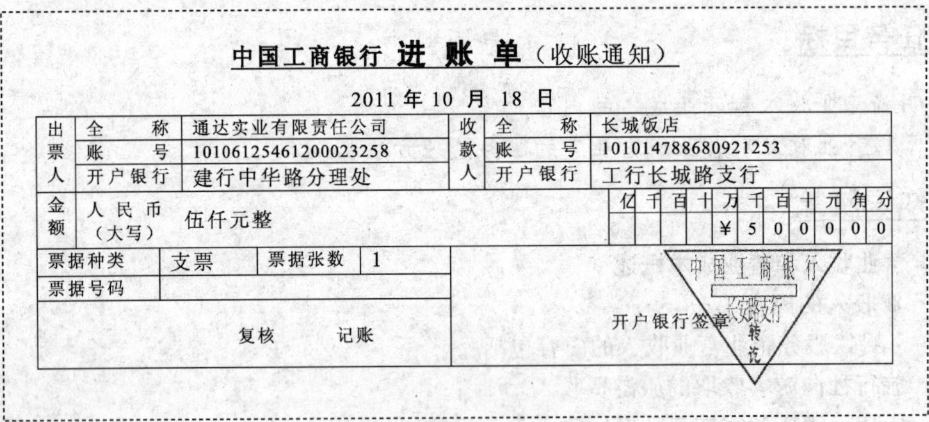

中国工商银行 进 账 单（收账通知）

2011 年 10 月 18 日

出票人	全　称	通达实业有限责任公司	收款人	全　称	长城饭店
	账　号	10106125461200023258		账　号	101014788680921253
	开户银行	建行中华路分理处		开户银行	工行长城路支行
金额	人民币（大写）	伍仟元整		亿千百十万千百十元角分	¥500000
票据种类	支票	票据张数	1		
票据号码					
	复核　记账			开户银行签章	

图　13-2

账务处理为：

借：银行存款　　5 000

　　贷：主营业务收入　　5 000

三、营业成本业务的账务处理

1. 支付游客景点门票、食宿费和交通费等

账务处理为：

借：主营业务成本

　　贷：库存现金或银行存款

例 13-2：同乐旅行社支付胜达运输有限责任公司租车费 3 000 元。

原始凭证如图 13-3 和图 13-4 所示。

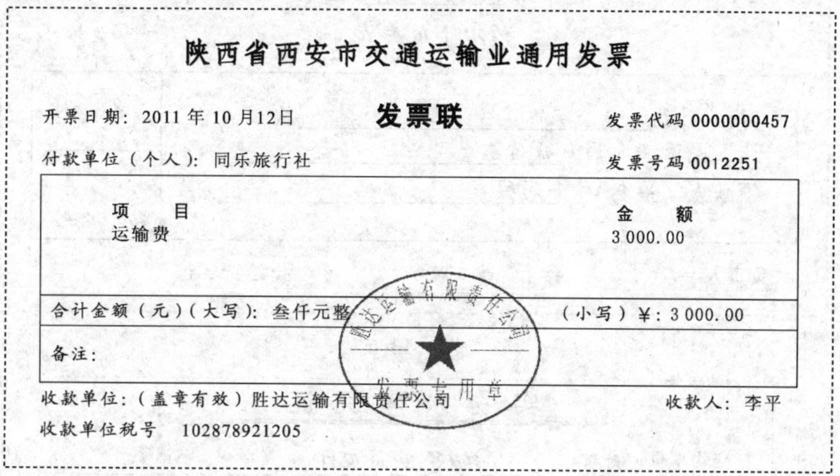

陕西省西安市交通运输业通用发票

开票日期：2011 年 10 月12日　　发票联　　发票代码 0000000457

付款单位（个人）：同乐旅行社　　发票号码 0012251

项　目	金　额
运输费	3 000.00
合计金额（元）（大写）：叁仟元整	（小写）¥：3 000.00
备注：	

收款单位：（盖章有效）胜达运输有限责任公司　　收款人：李平

收款单位税号　102878921205

图　13-3

中国工商银行
转账支票存根
X Ⅵ00001275
附加信息

出票日期　2011 年 10 月 12 日

收款人：	胜达运输有限责任公司
金　额：	¥3 000.00
用　途：	运输费款

单位主管　　会计

图　13-4

账务处理为：

借：主营业务成本　　3 000

　　贷：银行存款　　3 000

2. 餐饮原料支出

（1）购入餐饮原料时的账务处理：购入餐饮原料，若为可储存的面粉、大米、食用油、干菜和调料等且数量较多的，应先入库，然后再领用。

例 13-3：长城饭店购入大米 200kg，以现金支付，入库待用。

原始凭证如图 13-5 ~ 图 13-7 所示。

账务处理为：

借：原材料——大米　　400

　　贷：库存现金　　400

西安市商业普通发票

610102104236　　发票联　　国税（02）商业二联

2011 年 10 月 10 日　　No 2552710

购货单位（人）	名称	长城饭店	地址	西安市长城路 029-86530503						
品名规格	单位	数量	单价	金额						
				万	千	百	十	元	角	分
大米	kg	200	2.00			4	0	0	0	0
合计（大写）	肆佰元整				¥	4	0	0	0	0
销货单位 名称	东升粮油店		纳税人识别号	765567462531298						
销货单位 地址	西安市长虹路 6 号		电　话	8562145						

开票人：刘华　　销货单位（章）

图　13-5

现金付出凭证 第二联 交会计

2011年10月10日 第5号

	备 注
付 给 购大米 款 计人民币（大写）肆佰元整 领款人（签名） 刘强	400.00元

负责人 会计 张亚娟 出纳 赵利

图 13-6

实 物 入 库 凭 证

交物单位：刘强 2011年10月10日 字第8号

品名	数量	单位	单价	金额 百	十	万	千	百	十	元	角	分	备考
大米	200	kg	2.00					4	0	0	0	0	
合计	肆佰元整			400.00									

负责人： 会计： 保管：王平 交物人：刘强

图 13-7

如果购入数量不多，直接使用的，也可以直接记入主营业务成本科目，账务处理为：

借：主营业务成本

  贷：库存现金

购入蔬菜、肉、鱼和蛋等不可储存的鲜活原料直接使用时，直接记主营业务成本科目，账务处理为：

借：主营业务成本

  贷：库存现金或银行存款

以上账务处理，若为赊购，即贷记应付账款科目。

例13-4：长城饭店承办一次宴会，从食品商店购入粉丝50元、蔬菜200元、肉500元、鱼300元，直接使用，以现金支付。根据发票和现金付出凭证，账务处理为：

借：主营业务成本 1 050

  贷：库存现金 1 050

（2）领用餐饮原料时的账务处理：对于先入库再领用的可储存原料，领用时要办理领料手续，根据领料单或领料登记表，月末汇总记账。

例13-5：长城饭店当月领料汇总表如表13-1所示。

表13-1 领料汇总表 金额单位：元

品 名	单 位	数 量	单 价	金 额
面粉	kg	100	2.0	200
大米	kg	200	2.0	400

（续）

品　名	单　位	数　量	单　价	金　额
菜油	kg	50	8.0	400
调料	瓶	20	2.0	40
合　计	—	—	—	1 040

根据领料汇总表，账务处理为：

借：主营业务成本　　1 040

　　贷：原材料——面粉　　200

　　　　　　——大米　　400

　　　　　　——菜油　　400

　　　　　　——调料　　40

3. 客房用品支出

（1）购入客房用品时的账务处理：客房用品包括：①床上用品，如被褥、被套、毛毯、床单、枕芯和枕巾等。②洗漱用品，如牙刷、牙膏、梳子和肥皂等。③洗浴用品，如沐浴液、洗发液、毛巾、浴巾和一次性拖鞋等。④其他用品，如卫生纸、茶叶、口杯、电热壶和热水瓶等。购入时的账务处理为：

借：物料用品——名称

　　贷：银行存款

例 13-6：福瑞宾馆购入一批客房床上用品，其中毛毯 50 条，单价为 50 元；棉被 50 条，单价为 100 元；床单 100 件，单价为 20 元。已办理了入库手续，货款已转账支付。根据发票、入库单和付款凭证，账务处理为：

借：物料用品——毛毯　　2 500

　　　　　　——棉被　　5 000

　　　　　　——床单　　2 000

　　贷：银行存款　　9 500

（2）领用客房用品时的账务处理：领用客房用品时，对于一次性用品（洗漱用品、茶叶、沐浴液、洗发液、一次性拖鞋和卫生纸等）和使用寿命不超过 1 年的床上用品（如床单、枕巾和被套等），以及价值较小的消耗品（如口杯、毛巾和热水瓶等），可直接记入主营业务成本科目；对于使用寿命超过 1 年且价值较大的用品（如被褥、毛毯等），应先记入长期待摊费用科目，然后再分期摊销记入主营业务成本科目。

例 13-7：福瑞宾馆客房某月领用一次性洗漱用品 500 元、一次性洗浴用品 400 元、卫生纸 200 元、茶叶 100 元和口杯 300 元。根据出库单或领用登记表，账务处理为：

借：主营业务成本　　1 500

　　贷：物料用品——洗漱用品　　500

　　　　　　　——洗浴用品　　400

　　　　　　　——卫生纸　　200

　　　　　　　——茶叶　　100

　　　　　　　——口杯　　300

例 13-8：福瑞宾馆本月从库房领出被褥 2 000 元、毛毯 3 000 元。

原始凭证如图 13-8 所示。

实 物 出 库 凭 证

领物单位：客房部　　2011 年 10 月 25 日　　字第 5 号

品名	数量	单位	单价	金额 百	十	万	千	百	十	元	角	分	备考
被褥	20	条	100				2	0	0	0	0	0	
毛毯	20	条	150				3	0	0	0	0	0	
合计	伍仟元整			5 000.00									

负责人：　　会计：　　保管：王福　　领物人：李明

图 13-8

根据出库单，账务处理为：

借：长期待摊费用——被褥毛毯　　5 000
　　贷：物料用品——被褥　　2 000
　　　　　　　　——毛毯　　3 000

如果按 3 年分月摊销，每月摊销额为 5 000 元÷3 ÷12 =139 元。每月摊销的账务处理为：

借：主营业务成本　　139
　　贷：长期待摊费用——被褥毛毯　　139

4. 娱乐、洗浴等其他服务业的服务支出

娱乐、洗浴等其他服务企业的食品、茶水、音像制品和药料等，一般是现购现用，购买时直接记入主营业务成本科目；洗浴业的水费和其他服务业的服务费用在支付时记入主营业务成本科目。根据发票和付款凭证，账务处理为：

借：主营业务成本
　　贷：银行存款或库存现金

例 13-9：某茶社购入茶叶 100 元、音乐光盘 50 元和小食品 100 元，以现金支付。根据购货发票和现金付出凭证凭证，账务处理为：

借：主营业务成本　　250
　　贷：库存现金　　250

任务二　营业费用和营业税金的账务处理

任务目标

1. 明确营业费用和营业税金的内容。
2. 掌握营业费用和营业税金的账务处理方法。

知识储备

营业费用是指营业活动的间接费用，内容包括营业人员薪酬、营业用固定资产折旧费、燃料费、工具用具消耗、水电费、广告宣传费、服装费、维修费、保险费、清洁工具费、洗涤用品和消毒用品费等。

营业税金及附加包括营业税、城建税和教育费附加。

一、营业费用的账务处理

（一）营业人员薪酬

营业人员包括客房和餐厅服务员、吧员、接待员、厨师、收银员和导游等人员等，薪酬包括工资、福利费、职工教育经费及社会保险费等。

例 13-10：长城饭店当月营业人员工资 20 000 元，管理人员工资 10 000 元，按 14% 提取职工福利费，按 2.5% 计提职工教育经费，按 20% 计提应缴社会保险费。

工资结算表的样式与项目六中的相同，职工福利费、职工教育经费和社会保险费计提表的样式与项目十二中的相同。

1. 结算工资（含津贴、奖金）

根据工资结算表，账务处理为：

借：营业费用　20 000

　　管理费用　10 000

　　贷：应付职工薪酬——工资　30 000

2. 计提职工福利费、职工教育经费和社会保险费

根据职工福利费、职工教育经费和社会保险费计提表，账务处理为：

借：营业费用　7 300

　　管理费用　3 650

　　贷：应付职工薪酬——职工福利费　4 200

　　　　　　　　　　——职工教育经费　750

　　　　　　　　　　——社会保险费　6 000

（二）营业用固定资产折旧费

营业用固定资产包括营业用房屋、汽车、冰箱、空调机、电视机、音响设备、灯具、吸尘器、洗衣机、消毒柜、油烟机、餐桌椅和床等，其折旧费计入营业费用。如果营业用房屋与办公用房连为一体，且办公用房面积较小时，为了简化核算，办公用房的折旧费也可一并计入营业费用。

例 13-11：长城饭店本月各项营业用固定资产计提的折旧费为 3 000 元，管理用固定资产折旧费为 1 000 元，折旧费计提表的样式与项目六中的相同。根据折旧费计提表，账务处理为：

借：营业费用　3 000

　　管理费用　1 000

　　贷：累计折旧　4 000

（三）燃料费

燃料费是指饭店烧菜和客房供热水、暖气的锅炉耗用燃料的费用，包括煤和气体燃料消耗。

例 13-12：长城饭店本月烧菜用燃气费 500 元，以现金支付；购锅炉用煤 5t，价格为 200 元/t，转账支付。

支付燃气费时，根据发票和现金付出凭证，账务处理为：

借：营业费用　500

　　贷：库存现金　500

购煤时，根据发票和付款凭证，账务处理为：

借：营业费用　　1 000
　　贷：银行存款　　1 000

（四）工具、用具消耗

工具、用具包括炊具、餐具、橱柜、灭火器和水电材料等。对于价值较小，使用寿命不超过1年的炊具、餐具和水电材料等，在购买时可直接记入销售费用科目；对于价值较大、使用寿命超过1年的橱柜和灭火器等，可分期摊销。

例13-13：长城饭店购买餐具200元、炊具100元，以现金支付。根据发票和现金付出凭证，账务处理为：

借：营业费用　　300
　　贷：库存现金　　300

例13-14：长城饭店购入灭火器10架，单价为100元，金额为1 000元，以银行转账支付。灭火器使用寿命为5年。

购买时，根据发票和付款凭证，账务处理为：

借：长期待摊费用——灭火器　　1 000
　　贷：银行存款　　1 000

每年摊销时，账务处理为：

借：营业费用　　200
　　贷：长期待摊费用——灭火器　　200

（五）水电费、广告宣传费、服装费、维修费、保险费、清洁工具费、洗涤用品和消毒用品费等

支付上述费用或购买工具用品时，根据发票和付款凭证，账务处理为：

借：营业费用
　　贷：银行存款或库存现金

二、营业税金的账务处理

旅游、饮食服务企业应缴纳的营业税金及附加包括营业税、城建税和教育费附加。

（一）营业税

旅游、饮食服务企业应纳营业税的计算公式为

娱乐、饮食服务企业应纳营业税=营业收入×适用税率

旅游企业应纳营业税=(旅游费收入－为游客支付的门票、食宿费、交通费等)×适用税率

现行娱乐业的税率为5%～20%，旅游、饮食服务业的税率为5%。

营业税的账务处理为：

借：营业税金及附加
　　贷：应交税费——应交营业税

（二）城建税和教育费附加

城建税和教育费附加是营业税的附加税，以缴纳营业税的税额为计税依据，与营业税同时缴纳。应纳税额的计算公式为

应纳城建税=缴纳营业税税额×适用税率

应纳教育费附加=缴纳营业税税额×3%

账务处理为：

借：营业税金及附加

贷：应交税费——应交城建税

——应交教育费附加

例 13-15：长城宾馆本月营业收入总额为 50 000 元，宾馆位于县城，适用城建税税率为 5%。

本月应纳营业税=50 000 元×5%=2 500 元

应纳城建税=2 500 元×5%=125 元

应纳教育费附加=2 500 元×3%=75 元

根据纳税申报表(样式与项目七中的地方税费纳税申报表相同)，账务处理为：

借：营业税金及附加　　2 700

贷：应交税费——应交营业税　　2 500

——应交城建税　　125

——应交教育费附加　　75

缴纳税款时，根据缴款书(样式与项目七中的相同)，账务处理为：

借：应交税费——应交营业税　　2 500

——应交城建税　　125

——应交教育费附加　　75

贷：银行存款　　2 700

项目训练

1. 根据原始凭证信息，作出天宇饭店(设有餐饮部和客房部)本月下列经济业务的账务处理。

(1) 发票记账联：宴席，金额 5 000 元。

银行进账单：宴席费，5 000 元。

(2) 发票记账联(20 张合计)：住宿费，金额 2 000 元。

银行现金存款凭条：存款人天宇饭店，金额 2 000 元。

(3) 发票：鸡肉、菜、鱼，金额 500 元。

现金付出凭证：付购鸡肉、菜、鱼款，金额 500 元。

(4) 出库单：面粉 50 元、大米 40 元、干菜 30 元。

(5) 发票：大米 100kg，单价 1.2 元，金额 120 元。

入库单：大米 100kg，单价 1.2 元，金额 120 元。

现金付出凭证：付购大米款 120 元。

(6) 发票：牙刷牙膏 500 元、洗浴液 600 元、毛毯 2 000 元。

入库单：牙刷牙膏 500 件、洗浴液 300 瓶、毛毯 20 条。

转账支票存根：购客房用品款，金额 3 100 元。

(7) 客房用品领用汇总表：牙刷牙膏 100 元、洗浴液 150 元。

(8) 出库单：毛毯 20 条，金额 2 000 元(分 4 年摊销)。

(9) 本年毛毯费摊销。

(10) 本月工资结算表：营业人员工资 30 000 元，管理人员工资 10 000 元。本月职工福利费、职工教育经费、社会保险费计提表(分别按工资的 14%、2.5%、25%计提)。

(11) 折旧费计提表：营业用固定资产折旧费 5 000 元，管理用固定资产折旧费 2 000 元。

(12) 发票：电费 1 000 元。

转账支票存根：电费 1 000 元。

（13）发票：洗涤剂、消毒液，金额合计200元。

现金付出凭证：付购洗涤剂、消毒液款200元。

（14）本月营业收入总额为150 000元，计算申报本月应交营业税、城建税和教育费附加（该饭店位于市区）。

（15）税收缴款书：营业税、城建税、教育费附加（根据申报表中所计算的数字）。

2. 根据原始凭证信息，作出金桥旅行社下列经济业务的账务处理。

（1）发票记账联（10张合计）：旅游费，金额8 000元。

银行现金存款凭条：存款人金桥旅行社，金额8 000元。

（2）旅游景点收费发票：茂陵博物馆门票费2 000元。

汇款单回单：汇款人金桥旅行社，收款人茂陵博物馆，金额2 000元。

（3）折旧费计提表：旅游车辆折旧费2 000元，管理用固定资产折旧费1 200元。

（4）加油费发票：汽油800元。

现金付出凭证：付旅游车加油费800元。

（5）保险费收据：游客人身保险3 000元。

转账支票存根：游客保险费，金额3 000元。

（6）本月共取得旅游费收入2 000 000元，共为游客支付食宿、交通、门票费1 400 000元。计算申报本月应交营业税、城建税和教育费附加（该旅行社位于市区）。

14 项目十四
运输企业的会计核算

运输业包括公路运输、铁路运输、航空运输、船舶运输和管道运输。本项目只学习常用的公路（汽车）运输企业的会计核算。

运输企业没有产品生产活动，没有产品生产成本核算业务；没有销售业务，不设销售费用科目。除营运收入、营运成本业务外，其余的会计处理与工业企业相同。

任务一　营运收入与营运成本业务的账务处理

任务目标

1. 明确营运收入和营运成本的内容。
2. 掌握营运收入和营运成本业务的账务处理方法。

知识储备

一、营运收入与营运成本概述

1. 营运收入

运输企业的营运收入主要包括以下几种：

（1）货运收入。即从事货物运输取得的运费收入。

（2）客运收入。即从事旅客运输取得的售票收入和包车收入。

（3）装卸收入。即从事货物装卸取得的装卸费收入。

（4）仓储收入。即车站或货场储存货物向货主收取的储存费。

2. 营运成本

（1）营运人员薪酬，是指司机、乘务员、售票员、修理工等人员的工资、津贴、奖金、福利费、教育经费和社会保险费等。

（2）营运固定资产折旧费，是指营运车辆、售票厅、候车室、售票用计算机、货仓和装卸设备等的折旧费。

（3）车辆修理费。

（4）保险费。汽车保险是强制性的，包括车辆保险、事故保险和司机人身保险。

（5）事故净损失，是指因道路交通事故造成车辆损坏修理的损失减去获得事故责任方和保险公司赔偿后的净额。

(6) 其他费用，包括过路费、过桥费、停车费、加油费、洗车费、审验费、司机劳动保护费、司机差旅费和交通违章罚款等。

二、营运收入业务的账务处理

取得营运收入的账务处理为：

借：银行存款(库存现金)或应收账款

　　贷：主营业务收入

　　　　应交税费－应交增值税(销项税额)

例 14-1：四达运输有限责任公司为诺信商贸有限公司运货应收运费 1 000 元，增值税 110 元，发票已开，但本月末款项尚未收到。

原始凭证如图 14-1 所示。

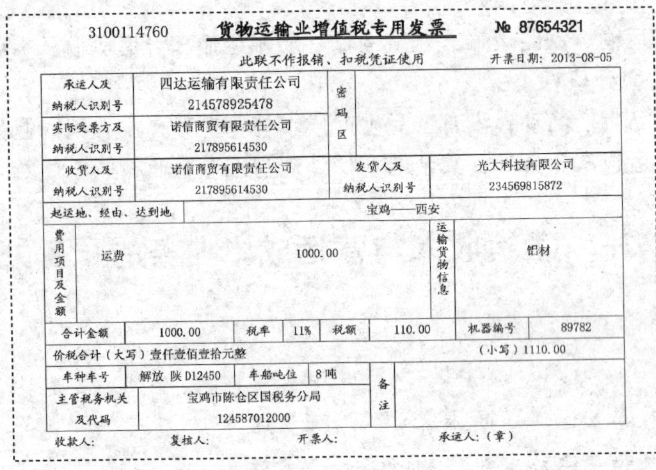

3100114760　**货物运输业增值税专用发票**　№ 87654321

此联不作报销、扣税凭证使用　开票日期：2013-08-05

承运人及纳税人识别号	四达运输有限责任公司 214578925478	密码区	
实际受票方及纳税人识别号	诺信商贸有限责任公司 217895614530		
收货人及纳税人识别号	诺信商贸有限责任公司 217895614530	发货人及纳税人识别号	光大科技有限公司 234569815872
起运地、经由、达到地	宝鸡——西安		
费用项目及金额	运费　1000.00	运输货物信息	铝材

合计金额	1000.00	税率	11%	税额	110.00	机器编号	89782
价税合计（大写）壹仟壹佰壹拾元整						（小写）1110.00	
车种车号	解放 陕 D12450	车船吨位	8 吨	备注			
主管税务机关及代码	宝鸡市陈仓区国税务分局 124587012000						

收款人：　复核人：　开票人：　承运人：(章)

图　14-1

账务处理为：

借：应收账款——诺信商贸有限公司　1 110

　　贷：主营业务收入　1 000

　　　　应交税费－应交增值税(销项税额)　110

例 14-2：四达运输有限责任公司收到北方国际旅行社客车包车收入 5 000 元，款项已收。原始凭证如图 14-2 和图 14-3 所示。

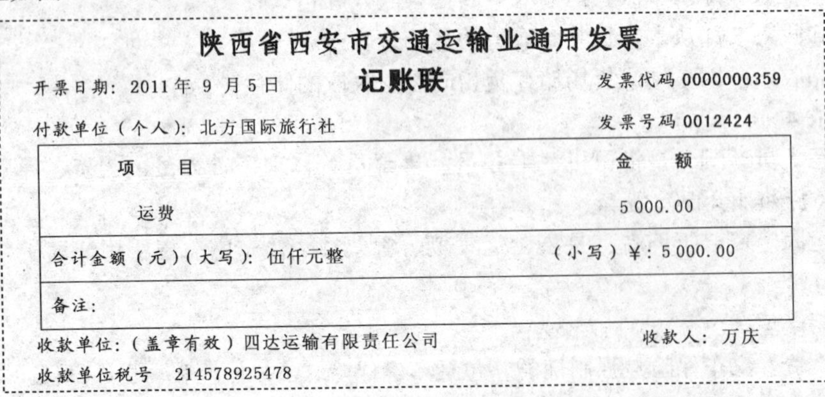

陕西省西安市交通运输业通用发票

记账联

开票日期：2011 年 9 月 5 日　发票代码 0000000359

付款单位（个人）：北方国际旅行社　发票号码 0012424

项　目	金　额
运费	5 000.00
合计金额（元）（大写）：伍仟元整	（小写）¥：5 000.00
备注：	

收款单位：（盖章有效）四达运输有限责任公司　收款人：万庆

收款单位税号　214578925478

图　14-2

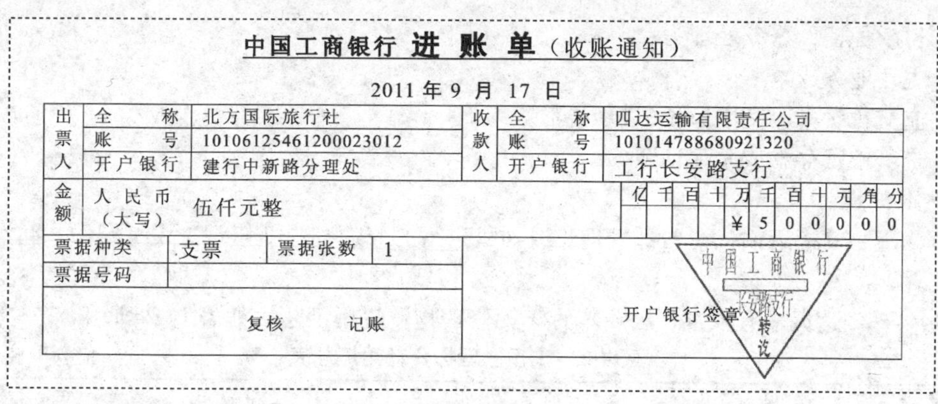

中国工商银行 进 账 单（收账通知）

2011 年 9 月 17 日

出票人	全称	北方国际旅行社	收款人	全称	四达运输有限责任公司
	账号	10106125461200023012		账号	101014788680921320
	开户银行	建行中新路分理处		开户银行	工行长安路支行
金额	人民币（大写）	伍仟元整		亿千百十万千百十元角分	¥500000
票据种类	支票	票据张数	1		
票据号码					
	复核 记账			开户银行签章	

图 14-3

账务处理为：

借：银行存款 5 000

贷：主营业务收入 4 854. 37[5 000 ÷ (1 +3%)]

应交税费—应交增值税 145. 63

三、营运成本业务的账务处理

营运成本，是指因从事运输业务而发生的成本，其账务处理如下。

（一）营运人员薪酬

例 14-3：四达运输有限责任公司某月职工工资及福利费、教育经费、社会保险费计提表如表 14-1 所示。

表 14-1 工资及福利费、教育经费、社会保险费计提表 单位：元

职工类别	工资总额	福利费(14%)	教育经费(2.5%)	社会保险费(25%)	合计
营运人员	50 000	7 000	1 250	12 500	70 750
管理人员	10 000	1 400	250	2 500	14 150
合计	60 000	8 400	1 500	15 000	84 900

根据表 14-1 和工资结算表，账务处理为：

借：主营业务成本 70 750

管理费用 14 150

贷：应付职工薪酬——工资 60 000

——职工福利费 8 400

——职工教育经费 1 500

——社会保险费 15 000

（二）营运固定资产折旧费

根据折旧费计提表（样式与项目六中的相同），账务处理为：

借：主营业务成本（营运固定资产折旧费）

管理费用（管理用固定资产折旧费）

贷：累计折旧

（三）车辆修理费

车辆修理费有外部修理和内部修理两种情况，账务处理也有所不同。

1. 外部修理

外部修理，是指在外部汽车修理厂或修理部进行的修理，只需支付修理费。根据修理费增值

税发票和付款凭证，账务处理为：

借：主营业务成本

　　应交税费—应交增值税(进项税额)

　　贷：银行存款或库存现金

2. 内部修理

内部修理，是指运输公司内部修理工或司机进行的修理，内部修理主要是配件、润滑油和轮胎等的消耗。

例 14-4：四达运输有限责任公司本月车辆修理物资耗用汇总表如表 14-2 所示。

表 14-2　车辆修理物资耗用汇总表　　金额单位：元

品　名	单　位	消耗量	单　价	金　额
配件 A	件	100	20	2 000
配件 B	件	200	15	3 000
配件 C	只	50	40	2 000
内　胎	条	30	50	1 500
外　胎	副	20	200	4 000
润滑油	kg	20	5	100
润滑脂	kg	10	8	80
合　计	—	—	—	12 680

根据表 14-2，账务处理为：

借：主营业务成本　　12 680

　　贷：原材料——配件 A　　2 000

　　　　　　——配件 B　　3 000

　　　　　　——配件 C　　2 000

　　　　　　——内胎　　1 500

　　　　　　——外胎　　4 000

　　　　　　——润滑油　　100

　　　　　　——润滑脂　　80

（四）保险费

保险费包括车辆保险、事故保险和司机人身保险。根据保险费收据和付款凭证，支付保险费的账务处理为：

借：主营业务成本

　　贷：银行存款

（五）事故净损失

事故净损失，是指因道路交通事故造成车辆损坏修理的损失减去获得事故责任方和保险公司赔偿后的净额，不包括旅客人身伤亡的赔偿损失(记入营业外支出)。

例 14-5：四达运输有限责任公司一车辆与捷达公司车辆发生相撞事故，修车支出现金 2 000 元，因对方责任同意承担 60%，达成协议。根据修理费发票、协议和现金付出凭证，账务处理为：

借：主营业务成本　　800

　　其他应收款——捷达公司　　1 200

　　贷：库存现金　　2 000

例 14-6：四达运输有限责任公司一车辆因自身责任发生交通事故，赔偿对方损失 5 000 元，已转账支付。之后根据保险合同获得保险公司理赔 4 000 元，款已到账。

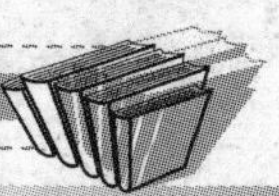

赔偿对方损失时，根据对方开来的赔偿款收据和付款凭证，账务处理为：

借：主营业务成本　　5 000

　　贷：银行存款　　5 000

收到保险公司理赔款时，根据银行收账通知和理赔单，账务处理为：

借：银行存款　　4 000

　　贷：主营业务成本　　4 000

（六）加油费、水电费

支付加油费、水电费时，根据增值税发票和付款凭证，财务处理为：

借：主营业务成本

　　应交税费—应交增值税(进项税额)

　　贷：银行存款

（七）过路费、过桥费、停车费、洗车费、审验费、司机劳动保护费、司机差旅费和交通违章罚款等

支付上述费用时，根据发票、收据、差旅费报销单等和付款凭证，账务处理为：

借：主营业务成本

　　贷：银行存款或库存现金

任务二　其他业务收支的账务处理

任务目标

1. 了解其他业务收支的内容。
2. 掌握其他业务收支的账务处理方法。

知识储备

汽车运输企业的其他业务，常见的主要有房屋出租和对外修车业务。这些业务在取得收入的同时，也有相应的成本，这就是其他业务收支。

一、其他业务收入的账务处理

汽车运输企业的其他业务收入，主要有房屋出租收入和对外修车收入。

1. 房屋出租收入

房屋出租取得租金收入的账务处理为：

借：银行存款(库存现金)或应收账款

　　贷：其他业务收入

例 14-7：四达运输有限责任公司本月门面房出租应收租金 5 000 元，以现金收取。

根据开具的房屋租金(服务业)发票记账联和现金收入凭证，账务处理为：

借：库存现金　　5 000

　　贷：其他业务收入　　5 000

2. 对外修车收入

运输公司的修理车间，除为本公司修车外，也可能对外提供修车服务，取得修理费收入。修理属于增值税应税劳务，公司对外修车收入的核算应按增值税的要求处理，即将修理费收入换算为不含增值税的收入记入其他业务收入科目，将增值税部分记入应交税费——应交增值税科目。修理车间一般为小规模纳税人。

例 14-8：四达运输有限责任公司修理车间为华电公司修车取得修理费收入 1 000 元，开具了普通发票，款项已转入本公司银行账户。现行小规模纳税人的征收率为 3%。

不含增值税的收入 = 1 000 元/(1 + 3%) = 970.87 元

应交增值税 = 970.87 元 × 3% = 29.13 元

根据普通发票记账联和银行收账通知，账务处理为：

借：银行存款　　1 000
　　贷：其他业务收入　　970.87
　　　　应交税费——应交增值税　　29.13

二、其他业务成本的账务处理

其他业务成本，是指为取得其他业务收入而发生的成本。下面就房屋出租业务和对外修车业务分别说明其会计处理方法。

（一）房屋出租成本

房屋出租成本，就是其出租期间的折旧费，如承担修理责任，还应包括修理支出。

例 14-9：依例 14-7，出租的门面房月折旧费为 2500 元。本月门面房水电修理支出现金 200 元。

根据折旧费计提表，账务处理为：

借：其他业务成本　　2 500
　　贷：累计折旧　　2 500

根据水电修理费发票和现金付出凭证，账务处理为：

借：其他业务成本　　200
　　贷：库存现金　　200

（二）对外修车成本

对外修车成本，包括耗用配件、油料等材料的成本和人工成本。

1. 耗用配件、油料等材料的成本

例 14-10：四达运输有限责任公司本月对外修车耗用 A 配件 1 000 元，B 配件 1 500 元，油料 200 元。根据领料出库单，账务处理为：

借：其他业务成本　　2 700
　　贷：原材料——A 配件　　1 000
　　　　　　　——B 配件　　1 500
　　　　　　　——油料　　200

2. 人工成本

若公司有对外修理业务，则应将修理人员薪酬在对内和对外修理之间进行分配，将对外修理应分配的薪酬记入其他业务成本科目，将对内修理应分配的薪酬记入主营业务成本科目。

例 14-11：四达运输有限责任公司本月修理人员工资为 12 000 元，对内修理工时为 1 000 工时，对外修理工时为 500 工时。

$$分配率 = \frac{12\ 000\ 元}{(1\ 000 + 500)\ 工时} = 8\ 元/工时$$

对内修理应分配人工成本 = 1 000 工时 × 8 元/工时 = 8 000 元

对外修理应分配人工成本 = 500 工时 × 8 元/工时 = 4 000 元

原始凭证如表 14-3 所示。

表 14-3　修理工人工资分配表　　单位：元

产　品	修理工时/工时	分　配　率	应分配工资额
对内修理	1 000	8	8 000
对外修理	500	8	4 000
合　计	1 500	8	12 000

账务处理为：

借：主营业务成本　　8 000

　　其他业务成本　　4 000

　　贷：应付职工薪酬——工资　　12 000

任务三　营业税金的计算和账务处理

任务目标

1. 明确营业税金的内容。
2. 掌握营业税金的账务处理方法。

知识储备

运输企业的房屋出租收入适用营业税，营运收入和对外车辆修理收入适用增值税。另外，还要按应交营业税、增值税的税额征收城建税和教育费附加。

应交各税的计算公式为

货运收入应交增值税 = 销项税额 - 进项税额

客运收入应交增值税 = [客运收入/(1 + 3%)] × 3%

对外修车收入应交增值税 = [普通发票修理费收入/(1 + 3%)] × 3%

房屋出租收入应交营业税 = 租金收入 × 5%

应交城建税 = (应交营业税额 + 应交增值税额) × 适用税率

应交教育费附加 = (应交营业税额 + 应交增值税额) × 3%

应交的营业税、城建税和教育费附加，记入营业税金及附加账户。应交的增值税不记入营业税金及附加账户。

例 14-12：四达运输有限责任公司本月营运收入总额为 100 000 元，销项税额为 11 000 元，购进修理材料和支付加油费、水电费、外部修理费的进项税额为 5 000 元。房屋出租收入为5 000 元，对外修车收入应交增值税为 1 000 元。公司位于市区。

本月应交的税金为：

修车收入应交增值税 = 1 000 元

营运收入应交增值税 = 11 000 - 5 000 = 6 000 元

租金收入应交营业税 = 5 000 元 × 5% = 250 元

应交城建税 = (6 000 + 250 + 1 000)元 × 7% = 507.5 元

应交教育费附加 = (6 000 + 250 + 1 000)元 × 3% = 217.5 元

根据计算结果，填制营业税纳税申报表与城建税、教育费附加纳税申报表。根据营业税纳税申报表(样式同前)，账务处理为：

借：营业税金及附加　250

　贷：应交税费——应交营业税　250

根据城建税和教育费附加纳税申报表，账务处理为：

借：营业税金及附加　725

　贷：应交税费——应交城建税　507.5

　　　　　　——应交教育费附加　217.5

缴纳税款时，根据缴款书(样式同前)，账务处理为：

借：应交税费——应交营业税　250

　　　　　——应交城建税　507.5

　　　　　——应交教育税附加　217.5

　　　　　——应交增值税　7 000

　贷：银行存款　7 975

项目训练

根据原始凭证信息，作出八方汽车运输公司下列经济业务的账务处理。

1. 运费增值税发票记账联：付款单位双河公司，运费1 000元增值税110元。

银行收账通知：出票人双河公司，金额1 110元。

2. 运费普通发票记账联：运费200元。

现金收入凭证：收到包车费200元。

3. 本月工资结算表：营运人员工资共计20 000元，管理人员工资共计5 000元。

福利费、教育经费、社会保险费计提表：按工资额的14%计提职工福利费，按2.5%计提职工教育经费，按30%计提社会保险费。

4. 折旧费计提表：自用车辆、车库折旧费8 000元，租出车辆折旧费1 000元，管理用固定资产折旧费800元。

5. 车辆保险费收据：车辆保险费10 000元。

转账支票存根：车辆保险费，金额10 000元。

6. 过路费、过桥费、司机差旅费、修理费和交通违章罚款等发票、收据报销单(50张)：共计2 000元。

现金付出凭证：付过路费、过桥费、差旅费、修理费、违章罚款等2 000元。

7. 收款收据：收八方汽车运输公司事故赔偿款1 000元。

现金付出凭证：付事故赔偿款1 000元。

8. 保险公司理赔单：事故理赔800元。

银行收账通知：付款人保险公司，金额800元。

9. 租金发票记账联：付款单位天河旅行社，客车租金3 000元。

10. 加油费发票：汽油1 000元，增值税170元。

转账支票存根：加油费1 170元。

银行收账通知：付款人天河旅行社，客车租金，金额3 000元。

11. 本月运费收入销项税额为16 500元，加油费等进项税额为10 000元，车辆出租租金收入总额为50 000元。计算申报本月应交增值税营业税、城建税和教育费附加。

12. 税收缴款书：增值税、营业税、城建税、教育费附加(根据纳税申报表所计算的数字)。

项目十五 建筑施工企业的会计核算

建筑施工企业包括建筑公司，设备安装公司，工程公司(路桥工程、水电工程)，建设公司等。适用于上述企业的会计即为建筑施工企业会计。

建筑施工企业属生产企业，与工业企业有类似之处。但与工业企业不同的是，建筑施工企业是提供建筑劳务，不生产实物商品，没有销售过程；建筑施工企业的生产周期长，通常在一年以上；建筑施工企业的会计核算，除成本、收入的核算和没有销售业务之外，其余业务核算与工业企业会计相同，因此在本项目中只学习建筑施工企业的成本、收入的核算，其余业务核算不再重复。

任务一　工程成本核算的账务处理

任务目标

1. 明确工程成本的内容。
2. 掌握工程成本核算的计算和账务处理方法。

知识储备

一、工程成本的内容

工程成本的内容也就是工程成本项目，包括以下五个项目。

1. 人工费用

人工费用是指工程施工的直接人工费用，包括施工人员的工资、福利费、社会保险费、教育经费等职工薪酬。

2. 材料费用

材料费用是指用于工程的直接材料费用，包括建筑材料、结构件、预制件、水电材料等。

3. 机械使用费

机械使用费是指施工过程中使用施工机械的费用。

4. 其他直接费用

其他直接费用是指除人工费用、材料费用、机械使用费之外的工程直接费用，包括工具和用具使用费（租赁费）、检验试验费、场地清理费、材料二次搬运费、分包工程费等。

5. 间接费用

间接费用是指工程处或项目经理部为组织、管理工程生产而发生的向工程项目分配的费用。

二、工程成本核算的科目设置

（一）工程施工

工程施工科目，用于核算工程成本。发生工程成本记入借方，按完工进度结转已完工程成本时记入贷方，余额代表未完工程的成本。工程施工总账科目下设合同成本、间接费用两个二级科目。

1. 工程施工——合同成本

合同成本下按工程项目设明细科目，作为成本计算对象。采用多栏式明细账，按成本项目设专栏。

2. 工程施工——间接费用

该二级科目用来归集工程处或项目经理部为组织工程施工发生的费用，包括管理人员和技术人员薪酬、办公费、差旅费、劳动保护费、固定资产折旧费等。月末按一定标准向本工程处或项目经理部所施工的各项工程分配。

（二）机械作业

该科目用来归集自设机械站的工程机械作业成本，包括施工机械折旧费、油料费、修理费、驾驶员工资薪酬等。月末向各受益工程分配。

三、人工费用的计算和账务处理

人工费用的账务处理为：

借：工程施工——合同成本——甲工程（人工费）
　　　　　　　　　　　——乙工程（人工费）
　　　　　　　　　　　——……
　　　　　　——间接费用
　贷：应付职工薪酬　——职工工资
　　　　　　　　　　——职工福利费
　　　　　　　　　　——社会保险费
　　　　　　　　　　——职工教育经费

例 15-1：中大建筑公司第二工程处某月职工工资及三项费用计提表如表 15-1 所示。

表 15-1　职工工资及三项费用计提表

××××年××月　　　　单位：元

职工类别		工资	福利费（14%）	社会保险费（30%）	教育经费（2.5%）	合计
工人	甲工程	100 000	14 000	30 000	2 500	146 500
	乙工程	80 000	11 200	24 000	2 000	117 200
管理人员和技术人员		30 000	4 200	9 000	750	43 950
合计		210 000	29 400	63 000	5 250	307 650

根据表 15-1，账务处理为：

借：工程施工——合同成本——甲工程（人工费）　　　146 500

——乙工程(人工费)　　117 200

——间接费用　　43 950

贷：应付职工薪酬　——职工工资　　210 000

——职工福利费　　29 400

——社会保险费　　63 000

——职工教育经费　　5 250

四、材料费用的计算和账务处理

(一) 取得工程材料的账务处理

1. 购进工程材料

购进工程材料按买价加运杂费入账，根据购货发票、收料单和付款凭证，账务处理为：

借：原材料——品名

贷：银行存款(或应付账款)

2. 建设单位交来自购材料

根据收料单，账务处理为：

借：原材料——品名

贷：应收账款——建设单位名称

(二) 耗用工程材料的核算

耗用工程材料的账务处理为：

借：工程施工——合同成本——甲工程(材料费)

——乙工程(材料费)

——……

贷：原材料——A 材料

——B 材料

——……

例 15-2：中大建筑公司第二工程处本月工程材料耗用汇总表如表 15-2 所示。

表 15-2　工程材料耗用汇总表

××××年××月

单位：元

用途	水泥			砖			黄沙			金额合计
	数量/t	单价	金额	数量/块	单价	金额	数量/m^3	单价	金额	
甲工程	300	400	120 000	800	100	80 000	500	5	2 500	202 500
乙工程	200	400	80 000	700	100	70 000	400	5	2 000	152 000
合计	500	—	200 000	1500	—	150 000	900	—	4 500	354 500

根据表 15-2，账务处理如下：

借：工程施工——合同成本——甲工程(材料费)　　202 500

——乙工程(材料费)　　152 000

贷：原材料——水泥　　200 000

——砖　　150 000

——黄沙　　4 500

五、机械使用费的计算和账务处理

机械使用费是指建筑工程使用工程机械的费用，可有以下两种情况。

（一）支付外部机械施工费

支付外部机械施工费即雇用外单位工程机械进行施工，付给施工费。根据施工费发票和付款凭证，账务处理为：

借：工程施工——合同成本——某工程（机械使用费）

　　贷：银行存款

（二）自设机械站

若内部自设有机械站，则核算方法如下：

1. 机械站发生机械作业成本

（1）驾驶人员薪酬。根据工资及有关费用计提表，账务处理为：

借：机械作业

　　贷：应付职工薪酬——职工工资

　　　　　　　　　　——职工福利费

　　　　　　　　　　——职工教育经费

　　　　　　　　　　——社会保险费

（2）工程机械折旧费。根据折旧费计提表，账务处理为：

借：机械作业

　　贷：累计折旧

（3）工程机械油料、修理备用件消耗。根据领料单，账务处理为：

借：机械作业

　　贷：原材料——品名

（4）支付工程机械外部修理费及其他费用。根据发票和付款凭证，账务处理为：

借：机械作业

　　贷：银行存款（或库存现金）

2. 按月向各项受益工程分配机械作业成本

分配的计算方法为

$$分配率=\frac{当月机械作业总成本}{当月作业台班（时）数}$$

某工程应分配机械作业成本 = 该工程当月使用机械台班（时）数 × 分配率

原始凭证为机械作业成本分配表。

例 15-3：中大建筑公司第二工程处某月发生的机械作业总成本为 16 000 元，分配表如表 15-3 所示。

表 15-3　机械作业成本分配表

××××年××月

受益对象	使用机械台时数	分　配　率	应分配作业成本/元
甲工程	100	80	8 000
乙工程	50	80	4 000
对外施工	50	80	4 000
合　计	200	80	16 000

根据机械作业成本分配表，账务处理为：

借：工程施工——合同成本——甲工程（机械使用费） 8 000
——乙工程（机械使用费） 4 000
——……
其他业务成本——对外机械作业 4 000
贷：机械作业 16 000

六、其他直接费用的账务处理

1. 支付工具租赁费、检验试验费、场地清理费、二次搬运费、分包工程费等

根据发票和付款凭证，账务处理为：

借：工程施工——合同成本——某工程（其他直接费）
贷：银行存款（或库存现金）

2. 自有工具用具（模板、脚手架等）摊销

领用工具用具时的账务处理为：

借：周转材料——在用——工具用具
贷：周转材料——在库——工具用具

按月摊销的账务处理为：

借：工程施工——合同成本——某工程
贷：周转材料——摊销——工具用具

在小企业中，为了简化核算，领用时也可以记入长期待摊费用账户，然后在使用年限内分年摊销。

账务处理为：

借：长期待摊费用——工具用具
贷：周转材料——工具用具

按月摊销的账务处理为：

借：工程施工——合同成本——某工程（其他直接费）
贷：长期待摊费用——工具用具

七、间接费用的计算和账务处理

1. 发生间接费用

（1）工程处管理人员、技术人员薪酬。其账务处理见"三、人工费用的计算和账务处理"。

（2）工程处固定资产折旧。根据折旧费计提表，账务处理为：

借：工程施工——间接费用（工程处一般固定资产折旧费）
机械作业（机械站工程机械折旧费）
贷：累计折旧

（3）工程处水电费、保险费、办公费、差旅费等。根据发票和付款凭证，账务处理为：

借：工程施工——间接费用
贷：银行存款（或库存现金）

2. 按月向各项工程分配

一般可按工程直接费用分配。分配的计算方法为

$$分配率=\frac{间接费用总额}{各项工程直接费用总额}$$

某工程应分配间接费用 = 该工程直接费用额 × 分配率

例 15-4：中大建筑公司第二工程处某月发生间接费用总额为 50 000 元，分配表如表 15-4 所示。

表 15-4　间接费用分配表

××××年××月　　　　单位：元

受益对象	直接费用额	分配率	应分配间接费用
甲工程	600 000	0.05	30 000
乙工程	400 000	0.05	20 000
合　　计	1 000 000	0.05	50 000

根据分配表，账务处理为：

借：工程施工——合同成本——甲工程(间接费用)　　30 000

　　　　　　　　　　　——乙工程(间接费用)　　20 000

　贷：工程施工——间接费用　　50 000

任务二　主营业务收入和主营业务成本的计算和账务处理

任务目标

1. 理解和掌握按完工进度确认主营业务收入、主营业务成本的计算方法。
2. 掌握确认主营业务收入和主营业务成本的账务处理方法。

知识储备

由于建筑施工企业的生产周期长，按照权责发生制，不能等到工程完工才确认收入。因此，主营业务收入和相配比的主营业务成本的确认一般采用完工百分比法，即按每年完成工程进度的百分比分年度确认主营业务收入和主营业务成本。

一、主营业务收入和主营业务成本确认的计算和账务处理

按完工百分比法分年度确认主营业务收入和主营业务成本的计算方法如下

$$\text{完工百分比} = \frac{\text{累计发生的工程成本}}{\text{工程合同预算总成本}} \times 100\%$$

$$\text{或} = \frac{\text{累计完成工作量}}{\text{工程总工作量}} \times 100\%$$

$$\text{或} = \frac{\text{累计完成工程量}}{\text{总工程量}} \times 100\%$$

当年应确认的收入 = 合同总收入 ×(年末完工百分比 − 年初完工百分比)

当年应确认的成本 = 合同预算总成本 ×(年末完工百分比 − 年初完工百分比)

工程完工年度应确认的收入 = 合同总收入 − 累计已确认的收入

工程完工年度应确认的成本 = 工程实际总成本 − 累计已确认的成本

不论是否包工包料，合同收入和合同成本均包括工程材料价值。

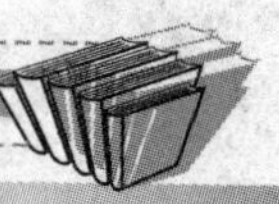

根据当年应确认的收入和成本，账务处理为：

借：应收账款——建设单位名称

　　贷：主营业务收入(应确认的收入)

借：主营业务成本(应确认的配比成本)

　　贷：工程施工——合同成本——某工程

例 15-5：中大建筑公司第二工程处承建了供电局一住宅楼的建造工程，合同总价款 1 000 万元，预算工程总成本为 800 万元。工期为 3 年，第 1 年年末累计发生工程成本 300 万元，第 2 年年末累计发生工程成本 600 万元，第 3 年完工时累计发生工程成本 795 万元。按工程成本确定完工进度百分比。

第 1 年：

$$完工百分比 = \frac{300\ 万元}{800\ 万元} \times 100\% = 37.5\%$$

$$应确认的收入 = (37.5\% - 0) \times 1\ 000\ 万元 = 375\ 万元$$

$$应确认的成本 = (37.5\% - 0) \times 800\ 万元 = 300\ 万元$$

根据以上计算单，账务处理为：

借：应收账款——供电局　　3 750 000

　　贷：主营业务收入　　3 750 000

借：主营业务成本　　3 000 000

　　贷：工程施工——合同成本——供电局住宅楼　　3 000 000

第 2 年：

$$完工百分比 = \frac{600\ 万元}{800\ 万元} \times 100\% = 75\%$$

$$应确认的收入 = (75\% - 37.5\%) \times 1\ 000\ 万元 = 375(万元)$$

$$应确认的成本 = (75\% - 37.5\%) \times 800\ 万元 = 300(万元)$$

账务处理为：

借：应收账款——供电局　　3 750 000

　　贷：主营业务收入　　3 750 000

借：主营业务成本　　3 000 000

　　贷：工程施工——合同成本——供电局住宅楼　　3 000 000

第 3 年：

$$应确认的收入 = 1\ 000\ 万元 - (375 + 375)万元 = 250\ 万元$$

$$应确认的成本 = 795\ 万元 - (300 + 300)万元 = 195\ 万元$$

账务处理为：

借：应收账款——供电局　　2 500 000

　　贷：主营业务收入　　2 500 000

借：主营业务成本　　1 950 000

　　贷：工程施工——合同成本——供电局住宅楼　　1 950 000

二、结算工程款的账务处理

按合同约定，定期与建设单位结算工程款的账务处理为：

借：银行存款

　　贷：应收账款——建设单位名称

如果按合同约定，由建设单位自购工程材料交付施工单位时，施工单位收到工程材料按抵工程款处理，其账务处理为：

借：原材料——品名

贷：应收账款——建设单位名称

接例15-5，按合同约定，中大建筑公司开工时向供电局预收备料款200万元；主体工程完工后，结算第二次工程款600万元；工程竣工后，结算第三次工程款200万元。

预收备料款时，原始凭证如图15-1和图15-2所示。

建 筑 业 统 一 发 票

记账联

发票代码 000000187

发票号码 0000689

开票日期 2011 年 6 月 25 日

机打代码 机打号码 机器号码	0000000000001259 32000001525 5870000369	税控码	00000000033333320154897952130		
付款方名称	西城区供电局	身份证号码/组织机构代码/纳税人识别号	45325861147	是否为总包人	否
收款方名称	中大建筑公司	身份证号码/组织机构代码/纳税人识别号	52104687102	是否为分包人	否
工程项目名称	工程项目编号	结算项目	金 额（元）	完税凭证号码（代扣代缴税款）	
供电局住宅楼	2011-03	工程款	2 000 000.00		
合计金额（元）（大写）贰佰万元整			¥2 000 000.00		
备注		主管税务机关及代码			

开票人：王锋　　开票单位签章：

图 15-1

中国工商银行 进 账 单（收账通知）

2011 年 6 月 26 日

出票人	全　称	西城区供电局	收款人	全　称	中大建筑公司
	账　号	1010612546120002301 8		账　号	101014788680922301
	开户银行	工行太和路分理处		开户银行	工行大学路支行
金额	人民币（大写）	贰佰万元整		亿千百十万千百十元角分	¥200000000
票据种类	支票	票据张数	1	中国工商银行 长安路支行 转讫 开户银行签章	
票据号码					
复核　记账					

图 15-2

账务处理为：

借：银行存款　　2 000 000

　　贷：应收账款——供电局　　2 000 000

结算第二次工程款时，原始凭证格式同第一次，账务处理为：

借：银行存款　　6 000 000

　　贷：应收账款——供电局　　6 000 000

结算第三次工程款时，原始凭证格式同第一次，账务处理为：

借：银行存款 2 000 000

贷：应收账款——供电局 2 000 000

任务三 其他业务收支的账务处理

任务目标

1. 明确其他业务收支的内容。
2. 掌握其他业务收支的账务处理方法。

知识储备

建筑施工企业的其他经营业务，主要有自设机械站对外机械作业、设备和工具租赁等。其他经营业务在取得收入的同时，应负担相应的成本。

一、对外机械作业收支的账务处理

自设机械站的施工机械除为内部工程服务外，也可以对外作业，取得收入，同时应负担作业成本。

1. 取得对外作业收入的账务处理

取得对外作业收入时，根据发票记账联和收款凭证，账务处理为：

借：银行存款

贷：其他业务收入——对外机械作业

2. 分担机械作业成本的账务处理

月末，要将机械作业成本在内部工程项目和对外作业之间进行分配，根据机械作业成本分配表，按照对外作业应负担的金额，账务处理为：

借：其他业务成本——对外机械作业

贷：机械作业

（参见任务一“工程成本核算的账务处理”中机械使用费的计算和账务处理）

二、设备和工具租赁业务收支的账务处理

设备和工具租赁，如模板、脚手架、施工设备出租，在取得租金收入的同时，要承担相应的折旧或摊销费用。

1. 取得租金收入的账务处理

取得租金收入时，根据发票记账联和收款凭证，账务处理为：

借：银行存款

贷：其他业务收入——设备工具租赁

2. 出租的工具摊销或设备折旧

根据工具摊销或设备折旧计算表中出租的工具或设备应承担的金额，账务处理为：

借：其他业务成本——设备工具租赁

贷：周转材料或累计折旧

任务四　营业税金的计算和账务处理

任务目标

1. 明确应交营业税金的内容和计算方法。
2. 掌握营业税金申报和缴纳的账务处理方法。

知识储备

建筑施工企业应缴纳的营业税金包括营业税、城建税和教育费附加，一般按月申报缴纳。

一、营业税金的计算

建筑业的主营业务收入适用营业税，税率为3%，按照已结算的工程款金额计算应纳税额；对外机械作业收入按建筑业征税，税率为3%；设备和工具租赁收入按服务业中租赁业务征营业税，税率为5%；同时还须按应交营业税税额缴纳城建税和教育费附加。

当月应交营业税 = 本月工程结算收入 ×3% + 对外机械作业收入 ×3%
+ 设备和工具租赁收入 ×5%

当月应交城建税 = 当月应交营业税 × 适用税率

当月应交教育费附加 = 当月应交营业税 ×3%

二、营业税金的账务处理

根据本月计算填列的纳税申报表(样式同前)，账务处理为：

借：营业税金及附加
　　贷：应交税费——应交营业税
　　　　　　　　——应交城建税
　　　　　　　　——应交教育费附加

缴纳税款时，根据税收缴款书(样式同前)，账务处理为：

借：应交税费——应交营业税
　　　　　　——应交城建税
　　　　　　——应交教育费附加
　　贷：银行存款

项目训练

根据原始凭证信息，作出华夏建筑公司某工程处下列经济业务的账务处理：

2011 年 5 月承建机电学校一住宅楼工程，合同总造价为 3 000 000 元，预算总成本为 2 000 000元。

1. 建筑业发票记账联：付款方机电学校，预收工程款 500 000 元。

银行收账通知：出票人机电学校，工程款 500 000 元。

2. 2011 年年末，累计发生工程成本 1 200 000 元。按完工进度确认 2011 年主营业务收入和主营业务成本。

3. (2011 年 12 月) 机电学校住宅楼工程结算单：第一期工程款 1 600 000 元。

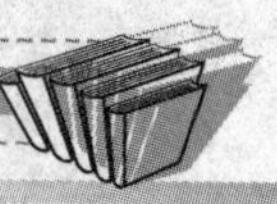

建筑业发票记账联：工程款 1 100 000 元。

银行收账通知：出票人机电学校，工程款 1 100 000 元。

4. 增值税普通发票：购货单位华夏建筑公司，水泥，合计金额 500 000 元。

汇款单回单：汇款人华夏建筑公司，金额 500 000 元。

5. 建筑业发票：付款方华夏建筑公司，挖掘机施工费 3 000 元(用于机电学校住宅楼工程)。

转账支票存根：挖掘机施工费 3 000 元。

6. 服务业发票：付款方华夏建筑公司，模板租赁费 5 000 元(用于机电学校住宅楼工程)。

转账支票存根：模板租赁费 5 000 元。

7. 机电学校住宅楼工程材料耗用汇总表：水泥 100 000 元，砖 20 000 元，钢筋80 000元。

8. 工资结算单：机电学校住宅楼工程工人工资 250 000 元，技术学院办公楼工程工人工资 200 000 元，工程处管理人员、技术人员工资 50 000 元。

9. 固定资产折旧费计提表：工程处搅拌机、卷扬机、办公设备折旧费合计 20 000 元。

10. 间接费用分配表：机电学校住宅楼工程应分配 40 000 元，技术学院办公楼工程应分配 30 000元。

11. 2012 年 6 月末机电学校住宅楼工程完工，该工程实际累计发生工程成本 1 900 000 元，确认 2012 年该工程主营业务收入和主营业务成本。

12. (2012 年 6 月)机电学校住宅楼工程结算单：第二期工程款 1 400 000 元。

建筑业发票记账联：工程款 1 400 000 元。

银行收账通知：出票人机电学校，工程款 1 400 000 元。

13. 2012 年 6 月工程结算收入 1 400 000 元，申报应交营业税和城建税、教育费附加。

14. 2012 年 6 月税收缴款书：营业税，城建税，教育费附加(根据申报表中数字)。

16 项目十六 房地产开发企业的会计核算

房地产开发企业就是从事房屋、土地产品生产开发的企业。其经营业务包括：土地开发经营、房屋开发经营、城市基础设施和公共配套设施开发建设和代建工程开发。

房地产开发企业的产品为房屋、土地，其生产经营类似于工业企业，只是其生产周期长，产品为不动产。房地产开发企业会计和工业企业会计相似，除成本、收入的核算有所不同外，其他经济业务的核算与工业企业会计相同。因此，在本项目中只学习成本、收入的核算方法。

任务一　房地产开发成本核算的账务处理

任务目标

1. 明确房地产开发成本的内容。
2. 掌握房地产开发成本核算的账务处理方法。

知识储备

一、房地产开发成本的内容

房地产开发成本的内容包括：

1. 土地征用及拆迁补偿费

土地征用及拆迁补偿费包括征地费、耕地占用税、拆迁补偿费等。

2. 前期工程费

前期工程费包括规划、设计、可行性研究、勘察、平整、给水排水、供电、临时道路等支出。

3. 基础设施费

基础设施费包括小区道路、供水、供电、供气、照明、绿化等建设费用。

4. 建筑安装工程费

建筑安装工程费即房屋的建造成本。

5. 公共配套设施费

公共配套设施费包括锅炉房、车棚、公厕、活动室等的建设费用。

6. 开发间接费用

开发间接费用是指生产管理机构的人员工资薪酬、折旧费、办公费等。

二、房屋开发成本核算的账务处理

房屋开发的形式有自营开发和出包开发两种。

1. 自营开发

自营开发情况下开发成本核算的账务处理如下：

（1）支付土地征用及拆迁补偿费的账务处理为：

借：开发成本——某商品房

　　贷：银行存款

如同时建设几座商品房，则分配计入各商品房的成本。

（2）支付前期工程费和基础设施费的账务处理为：

借：开发成本——某商品房

　　贷：银行存款（或应付账款）

如同时建设几座商品房，则分配计入各商品房的成本。

（3）耗用工程材料、物资的账务处理为：

借：开发成本——某商品房

　　贷：原材料——品名

（4）结算施工人员薪酬的账务处理为：

借：开发成本——甲商品房

　　　　　　——乙商品房

　　　　　　——……

　　贷：应付职工薪酬——职工工资等

（5）施工工具用具价值摊销的账务处理为

借：开发成本——某商品房

　　贷：长期待摊费用——工具用具摊销

（6）支付其他建造直接费用（如机械使用费、检验试验费、场地清理费、二次搬运费、分包工程费等）的账务处理为：

借：开发成本——某商品房

　　贷：银行存款（或库存现金）

（7）分配公共配套设施费的账务处理。

1）发生公共配套设施建设费用。

① 耗用材料：

借：开发成本——配套设施

　　贷：原材料——品名

② 结算施工人员薪酬：

借：开发成本——配套设施

　　贷：应付职工薪酬——职工工资等

③ 支付其他费用：

借：开发成本——配套设施

　　贷：银行存款（或库存现金）

2）向受益房屋分配公共配套设施费。可采用建筑面积等标准进行分配，分配方法和分配表的格式与项目十五中间接费用的分配类同。

借：开发成本——甲商品房

——乙商品房

——……

贷：开发成本——配套设施

（8）分配间接费用的账务处理。分配的方法与项目十五中间接费用的分配类同。

借：开发成本——甲商品房

——乙商品房

——……

贷：开发间接费用

（9）工程完工结转商品房成本的账务处理。根据完工商品房成本结算单，账务处理为：

借：开发产品——某商品房

贷：开发成本——某商品房

例16-1：某开发商建造的甲商品楼完工，根据开发成本明细账户记录编制的开发产品成本结算单如表16-1所示。

表16-1　开发产品成本结算单

开发产品名称：甲商品楼　　单位：元

成本项目	金　额	成本项目	金　额
土地征用及拆迁补偿费	500 000	公共配套设施费	100 000
前期工程费	100 000	开发间接费用	50 000
基础设施费	200 000	合　计	8 950 000
建筑安装工程费	8 000 000		

根据开发产品成本结算单，账务处理为：

借：开发产品——甲商品楼　　8 950 000

贷：开发成本——甲商品楼　　8 950 000

2. 出包开发

出包开发情况下开发成本核算的账务处理如下：

（1）土地征用及拆迁补偿费的账务处理。账务处理同自营开发。

（2）前期工程费和基础设施费的账务处理。账务处理同自营开发。

（3）支付施工单位工程款的账务处理为：

借：开发成本——某商品房

贷：银行存款

（4）将自购工程材料、物资交付施工单位的账务处理为：

借：开发成本——某商品房

贷：原材料——品名

（5）分配公共配套设施费的账务处理。账务处理同自营开发。

（6）分配间接费用的账务处理。账务处理同自营开发。

（7）工程完工结转商品房成本的账务处理。账务处理同自营开发。

三、土地开发成本核算的账务处理

作为建造房屋的自用土地开发成本，计入房屋开发成本。土地开发成本是指用做销售的土地开发成本。

（1）支付土地征用及拆迁补偿费、前期工程费等的账务处理为：

借：开发成本——某土地

　　贷：银行存款（或库存现金、应付账款）

（2）结算人工费的账务处理为：

借：开发成本——某土地

　　贷：应付职工薪酬——职工工资等

（3）分配间接费用的账务处理为：

借：开发成本——某土地

　　　　　　——某房屋

　　贷：开发间接费用

（4）开发完工结转土地开发成本的账务处理。根据完工土地成本结算单（格式同表16-1），账务处理为：

借：开发产品——某土地

　　贷：开发成本——某土地

四、开发间接费用的核算

开发间接费用包括生产管理人员、技术人员薪酬，生产管理机构办公费、差旅费、通信费，生产用固定资产折旧费等。

（一）发生开发间接费用的账务处理

1. 结算生产管理人员、技术人员薪酬

借：开发间接费用

　　贷：应付职工薪酬——职工工资

　　　　　　　　　　——职工福利费

　　　　　　　　　　——社会保险费

　　　　　　　　　　——职工教育经费

2. 计提生产用固定资产折旧费

借：开发间接费用

　　贷：累计折旧

3. 支付生产管理机构办公费、差旅费、通信费等费用

借：开发间接费用

　　贷：银行存款（或库存现金）

（二）按月向各项开发产品分配开发间接费用

分配的方法与项目十五中间接费用的分配类同。根据开发间接费用分配表，账务处理为：

借：开发成本——甲商品房

　　　　　　——乙商品房

　　　　　　　……

　　　　　　——甲土地

　　　　　　——乙土地

……

贷：开发间接费用

任务二 营业收入和营业成本的账务处理

任务目标

1. 明确房地产开发企业营业收入的内容。
2. 掌握营业收入和营业成本业务的账务处理方法。
3. 明确房地产开发企业营业税金的内容和账务处理方法。

知识储备

房地产开发企业的主营业务收入包括房地产销售收入和出租收入两种。相应配比的主营业务成本，房地产销售为房地产的开发成本，房地产出租为房地产的折旧或摊销成本及维修成本。取得营业收入应交纳的营业税金有营业税、城建税、教育费附加和土地增值税。

一、房地产销售的账务处理

1. 一般销售

（1）取得销售收入的账务处理为：

借：银行存款（或应收账款）

　　贷：主营业务收入

（2）结转销售成本的账务处理为：

借：主营业务成本

　　贷：开发产品——某商品房或某土地

例16-2：某开发商本月销售甲商品房1 000m^2，已收销售款5 000 000元。成本为3 500元/m^2。账务处理为：

借：银行存款	5 000 000	
贷：主营业务收入		5 000 000
借：主营业务成本	3 500 000	
贷：开发产品——甲商品房		3 500 000

2. 预收款销售

（1）预收款的账务处理为：

借：银行存款

　　贷：预收账款——买主

（2）交付房地产并补收余款的账务处理为：

借：预收账款——买主

　　银行存款（补收余款）

　　贷：主营业务收入

（3）结转销售成本的账务处理为：

借：主营业务成本

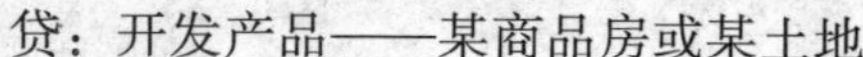

贷：开发产品——某商品房或某土地

3. 分期收款销售

（1）交付房地产的账务处理为：

借：分期收款开发产品——某商品房或某土地

　　贷：开发产品——某商品房或某土地

（2）按合同约定日期收款的账务处理为：

1）确认收入。

借：银行存款

　　贷：主营业务收入

2）同时按收款比例结转销售成本。

借：主营业务成本

　　贷：分期收款开发产品——某商品房或某土地

例 16-3：某商品房实行分期收款销售，销售合同总价款为 20 000 000 元，该商品房总成本为 15 000 000 元。按合同约定，第一期收到 50% 销售款。

账务处理为：

借：银行存款　　10 000 000

　　贷：主营业务收入　　10 000 000

借：主营业务成本　　7 500 000

　　贷：分期收款开发产品——某商品房　　7 500 000

二、房地产出租的账务处理

（1）将用做销售的房地产转为出租用的账务处理为：

借：投资性房地产——某房地产

　　贷：开发产品——某房地产

（2）取得租金收入的账务处理为：

借：银行存款（或应收账款）

　　贷：主营业务收入

（3）按月计提出租房地产折旧或摊销出租房地产成本的账务处理为：

借：主营业务成本

　　贷：投资性房地产累计折旧（或摊销）

（4）发生出租房地产维修费的账务处理为：

1）耗用维修材料。

借：主营业务成本

　　贷：原材料——品名

2）支付其他维修费。

借：主营业务成本

　　贷：银行存款

三、营业税金的计算和账务处理

房地产开发企业取得营业收入应交的营业税金有：营业税、城建税、教育费附加、土地增值税。房地产销售应交销售不动产营业税，房地产出租应交服务业中租赁业务营业税，按应交营业税税额还应交城建税和教育费附加，房地产销售还应交土地增值税。

1. 应交营业税金的计算

应交营业税 =（房地产销售收入 + 房地产出租收入）×5%

应交城建税 = 应交营业税税额 × 适用税率

应交教育费附加 = 应交营业税税额 ×3%

应交土地增值税 = 土地增值额 × 适用最高级次税率 − 扣除项目金额 × 该级次速算扣除系数

2. 账务处理

根据纳税申报表，账务处理为：

借：营业税金及附加

　　贷：应交税费——应交营业税

　　　　　　　　——应交城建税

　　　　　　　　——应交教育费附加

　　　　　　　　——应交土地增值税

根据税收缴款书，账务处理为：

借：应交税费——应交营业税

　　　　　　——应交城建税

　　　　　　——应交教育费附加

　　　　　　——应交土地增值税

　　贷：银行存款

项目训练

某房地产开发公司开发建设商品楼甲、乙、丙，均采用出包方式施工，各项费用按占地面积分摊。发生相关经济业务如下，作出相应的账务处理：

1. 以银行存款支付土地征用及拆迁补偿费4 500 000元，商品楼甲、乙、丙实际占用土地面积分别占40%、25%、35%。

2. 支付前期工程费共计400 000元。

3. 房屋开发支付场地基础设施费2 000 000元。

4. 预付施工单位工程款5 000 000元。

5. 工程完工结算，应付施工单位工程总价款为9 600 000元。

6. 与房屋建设同步建设的非营业性公共配套设施已竣工，共计价款800 000元，向各商品楼分配。

7. 分配开发间接费用400 000元。

8. 各商品楼工程均已竣工验收，结转已完工商品房成本。

9. 销售甲商品楼总收入10 000 000元，同时结转该楼销售成本。

10. 以分期收款方式售出乙商品楼。按30%收到首付款2 000 000元，同时结转相应的销售成本。

11. 将丙商品楼转作出租用。

12. 收到某月丙商品楼租金500 000元。丙商品楼按30年折旧，预计残值为195 000元。

附　　录

附录 A　小企业会计科目表

序号	编号	会计科目名称	序号	编号	会计科目名称
		一、资产类	34	2201	应付票据
1	1001	库存现金	35	2202	应付账款
2	1002	银行存款	36	2203	预收账款
3	1012	其他货币资金	37	2211	应付职工薪酬
4	1101	短期投资	38	2221	应交税费
5	1121	应收票据	39	2231	应付利息
6	1122	应收账款	40	2232	应付利润
7	1123	预付账款	41	2241	其他应付款
8	1131	应收股利	42	2401	递延收益
9	1132	应收利息	43	2501	长期借款
10	1221	其他应收款	44	2701	长期应付款
11	1401	材料采购			三、所有者权益类
12	1402	在途物资	45	3001	实收资本
13	1403	原材料	46	3002	资本公积
14	1404	材料成本差异	47	3101	盈余公积
15	1405	库存商品	48	3103	本年利润
16	1407	商品进销差价	49	3104	利润分配
17	1408	委托加工物资			四、成本类
18	1411	周转材料	50	4001	生产成本
19	1421	消耗性生物资产	51	4101	制造费用
20	1501	长期债券投资	52	4401	工程施工
21	1511	长期股权投资	54	4403	机械作业
22	1601	固定资产			五、损益类
23	1602	累计折旧	55	5001	主营业务收入
24	1604	在建工程	56	5051	其他业务收入
25	1605	工程物资	57	5111	投资收益
26	1606	固定资产清理	58	5301	营业外收入
27	1621	生产性生物资产	59	5401	主营业务成本
28	1622	生产性生物资产累计折旧	60	5402	其他业务成本
29	1701	无形资产	61	5403	营业税金及附加
30	1702	累计摊销	62	5601	销售费用
31	1801	长期待摊费用	63	5602	管理费用
32	1901	待处理财产损溢	64	5603	财务费用
		二、负债类	65	5711	营业外支出
33	2001	短期借款	66	5801	所得税费用

附录B　中小企业划型标准规定

一、根据《中华人民共和国中小企业促进法》和《国务院关于进一步促进中小企业发展的若干意见》（国发〔2009〕36号），制定本规定。

二、中小企业划分为中型、小型、微型三种类型，具体标准根据企业从业人员、营业收入、资产总额等指标，结合行业特点制定。

三、本规定适用的行业包括：农、林、牧、渔业，工业（包括采矿业，制造业，电力、热力、燃气及水生产和供应业），建筑业，批发业，零售业，交通运输业（不含铁路运输业），仓储业，邮政业，住宿业，餐饮业，信息传输业（包括电信、互联网和相关服务），软件和信息技术服务业，房地产开发经营，物业管理，租赁和商务服务业，其他未列明行业（包括科学研究和技术服务业，水利、环境和公共设施管理业，居民服务、修理和其他服务业，社会工作，文化、体育和娱乐业等）。

四、各行业划型标准为：

（一）农、林、牧、渔业。营业收入20 000万元以下的为中小微型企业。其中，营业收入500万元及以上的为中型企业，营业收入50万元及以上的为小型企业，营业收入50万元以下的为微型企业。

（二）工业。从业人员1 000人以下或营业收入40 000万元以下的为中小微型企业。其中，从业人员300人及以上，且营业收入2 000万元及以上的为中型企业；从业人员20人及以上，且营业收入300万元及以上的为小型企业；从业人员20人以下或营业收入300万元以下的为微型企业。

（三）建筑业。营业收入80 000万元以下或资产总额80 000万元以下的为中小微型企业。其中，营业收入6 000万元及以上，且资产总额5 000万元及以上的为中型企业；营业收入300万元及以上，且资产总额300万元及以上的为小型企业；营业收入300万元以下或资产总额300万元以下的为微型企业。

（四）批发业。从业人员200人以下或营业收入40 000万元以下的为中小微型企业。其中，从业人员20人及以上，且营业收入5 000万元及以上的为中型企业；从业人员5人及以上，且营业收入1 000万元及以上的为小型企业；从业人员5人以下或营业收入1 000万元以下的为微型企业。

（五）零售业。从业人员300人以下或营业收入20 000万元以下的为中小微型企业。其中，从业人员50人及以上，且营业收入500万元及以上的为中型企业；从业人员10人及以上，且营业收入100万元及以上的为小型企业；从业人员10人以下或营业收入100万元以下的为微型企业。

（六）交通运输业。从业人员1 000人以下或营业收入30 000万元以下的为中小微型企业。其中，从业人员300人及以上，且营业收入3 000万元及以上的为中型企业；从业人员20人及以上，且营业收入200万元及以上的为小型企业；从业人员20人以下或营业收入200万元以下的为微型企业。

（七）仓储业。从业人员200人以下或营业收入30 000万元以下的为中小微型企业。其中，从业人员100人及以上，且营业收入1 000万元及以上的为中型企业；从业人员20人及以上，且营业收入100万元及以上的为小型企业；从业人员20人以下或营业收入100万元以下的为微型企业。

（八）邮政业。从业人员1 000人以下或营业收入30 000万元以下的为中小微型企业。其中，从业人员300人及以上，且营业收入2 000万元及以上的为中型企业；从业人员20人及以上，且营业收入100万元及以上的为小型企业；从业人员20人以下或营业收入100万元以下的为微型企业。

（九）住宿业。从业人员300人以下或营业收入10 000万元以下的为中小微型企业。其中，

从业人员 100 人及以上，且营业收入 2 000 万元及以上的为中型企业；从业人员 10 人及以上，且营业收入 100 万元及以上的为小型企业；从业人员 10 人以下或营业收入 100 万元以下的为微型企业。

（十）餐饮业。从业人员 300 人以下或营业收入 10 000 万元以下的为中小微型企业。其中，从业人员 100 人及以上，且营业收入 2 000 万元及以上的为中型企业；从业人员 10 人及以上，且营业收入 100 万元及以上的为小型企业；从业人员 10 人以下或营业收入 100 万元以下的为微型企业。

（十一）信息传输业。从业人员 2 000 人以下或营业收入 100 000 万元以下的为中小微型企业。其中，从业人员 100 人及以上，且营业收入 1 000 万元及以上的为中型企业；从业人员 10 人及以上，且营业收入 100 万元及以上的为小型企业；从业人员 10 人以下或营业收入 100 万元以下的为微型企业。

（十二）软件和信息技术服务业。从业人员 300 人以下或营业收入 10 000 万元以下的为中小微型企业。其中，从业人员 100 人及以上，且营业收入 1 000 万元及以上的为中型企业；从业人员 10 人及以上，且营业收入 50 万元及以上的为小型企业；从业人员 10 人以下或营业收入 50 万元以下的为微型企业。

（十三）房地产开发经营。营业收入 200 000 万元以下或资产总额 10 000 万元以下的为中小微型企业。其中，营业收入 1 000 万元及以上，且资产总额 5 000 万元及以上的为中型企业；营业收入 100 万元及以上，且资产总额 2 000 万元及以上的为小型企业；营业收入 100 万元以下或资产总额 2 000 万元以下的为微型企业。

（十四）物业管理。从业人员 1 000 人以下或营业收入 5 000 万元以下的为中小微型企业。其中，从业人员 300 人及以上，且营业收入 1 000 万元及以上的为中型企业；从业人员 100 人及以上，且营业收入 500 万元及以上的为小型企业；从业人员 100 人以下或营业收入 500 万元以下的为微型企业。

（十五）租赁和商务服务业。从业人员 300 人以下或资产总额 120 000 万元以下的为中小微型企业。其中，从业人员 100 人及以上，且资产总额 8 000 万元及以上的为中型企业；从业人员 10 人及以上，且资产总额 100 万元及以上的为小型企业；从业人员 10 人以下或资产总额 100 万元以下的为微型企业。

（十六）其他未列明行业。从业人员 300 人以下的为中小微型企业。其中，从业人员 100 人及以上的为中型企业；从业人员 10 人及以上的为小型企业；从业人员 10 人以下的为微型企业。

五、企业类型的划分以统计部门的统计数据为依据。

六、本规定适用于在中华人民共和国境内依法设立的各类所有制和各种组织形式的企业。个体工商户和本规定以外的行业，参照本规定进行划型。

七、本规定的中型企业标准上限即为大型企业标准的下限，国家统计部门据此制定大中小微型企业的统计分类。国务院有关部门据此进行相关数据分析，不得制定与本规定不一致的企业划型标准。

八、本规定由工业和信息化部、国家统计局会同有关部门根据《国民经济行业分类》修订情况和企业发展变化情况适时修订。

九、本规定由工业和信息化部、国家统计局会同有关部门负责解释。

十、本规定自发布之日起执行，原国家经贸委、原国家计委、财政部和国家统计局 2003 年颁布的《中小企业标准暂行规定》同时废止。

参 考 文 献

[1] 中华人民共和国财政部. 小企业会计准则[M]. 上海：立信会计出版社，2012.
[2] 财政部会计资格评价中心 . 初级会计实务[M]. 北京：中国财政经济出版社，2011.